新时代外国语言文学
新发展研究丛书

总主编 罗选民 庄智象

语言测评效度理论新发展研究

刘建达 刘晓华 贺满足 / 著

清华大学出版社
北　京

内 容 简 介

2014年国务院颁布的《关于深化测试招生制度改革的实施意见》提出要科学设计命题内容，测试的成绩要真实可信，即强调"效度"的重要性。但系统介绍语言测评效度理论的专著颇为不足。本书首先简要回顾20世纪重要的效度理论，而后详细介绍21世纪效度理论和效度验证方法的新发展，同时通过效度验证示例进行分析，并对今后的语言测评效度的研究做展望，以期为系统描摹语言测评效度框架发展添砖加瓦。

版权所有，侵权必究。举报：010-62782989，beiqinquan@tup.tsinghua.edu.cn。

图书在版编目（CIP）数据

语言测评效度理论新发展研究 / 刘建达，刘晓华，贺满足著. — 北京：清华大学出版社，2021.8
（新时代外国语言文学新发展研究丛书）
ISBN 978-7-302-57317-3

Ⅰ. ①语… Ⅱ. ①刘… ②刘… ③贺… Ⅲ. ①语言—测试—研究 Ⅳ. ① H09

中国版本图书馆 CIP 数据核字（2021）第 015877 号

策划编辑：郝建华
责任编辑：郝建华 刘细珍
封面设计：黄华斌
责任校对：王凤芝
责任印制：宋 林

出版发行：清华大学出版社
    网 址：http://www.tup.com.cn, http://www.wqbook.com
    地 址：北京清华大学学研大厦A座 **邮 编**：100084
    社 总 机：010-62770175 **邮 购**：010-62786544
    投稿与读者服务：010-62776969，c-service@tup.tsinghua.edu.cn
    质量反馈：010-62772015，zhiliang@tup.tsinghua.edu.cn

印 刷 者：大厂回族自治县彩虹印刷有限公司
装 订 者：三河市启晨纸制品加工有限公司
经 销：全国新华书店
开 本：155mm×230mm   **印 张**：16   **字 数**：246千字
版 次：2021年8月第1版   **印 次**：2021年8月第1次印刷
定 价：108.00元

产品编号：088065-01

中国英汉语比较研究会
"新时代外国语言文学新发展研究丛书"
编委会名单

总主编

罗选民　庄智象

编　委

（按姓氏拼音排序）

蔡基刚	陈　桦	陈　琳	邓联健	董洪川
董燕萍	顾曰国	韩子满	何　伟	胡开宝
黄国文	黄忠廉	李清平	李正栓	梁茂成
林克难	刘建达	刘正光	卢卫中	穆　雷
牛保义	彭宣维	冉永平	尚　新	沈　园
束定芳	司显柱	孙有中	屠国元	王东风
王俊菊	王克非	王　蔷	王文斌	王　寅
文秋芳	文卫平	文　旭	辛　斌	严辰松
杨连瑞	杨文地	杨晓荣	俞理明	袁传有
查明建	张春柏	张　旭	张跃军	周领顺

总　　序

外国语言文学是我国人文社会科学的一个重要组成部分。自1862年同文馆始建，我国的外国语言文学学科已历经一百五十余年。一百多年来，外国语言文学学科一直伴随着国家的发展、社会的变迁而发展壮大，推动了社会的进步，促进了政治、经济、文化、教育、科技、外交等各项事业的发展，增强了与国际社会的交流、沟通与合作，每个发展阶段无不体现出时代的要求和特征。

20世纪之前，中国语言研究的关注点主要在语文学和训诂学层面，由于"字"研究是核心，缺乏区分词类的语法标准，语法分析经常是拿孤立词的意义作为基本标准。1898年诞生了中国第一部语法著作《马氏文通》，尽管"字"研究仍然占据主导地位，但该书宣告了语法作为独立学科的存在，预示着语言学这块待开垦的土地即将迎来生机盎然的新纪元。1919年，反帝反封建的"五四运动"掀起了中国新文化运动的浪潮，语言文学研究（包括外国语言文学研究）得到蓬勃发展。中华人民共和国成立后，尤其是改革开放以来，外国语言文学学科的发展势头持续迅猛。至20世纪末，学术体系日臻完善，研究理念、方法、手段等日趋科学、先进，几乎达到与国际研究领先水平同频共振的程度，取得了令人瞩目的成绩，有力地推动和促进了人文社会科学的建设，并支持和服务于改革开放和各项事业的发展。

无独有偶，在处于转型时期的"五四运动"前后，翻译成为显学，成为了解外国文化、思想、教育、科技、政治和社会的重要途径和窗口，成为改造旧中国的利器。在那个时期，翻译家由边缘走向中国的学术中心，一批著名思想家、翻译家，通过对外国语言文学的文献和作品的译介塑造了中国现代性，其学术贡献彪炳史册，为中国学术培育做出了重大贡献。许多西方学术理论、学科都是经过翻译才得以为中国高校所熟悉和接受，如王国维翻译教育学和农学的基础读本、吴宓翻译哈佛大学白璧德的新人文主义美学作品等。这些翻译文本从一个侧面促成了中国高等教育学科体系的发展和完善，社会学、人类学、民俗学、美学、教育学等，几乎都是在这一时期得以创建和发展的。翻译服务对于文化交流交融和促进文明互鉴，功不可没，而翻译学也在经历了语文学、语言学、文化学等转向之后，日趋成熟，如今在让中国了解世界、让世界了解中国，尤其是"一带一路"建设、人类命运共同体构建，讲好中国故事、传递好中国声音等方面承担着重要使命与责任，任重而道远。

20世纪初，外国文学深刻地影响了中国现代文学的形成，犹如鲁迅所言，要学普罗米修斯，为中国的旧文学窃来"天国之火"，发出中国文学革命的呐喊，在直面人生、救治心灵、改造社会方面起到不可替代的作用。大量的外国先进文化也因此传入中国，为塑造中国现代性发挥了重大作用。从清末开始特别是"五四运动"以来，外国文学的引进和译介蔚然成风。经过几代翻译家和学者的持续努力，在翻译、评论、研究、教学等诸多方面成果累累。改革开放之后，外国文学研究更是进入繁荣时代，对外国作家及其作品的研究逐渐深化，在外国文学史的研究和著述方面越来越成熟，在文学理论与文学批评的译介和研究方面、在不断创新国外文学思想潮流中，基本上与欧美学术界同步进展。

外国文学翻译与研究的重大意义，在于展示了世界各国文学的优秀传统，在文学主题深化、表现形式多样化、题材类型丰富化、批评方法论的借鉴等方面显示出生机与活力，显著地启发了中国文学界不断形成新的文学观，使中国现当代文学创作获得了丰富的艺术资源，同时也有力地推动了高校相关领域学术研究的开展。

进入21世纪，中国的外国语言学研究得到了空前的发展，不仅及时引进了西方语言学研究的最新成果，还将这些理论运用到汉语研究的实践；不仅有介绍、评价，也有批评，更有审辨性的借鉴和吸收。英语、汉语比较研究得到空前重视，成绩卓著，"两张皮"现象得到很大改善。此外，在心理语言学、神经语言学和认知语言学等与当代科学技术联系紧密的学科领域，外国语言学学者充当了排头兵，与世界分享语言学研究的新成果和新发现。一些外语教学的先进理念和语言政策的研究成果为国家制定外语教育政策和发展战略也做出了积极的贡献。

习近平总书记指出："要着力推进国际传播能力的建设，创新对外宣传方式，加强话语体系建设，着力打造融通中外的新概念新范畴新表述，讲好中国故事，传播好中国声音，增强在国际上的话语权。"为贯彻这一要求，教育部近期提出要全面推进新工科、新医科、新农科、新文科等建设。新文科概念正式得到国家教育部门的认可，并被赋予新的内涵和定位，即以全球新技术革命、新经济发展、中国特色社会主义新时代为背景，突破传统的文科思维模式与文科建构体系，创建与新时代、新思想、新科技、新文化相呼应的新文科理论框架和研究范式。新文科具备传统文科和跨学科的特点，注重科学技术、战略创新和融合发展，立足中国，面向世界。

新文科建设理念对外国语言文学学科建设提出了新目标、新任务、新要求、新格局。具体而言，新文科旗帜下的外国语言文学学科的发展目标是：服务国家教育发展战略的知识体系框架，兼备迎接新科技革命的挑战能力，彰显人文学科与交叉学科的深度交融特点，夯实中外政治、文化、社会、历史等通识课程的建设，打通跨专业、跨领域的学习机制，确立多维立体互动教学模式。这些新文科要素将助推新文科精神、内涵、理念得以彻底贯彻落实到教育实践中，为国家培养出更多具有融合创新的专业能力，具有国际化视野，理解和通晓对象国人文、历史、地理、语言的人文社科领域外语人才。

进入新时代，我国外国语言文学的教育、教学和研究发生了巨大变化，无论是理论的探索和创新，方法的探讨和应用，还是具体的实验和实践，都成绩斐然。回顾、总结、梳理和提炼一个年代的学术发展，尤其是从理论、方法和实践等几个层面展开研究，更有其学科和学术价值及现实和深远意义。

鉴于上述理念和思考，我们策划、组织、编写了这套"新时代外国语言文学新发展研究丛书"，旨在分析和归纳近十年来我国外国语言文学学科重大理论的构建、研究领域的探索、核心议题的研讨、研究方法的探讨，以及各领域成果在我国的应用与实践，发现目前研究中存在的主要不足，为外国语言文学学科发展提出可资借鉴的建议。我们希望本丛书的出版，能够帮助该领域的研究者、学习者和爱好者了解和掌握学科前沿的最新发展成果，熟悉并了解现状，知晓存在的问题，探索发展趋势和路径，从而助力中国学者构建融通中外的话语体系，用学术成果来阐述中国故事，最终产生能屹立于世界学术之林的中国学派！

本丛书由中国英汉语比较研究会联合上海时代教育出版研究中心组织研发，由研究会下属29个二级分支机构协同创新、共同打造而成。罗选民和庄智象审阅了全部书稿提纲；研究会秘书处聘请了二十余位专家对书稿提纲逐一复审和批改；黄国文终审并批改了大部分书稿提纲。

本丛书的作者大都是知名学者或中青年骨干，接受过严格的学术训练，有很好的学术造诣，并在各自的研究领域有丰硕的科研成果，他们所承担的著作也分别都是迄今该领域动员资源最多的科研项目之一。本丛书主要包括"外国语言学""外国文学""翻译学""比较文学与跨文化研究"和"国别和区域研究"五个领域，集中反映和展示各自领域的最新理论、方法和实践的研究成果，每部著作内容涵盖理论界定、研究范畴、研究视角、研究方法、研究范式，同时也提出存在的问题，指明发展的前景。总之，本丛书基于外国语言文学学科的五个主要方向，借助基础研究与应用研究的有机契合、共时研究与历时研究的相辅相成、定量研究与定性研究的有效融合，科学系统地概括、总结、梳理、提炼近十年外国语言文学学科的发展历程、研究现状以及未来的发展趋势，为我国外国语言文学学科高质量建设与发展呈现可视性极强的研究成果，以期在提升国家软实力、构建人类命运共同体过程中承担起更重要的使命和责任。

感谢清华大学出版社和上海时代教育出版研究中心的大力支持。我们希望在研究会与出版社及研究中心的共同努力下，打造一套外国语言文学研究学术精品，向伟大的中国共产党建党一百周年献上一份诚挚的厚礼！

罗选民　庄智象

2021 年 6 月

前　言

　　2014年国务院颁布的《关于深化测试招生制度改革的实施意见》指出，要科学设计命题内容，测试的成绩要真实可信。这些强调的都是测试的效度。其实，在测试的开发、实施过程中，人们最为关心的问题就是测试的信度和效度，如今效度也逐渐成为语言测试研究中最为基本的概念之一。效度的概念和理论从20世纪20年代产生起至今也经历了各种演变。国内外有关效度和效度理论的研究论文不少，但系统介绍语言测试效度理论的专著却颇为不足。国外类似的专著也大都是论文集，而国内目前还没有一本系统介绍语言测试效度及其理论，尤其是21世纪语言测试效度理论发展的专著，这也是我们撰写此书的缘由。

　　本书对20世纪的效度理论，包括一些极为重要的效度理论，例如Messick的整体效度理论，只作简单介绍，而主要详细介绍21世纪效度理论和效度验证方法的新发展。本书第1章为绪论，首先对效度的定义以及发展进行阐述和介绍；然后回顾20世纪效度理论的发展，尤其是《教育与心理测试标准》的各个版本对效度的界定以及对语言测试研究和实践的影响；接着对21世纪语言测评效度理论的新发展进行概述。第2章对语言测评效度理论近20年（2000—2019），尤其是近10年的核心语言测评效度理论进行更加详细的介绍，主要包括基于论证的效度框架、Cizek的修订框架、Hubley & Zumbo的修订框架、社会认知效度框架、基于证据的效度验证、行动理论视角下面向改革的测试效度框架、公平效度框架、评价使用论证框架等。

　　效度理论的发展伴随着现代信息技术的发展。研究效度的方法也与信息技术发展有很大关系，心理和教育测量的统计方法以及测量工具的发展和现代化都为效度理论发展提供了坚实的基础。本书第3章主要对近10年来语言测评效度验证的主要方法（包括统计方法）进行详细介绍。该章首先介绍了针对测试分数解释和使用各推理环节（包括评分、概化、解释、外推、使用和影响）的效度验证方法；然后介绍了效度验证中的一些主要统计方法，例如概化理论、Rasch分析、因子分析、回归分析、结构方程建模、项目功能差异分析等；最后针对现代信息技术在效度验证中的使用作了介绍，包括认知诊断测试、决策树和眼动技术的应用。

如何在实际情况中开展测试的效度验证？如何将目前主流的效度理论运用在实际的测试效度验证中？在何种情况下使用哪种统计方法和技术手段？这些都是研究者关心的问题。本书第 4 章便介绍了一些较为典型的语言测评效度验证实例，涵盖整体效度验证以及专门针对评分、概化、解释、外推、使用和影响各推理环节的效度论证。在呈现每项实例时，我们从研究背景、研究问题、研究方法、研究结果等方面进行介绍，并在结尾对该研究实例进行简短点评。

最后，第 5 章对 21 世纪语言测评效度理论的学术观点和发展，以及未来语言测试人员可能会关注的一些热点问题进行阐述，包括测试的公平性、测试的社会效度、形成性评价的效度以及语言能力量表的效度。

本书第 1、5 章由刘建达撰写，第 2 章由贺满足撰写，第 3 章由刘晓华撰写，第 4 章由三位作者共同完成，最后由刘建达统稿。本书适合广大语言测试与评价研究人员和相关领域硕、博研究生阅读。

在本书撰写过程中得到来自各方的协助。感谢中国英汉语比较研究会策划此系列丛书，感谢清华大学出版社的大力支持，感谢审稿专家的真知灼见。

限于时间和能力，本书仍有诸多不足之处，恳请广大读者批评指正。

刘建达

2020 年 12 月

于广东外语外贸大学外国语言学及应用语言学研究中心

目　　录

第1章　绪论 …………………………………………………… 1

　1.1　效度的定义 ……………………………………………… 2
　　　1.1.1　效度定义的发展 …………………………………… 2
　　　1.1.2　有关效度定义的争议 ……………………………… 4
　1.2　20世纪语言测评效度理论的主要发展 ………………… 8
　1.3　21世纪语言测评效度理论的新发展 …………………… 11
　1.4　本书的结构安排 ………………………………………… 17

第2章　21世纪语言测试效度理论发展 …………………… 19

　2.1　基于论证的效度模型 …………………………………… 19
　　　2.1.1　基于论证的效度模型的提出 ……………………… 19
　　　2.1.2　基于论证的效度模型的推论形式 ………………… 20
　　　2.1.3　基于论证的效度模型的主要内容 ………………… 22
　　　2.1.4　对基于论证的效度模型的评价 …………………… 26
　2.2　Cizek 的修订框架 ……………………………………… 27
　　　2.2.1　Cizek 修订框架的提出 …………………………… 27
　　　2.2.2　Cizek 修订框架的内容 …………………………… 27
　　　2.2.3　对 Cizek 的修订框架的评价 ……………………… 32
　2.3　Hubley & Zumbo 的修订框架 ………………………… 33
　　　2.3.1　Hubley & Zumbo 修订框架的提出 ……………… 33
　　　2.3.2　Hubley & Zumbo 修订框架的内容 ……………… 35
　　　2.3.3　Hubley & Zumbo 修订框架的应用范围 ………… 38
　　　2.3.4　对 Hubley & Zumbo 修订框架的评价 …………… 40

2.4 社会认知效度框架 ·· 40
- 2.4.1 基于证据的效度验证框架的提出 ·············· 40
- 2.4.2 基于证据的效度验证框架的架构 ·············· 41
- 2.4.3 对 Weir 的社会认知效度验证框架的评价 ········ 48

2.5 行动理论视角下面向改革的测试效度框架 ················ 49
- 2.5.1 面向测试改革的效度验证框架的提出 ············ 49
- 2.5.2 测试后果与效度 ······························ 50
- 2.5.3 面向测试改革的效度验证框架的主要内容 ········ 54
- 2.5.4 对面向测试改革的效度验证框架的评价 ·········· 57

2.6 公平效度框架 ·· 57
- 2.6.1 公平性研究的简要回顾 ························ 57
- 2.6.2 不同的公平性检验框架 ························ 58
- 2.6.3 小结 ·· 67

2.7 评价使用论证框架 ···································· 68
- 2.7.1 评价使用论证框架的提出 ······················ 68
- 2.7.2 语言测试开发与使用流程 ······················ 69
- 2.7.3 AUA 的结构框架 ······························ 71
- 2.7.4 构建 AUA ···································· 76
- 2.7.5 责任划分 ···································· 79
- 2.7.6 测评的公平性 ································ 82
- 2.7.7 对 AUA 框架的评价 ···························· 83

2.8 总结 ·· 84

第 3 章 效度验证方法 ······································ 85

3.1 效度验证的各个层面 ·································· 85
- 3.1.1 评分 ·· 85
- 3.1.2 概化 ·· 90

3.1.3 解释 … 93
3.1.4 外推 … 102
3.1.5 使用 … 107
3.1.6 影响 … 111

3.2 效度验证中主要的统计方法 … 116
3.2.1 概化理论分析 … 116
3.2.2 Rasch 分析 … 118
3.2.3 因子分析 … 122
3.2.4 回归分析、路径分析和结构方程建模 … 124
3.2.5 项目功能差异分析 … 126

3.3 现代技术在效度验证中的应用 … 129
3.3.1 认知诊断测试 … 129
3.3.2 决策树 … 132
3.3.3 眼动技术 … 133

3.4 总结 … 136

第 4 章 效度验证实例分析 … 137
4.1 整体效度验证实例分析 … 137
4.2 分数解释与使用各环节效度验证实例分析 … 143
4.2.1 评分 … 143
4.2.2 概化 … 148
4.2.3 解释 … 152
4.2.4 外推 … 156
4.2.5 使用 … 161
4.2.6 影响 … 166

4.3 大规模、高风险测试的反拨作用研究 … 171
4.4 总结 … 175

第 5 章　新时代语言测评效度理论及研究展望 ············ **177**
    5.1　测试的公平性·· **177**
    5.2　测试的社会效度·· **179**
    5.3　形成性评价的效度··· **183**
    5.4　语言能力量表的效度·· **195**
    5.5　总结·· **199**

参考文献 ··· **201**
术语表 ··· **233**

图 目 录

图 2-1　Toulmin 的推理模式 ············ 21
图 2-2　Toulmin 推理模式实例 ············ 21
图 2-3　解释性论证中的推理链 ············ 22
图 2-4　测试的推理模式 ············ 23
图 2-5　扩展的解释性论证推理链 ············ 24
图 2-6　测试分数推断的效度验证和测试使用合理性证明过程 ············ 28
图 2-7　测量和评价框架 ············ 34
图 2-8　Hubley & Zumbo 的效度验证框架 ············ 36
图 2-9　语言测试效度验证的社会认知框架 ············ 42
图 2-10　测试开发者和使用者的职责划分 ············ 53
图 2-11　效度中的后果研究：角色及职责分配 ············ 56
图 2-12　公平性检验的理论框架 ············ 64
图 2-13　语言测试公平性检验框架 ············ 66
图 2-14　测试开发与使用流程图 ············ 70
图 2-15　AUA 框架图 ············ 72
图 2-16　测评开发和使用各阶段测评开发者和决策者的责任 ············ 80
图 2-17　基于 AUA 的主张和理由的测评开发者和使用者的责任区分 ············ 81
图 5-1　促进学习的评价连续体 ············ 184
图 5-2　形成性评价的效度评价框架 ············ 189
图 5-3　Otter 等提出的形成性评价 IUA 模型 ············ 191
图 5-4　形成性评价的效度验证框架 ············ 192
图 5-5　声明推理论证框架 ············ 196
图 5-6　《量表》效度论证框架 ············ 197

表 目 录

表 1–1 《标准》各个版本对效度的分类 ·· 3
表 1–2 Messick 的效度框架层面 ·· 11
表 2–1 测试分数效度和测试使用的合理性证明的维度 ················ 29
表 2–2 分数意义的效度验证和测试使用合理性证明的证据来源及举例 ······ 30
表 2–3 渐进性矩阵的重构 ·· 35
表 2–4 基于改革的测试中后果效度的定位 ································· 54
表 2–5 Kunnan 修订的测试公平性框架 ······································· 59
表 2–6 AUA 框架中的主张、理由和反驳 ···································· 73
表 2–7 构建 AUA 和测试开发的指导性问题 ······························· 76
表 5–1 Messick 的效度理论 ··· 180
表 5–2 理解 Messick 的效度矩阵 ·· 181
表 5–3 三种测评的主要特点 ·· 183
表 5–4 大规模评价与课堂评价的异同 ·· 192

第1章
绪 论

"效度"这一概念最早于19世纪20年代由测量学家引入教育测量和心理测量之中（Newton & Shaw, 2014），随后在测量界逐渐传开并得以接受，其定义也随着效度理论的发展而发生变化。关于效度，最早但如今仍普遍使用的一个定义是一种测试[1]在多大程度上真正测试到了其宣称要测试的内容（Garrett, 1937），强调除了关注一种测试有什么作用，还要注意测了什么（Sireci & Sukin, 2013）。但真正得到广泛认可的定义源自由美国教育协会、美国心理协会和美国国家教育评价委员会这三个协会制定的《教育与心理测试标准》（*Standards for Educational and Psychological Testing*）（以下简称《标准》）。《标准》起初来源于由美国心理协会于1954年发布的《心理测试和诊断技术建议》（*Technical Recommendations for Psychological Tests and Diagnostic Techniques*），1966年由前面提到的三个协会正式以《标准》的名称发布，之后分别于1974年、1985年、1999年对《标准》进行过多次修订。最新的《标准》于2014年对外发布。目前普遍接受的效度定义是1999年版《标准》中的界定，即"所收集到的证据和理论依据在多大程度上支撑对测试分数使用所作出的解释"（American Educational Research Association [AERA] et al., 1999: 9, 2014: 11）。

人们谈及效度时一般会联想到两个方面的问题：第一，如何定义效度，包括效度的概念是什么，谁会使用效度，效度指什么，效度的界限在哪里，效度与其他相关概念有什么关系等。第二，如何体现效度，包括有哪些相关证据，需要多少证据，如何归类证据等。（Newton, 2012）

---

[1] 测试（testing）和考试（test）在语言测试中常不加以区分，本书统一使用测试。

1.1 效度的定义

1.1.1 效度定义的发展

Newton（2012）从四个方面来谈论效度的定义：第一，把效度看作测试的特征不一定明智；第二，把效度当作解释的一个特征是个好的做法；第三，把效度看作一个整体概念是正确的；第四，把构念效度看作所有效度的整体也是不错的。他还从历史的角度阐释了这四个方面。

第一方面，测试是有效的（或无效的）。他指出，"效度"这一概念何时进入教育与心理测评界不得而知，但在20世纪20年代的有关文章中，"效度"这一概念经常以不同的形式出现在一些名家的文章和著作中（Newton, 2012）。早在1921年，美国教育研究国家标准委员会（Standardization Committee of the National Association of Directors of Educational Research）就提出，测试测了什么是一个效度问题，而每次测量是否一致是个信度问题（Buckingham et al., 1921）。到了1924年，人们普遍接受的"经典定义"得到广泛传播，即效度就是测试在多大程度上测量到了要测量的（Ruch, 1924）。如果测试测量到了要测量的，那就意味着测试具有效度。当然，这个简单的"经典定义"很快就受到了挑战，因为影响测试效度的因素太多——测试的程序、考务的安排、试卷的性质、试卷的质量、考生的特点、测试结果的使用等诸多方面都会对测试的效度产生不同的影响。所以，简单地从测试是否有效来定义效度显然是不够的。

第二方面，解释是有效的（或无效的）。接下来提出的新效度定义是几十年后的事了。Cronbach & Meehl（1955：297）就考虑到关于测试的解释问题，他们指出，"只询问'测试有效吗？'很不成熟。关于测试人们可以做不同的推断，有些推断是有效的，有些则是无效的"，测评的效度就是对测试结果解释的验证，"人们验证的不是测试本身，而是对从中产生的数据的解释"（Cronbach, 1971：447）。

第三方面，效度是个整体概念。人们普遍意识到效度根据测试目的的不同而不同，同一个测试只要用于不同的目的就要单独验证其效度。《标准》第一版区分了四种不同的测试目的，因此也就区分了四种不同种类的效度：内容效度（content validity）、预测效度（predictive validity）、同期效度（concurrent validity）和构念效度（construct validity）（American Psychological Association [APA] et al.，1954）。后续两版的《标准》把效度类型减少到三类：内容效度、效标关联效度（criterion-related validity）和构念效度，即后来的三一概念观（trinitarian conception）（AERA，1966，1974）。当然，到了后来的版本，效度被认为是个整体概念，整体概念观（unitarian conception）的效度开始流行（AERA et al.，1999，2014）。

第四方面，构念效度是效度的全部。Loevinger（1957：636）针对传统的效度定义指出，"预测效度、同期效度和内容效度基本都是特意设计的，从科学角度上说，构念效度才是效度的全部。"这个观点后来得到了 Messick（1989）的认可，也体现在当时出版的《标准》中（AERA et al.，1999）。《标准》首先指出，效度就是使用测试分数时对分数的解释，效度与分数的使用联系在一起。表 1-1 展示了《标准》各个版本对效度的分类。

表 1-1 《标准》各个版本对效度的分类

版本	效度分类
1952 年《心理测试和诊断技术建议》第一版	预测效度、身份效度（status validity）、内容效度、相容效度（congruent validity）
1954 年《心理测试和诊断技术建议》第二版	构念效度、同期效度、预测效度、内容效度
1966 年《标准》第一版	效标关联效度、构念相关效度、内容相关效度
1974 年《标准》第二版	效标关联效度、构念相关效度、内容相关效度
1985 年《标准》第三版	效标关联效度、构念相关效度、内容相关效度
1999 年《标准》第四版	证据类型：内容、反应过程、内部结构、与其他变量的关系、测试的后效
2014 年《标准》第五版	证据类型：内容、反应过程、内部结构、与其他变量的关系、测试的后效

总之，最早的效度理论学者从测试与标准之间的相关关系来定义效度。他们认为，相关关系可以显示测试是否测试到要测试的。但随着人们对测试后效越来越关心，仅考虑相关关系无法满足人们对测试效度的

要求。后来，人们更趋向于收集与测试效度有关的证据，包括理论的一致性和目的，对个人、群体甚至整个社会的积极的后效等（Sireci & Sukin，2013）。最新的一版《标准》提出五方面的相关证据：测试内容、与其他变量的关系、内部结构、反应过程和测试的后效（AERA et al.，2014）。

1.1.2 有关效度定义的争议

一直以来，效度是语言测试研究的一大热点。语言测试界的效度概念来源于心理测量学，最早由 Lado 于 1961 年引入（D'Este，2012；Lado，1961）。虽然《标准》对"效度"有明确的定义，也得到普遍的认可，但有关"效度"的定义仍存在着不同的诠释，且种类繁多，如测量工具的效度、测试分数的效度、测试分数解释的效度、决策过程的效度等（Newton，2012；Newton & Shaw，2014）。Newton & Shaw（2014）认为有必要就测量这一根本术语的用法达成一致意见，并在 2014 年美国国家教育测量委员会（NCME）年会上就"如何最佳使用效度一词"这个话题组织了一次协调会议，试图解决这些争议。效度专家踊跃撰文，这些文章集中发表在 2016 年《教育测量：原则、政策及实践》（*Assessment in Education: Principles, Policy & Practice*）第 2 期上。根据他们的效度观点，Newton & Shaw（2016b）把这些专家划分为四个不同的阵营：新自由主义者、传统主义者、新保守主义者和超级保守主义者（刘建达、贺满足，2020）。

新自由主义者主张大范围拓展效度概念，强调测试后果在效度和效度验证中的重要性，既关注预期测试使用，也关心非预期使用（Gafni，2016；Moss，2016；Sireci，2016b）以及非预期的测试后果（Haertel，2013；Kane，2016a）。Hubley & Zumbo（2013）和 Zumbo & Hubley（2016）甚至提出效度应包括社会及个人层面的后果和消极影响（为了与积极的后果进行区分，特意使用不同的词汇表示）。传统主义者则认为效度包括测量（测试分数解释）及预测（测试使用），需要效度验证的主要是测试分数的使用（Shepard，2016；Sireci，2016a，2016b）；

定义效度时忽略测试使用等同于定义"无用"测试的效度（Sireci，2016b）。新保守主义者强调效度的测量属性，建议回归经典定义，即效度指的是"测试在多大程度上测量了它想要测量的内容"。他们认为测试分数解释和使用是两个不相容的问题（Cizek，2012，2016a，2016b；Geisinger，2016），且效度包含信度、单维性、偏颇性（Cizek，2016a）。超级保守主义者以 Borsboom 及其同事为代表，提倡回归经典定义（Borsboom & Markus，2013；Borsboom & Wijsen，2016）。但他们的效度观更狭隘：效度是测量最基本的属性，如果测量的特质引起了测量结果的变化，那么这个测量在测量它想要测量的内容方面就是有效的。这种效度观范围狭小，不包括其他评价性概念，诸如信度/准确性、维度和偏颇性。

　　效度具体应涉及哪些方面也是一个备受争议的问题。Borsboom & Wisjen（2016）认为应弄清效度是一个本体论问题、认识论问题还是伦理问题，不能将这三个问题混为一谈。Koretz（2016）认为不应把伦理问题纳入效度定义，而 Cizek（2016a）也认为这是一个概念上的争论，因此从逻辑上来讲不应把伦理方面的考量牵扯进来。但 Kane（2016a）却认为效度不应和伦理分开。Kane（2016b）认为关于效度的争议更多的是词汇层面的，即测试专家们对效度一词的多种使用使得其确切含义变得模糊。Newton & Shaw（2016a）则指出效度定义问题与其说是逻辑问题，还不如说是权衡不同视角的利弊问题。Twing（2016）认为效度最根本的问题不在于定义，而更多的是过程或程序问题，即如何收集测试分数解释及使用的各种证据。Sireci（2016a）认为当今效度面临的真正问题是如何提供连贯的信息以帮助测试使用者根据测试分数进行决策。

　　在有关效度定义的讨论中争论最大的仍是后果效度问题（Brennan，2006a）。有关后果效度在效度理论中的地位，Kane（2016a）提出三个可能的解释模型：唯解释模型（an interpretation-only model）、后果作为指标的模型（a consequences-as-indicators model）、解释及使用模型（an interpretation-and-use model）。在唯解释论的框架中（类似于传统主义者），效度验证只是分数解释。效度验证本身需进行补充，进行另外的分析以证明预期的使用有意义。但是在语言测试和教育与心理测量中,意义和使用是密不可分的,测试开发之初就需明确分数的使用或用途(Sireci, 2016b; Zumbo & Hubley, 2016)。在后果作为指标的模型中,效度验证包括评价测试项目达到预期目标的程度以及潜在的非预期后果(包括积极和消极的后果)。这种模型主要集中在预期分数解释的可信度上,而消极后果本身并不会降低测试项目的效度。相反,消极后果可作为指标表明测试项目中可能存在的问题。解释和使用模型对分数解释和分数使用进行了区分,并对预期的分数解释和使用在多大程度上包含实际的分数解释和使用进行评价[1]。如果测试开发人员或用户声明该测试用于某些目的,通常需要评价分数使用的后果来决定主张是否得到支持(刘建达、贺满足,2020)。

当前效度讨论更多地围绕基于分数使用的评价是否应置于效度范畴中(Kane, 2016a)。分数使用必然会产生一定的后果,Kane(2013a)认为测试项目评价涉及的后果主要有三种:(总体)预期后果、公平性(fairness)/偏颇性(bias)、系统性影响(而非个人影响)。Bachman & Palmer(2010)认为测试的使用及预期后果应是测试开发和评价的出发点。他们提出"评价使用论证"(assessment use argument,简称AUA)框架并详述了推理过程,其中包括评价使用和对利益攸关者有益的决策所产生的后果。在该框架中,Bachman和Palmer用AUA代替效度验证,以此强调对分数使用而非分数意义的合理性进行验证的必要性。对非预期的后果(特别是社会后果)的评价,各位专家观点不一,但测试的区别性影响(如不同组别考生中及格率或录取率不同)和其他非预期后果的评价大多在效度的框架下进行(Xi, 2010)。

总之,虽然部分研究者认为社会后果不属于效度和效度验证范畴(Brennan, 2006a),但是大多数专家都认同后果在效度理论中的重要性(Bachman & Palmer, 2010; Chalhoub-Deville, 2016; Chapelle, 2012; Kane, 2016a; Tsagari & Cheng, 2017; Zumbo & Hubley, 2016),并且认为如果将道德评价排除在效度之外,将存在无人对测试后果负责的风险。然而,一些专家支持狭隘的效度观,认为测试后果的评价虽是测试效度验证的重要部分,但不属于效度本身,因而不能将其与推论的质

---

[1] "评价"和"评估"(assessment)在本书中不作区别,"测评"则指"测试"与"评价"(testing and assessment)。

量混为一谈（Koretz，2016）。这些专家建议在其他范畴内对测试后果进行研究，如"使用"（utilities）（Geisinger，2016）、"合理性"（Cizek，2012，2016a，2016b）、"政治"（Borsboom & Wijsen，2016）等方面。他们坚持认为把道德评价纳入效度范围内将使效度概念变得过于复杂而无法理解，并且对效度验证不具有任何有用的指导意义。

随着研究的不断深入，理论专家对测试后果的认识逐渐深化，意识到研究测试后果的重要性和必要性，争论的焦点也从效度是否包含测试后果转移到在哪个范畴内研究测试后果（Kane，2011，2013a）及后果的性质和范畴（Kane，2016a）。Kane（2011）指出，有关测试社会后果研究的三个真正问题是：应关注哪些社会后果？应如何评判这些社会后果？谁负责评判这些社会后果？

虽然语言测试界就效度定义并未完全达成共识，但作为教育与心理测量领域的纲领性文件之一，《标准》的效度定义被称为公认定义（AERA et al.，1999，2014）。语言测试界对效度的界定也主要是依据这个定义进行的。

效度是个概念，如前所述，指测试在多大程度上完成了既定的目标以及测试结果在多大程度上得到恰当的解释。与效度概念不同，效度验证则指为了评价测试结果是否得到恰当使用而收集和报告相关证据的过程（Sireci & Sukin，2013）。其实，效度与效度验证是一个硬币的两面，效度验证是对测试效度的调查，所以效度是要调查的对象；效度验证则是调查效度的过程（Newton & Shaw，2014）。《标准》提出的五类证据也是效度验证中需要重点去收集的。在测试结果的使用过程中，测试效度的各种证据的重要性会有所不同，其中有些证据可能会比其他证据更为重要。例如在课程终结性评价中，内容效度会较为重要。不过仅一类效度往往说服力不够，需要多种证据来支撑测试和评价的效度。在效度证据的收集以及研究过程中，理论学者也提出了不同的效度理论。效度理论为效度验证提供了概念框架。

1.2 20 世纪语言测评效度理论的主要发展

如上所述，效度的定义发展过程大致可分为三个主要阶段：前三一概念观（pre-trinitarian）、三一概念观（trinitarian）、整体概念观（unitarian）。与之相关联的效度理论发展大致可以分成五个主要阶段：（1）孕育期（gestation），即 19 世纪中叶至 1920 年；（2）形成期（crystallization），即 1921 年至 1951 年；（3）碎片化期（fragmentation），即 1952 年至 1974 年；（4）（重新）一体化期（reunification），即 1975 年至 1999 年；（5）解构期（deconstruction），即 2000 年至今。五个阶段没有明显的分界线，但反映出效度理论的发展过程。其实，几个转折和过渡点都与《标准》的各个版本有关（Newton & Shaw, 2014）。

标准化测试最早可以追溯到中国的汉文帝前元 15 年（公元前 165 年），汉文帝为参加"贤良方正科"的士子出题测试（杨学为，1991）。现代的测试一般都会联想到 Binet 的工作，他致力于使巴黎学区的每个孩子不经过正式的测评就可以享受到教育（Binet & Simon, 1905; Sireci & Sukin, 2013）。之后随着测试的流行，测试效度的概念越来越受到重视，相应的效度理论也随之而生。

20 世纪的测试效度理论最早起源于 19 世纪（19 世纪中叶至 1920 年）。当时，欧洲和北美的学校主要采取结构性的测评作为进一步决策的基础。例如，美国采用了笔试，英国则为学校开发了地方性测试。到了 19 世纪末，人们越来越多使用结构性测试的结果来满足不同的选拔目的，例如公务员招聘和学校教学质量检测和追责等（Newton & Shaw, 2014）。然而，随着测试结果的广泛使用，人们逐渐担心测试的效度和信度，一些结构性较强、主观性较弱的测试应运而生；主要的测试题型包括正误判断、多项选择、句子填充等，标准化测试也随之诞生。在那之后，人们进一步关注测试的公平性、测试技术的有效性和测试的效率。当时统计学的发展加速了这方面的发展和需求，人们开始使用各种统计方法来验证测试的信效度，并把测量学的概念引入语言测试。利用统计方法验证测试质量在 20 世纪初得到更广泛的应用，这也是语言测试效度理论验证的孕育期。

1921 年北美国家教育研究协会（The North American National

Association of Directors of Educational Research）发布了旨在为测量行为提供统一标准的文本，其中效度被定义为测试测量到了要测量的构念的程度，这为之后的效度理论发展奠定了基础。然而，该定义也带来了一个问题，即效度的程度如何进行验证，需要什么样的证据来证明测试的效度。早期最常用的方法包括两种：对测试内容进行逻辑分析以及对测试的实证数据进行相关分析（Newton & Shaw，2014）。对测试和要测量的能力之间进行相关分析以验证测试的效度成为一种被高度认可的做法。但是，要计算相关度，那测试结果应与哪些代表测试要测量的能力（即构念）的因素进行相关验证呢？也就是说，需要找到一定的标准来进行相关验证。然而，什么是标准？标准包括哪些？当时对于这些问题尚未有定论。所以，有些学者建议还是主要依靠分析测试内容是否符合要测量的能力来进行效度验证，而进行内容分析的主体则是内容相关领域的专家。如果专家一致认为测试的内容与教学大纲或要测量的能力一致，则测试具有较好的效度。在这一时期（1921—1951 年），效度理论得到了初步发展（Newton & Shaw，2014）。

到了 20 世纪 50 年代，美国心理学会（American Psychological Association，简称 APA）在 Cronbach 的带领下，制定了第一个专业标准来指导测试的效度验证工作，并于 1952 年发布了《标准》的第一稿（American Psychological Association，1952）。该版标准中有一章专门论述了效度，也开始区分不同种类的效度，从以前的内容效度和相关效度拓展到 4 种效度：内容效度、预测效度、身份效度（status validity）和相容效度（congruent validity）。1954 年正式出版时，身份效度更改为同期效度，相容效度更改为构念效度（APA et al.，1954）。非常重要的一点是，效度理论中引入了构念效度这一概念。此概念在 Cronbach & Meehl（1955）里程碑式的文章中得到完整的诠释。Cronbach & Meehl 认为，有些测试注重内容的相关性（内容效度），有些测试偏重标准测量（效标关联效度，包括预测效度和同期效度），但是对于一些没有这些衡量标准的测试来说，效度验证还得另辟蹊径。这方面主要考虑的就是构念的问题（Newton & Shaw，2014）。构念就是假设的特征（postulated attribute），可以在具体测试中体现出来。构念效度可以通过逻辑分析以及收集和分析实证证据这两个途径进行验证。

《心理测试和诊断技术建议》在 1966 年得到修订，以《标准》第一版的名称出版。效度的种类也由四种压缩到三种：内容相关效度、效标关联效度和构念相关效度。这种分类一直持续到 1985 的第三版《标准》。第一版《标准》指出，这三类效度彼此并不是完全分开的。然而，实际的测试验证却有分开的趋势，因为人们倾向于使用某种效度来验证某种类型的测试，进而呈现出某种碎片迹象。因此 1952 年至 1974 年这段时间也被称作效度碎片化时期（fragmentation of validity）（Newton & Shaw，2014）。

随后，1974 年至 1999 年这段时间被称为效度的"Messick 时期"（Newton & Shaw，2014），即前文所述的一体化期。Cronbach & Meehl（1955）认为，每当效标关联效度和内容效度不足以界定测量质量时，就应考虑构念效度。Messick 指出，效标关联效度和内容效度总是不充分的，所以效度基本上就是构念效度（Messick，1989），理由是对于分数的所有解释都隐含着某种构念。构念效度的验证就是"收集与测试分数解释有关的各种证据"（Messick，1989：17），所以，Messick 把所有效度证据都纳入构念效度范畴中（Messick，1989：20），把效度定义为"经验证据和理论依据在多大程度上支持基于测试分数或其他评价方式所做出的推断或采取的行动是充分和适当的？对这个问题的综合评价性判断就是效度"（Messick，1989：13；李清华，2006）。Messick（1989）用"效度框架层面"（facets of validity framework）表达自己的效度思想，构建了一种"渐进矩阵"（progressive matrix）（如表 1-2 所示）：构念效度在每个层面都出现，从左上角到右下角，每个层面增加一个新成分（李清华，2006）。Messick 重塑了效度验证，强调调查分数的意义，鼓励尽量多地收集和积累能够得到的任何证据和分析，警示效度验证不能仅依靠孤立的单次数据分析或实证调查。这种将效度理论重新一体化的观点是 Messick 的一大贡献（Newton & Shaw，2014）。Messick 的定义完全摒弃了分类效度观，具有突破性意义，成为 20 世纪晚期效度思想的"时代思潮"（Newton & Shaw，2014：99）。

李清华（2006）总结 Messick 对效度理论的贡献主要表现在：（1）明确了效度验证的对象是测试分数的解释和使用，而不是测试本身；（2）确立了构念的核心地位，加强了对构念效度作为效度整体概念的一致认识;(3)把效度的涵盖范围由分数意义扩展到相关性和实用性（relevance and utility）、价值意义及社会后果。Messick（1980）也曾提议把伦理道德（ethic）纳入效度的核心内容，但遗憾的是自己最终并未清楚阐释这方面内容与效度之间的关系。

表 1-2　Messick 的效度框架层面

	测试的解释	测试的使用
证据基础	构念效度	构念效度 + 相关性 / 实用性
后果基础	价值意义	社会后果

1.3　21 世纪语言测评效度理论的新发展

在效度理论发展的过程中，20 世纪 90 年代可以说是 Messick 的时代，其影响也在 1985 年和 1999 年出版的《标准》中得到体现。但随着 21 世纪的到来，效度理论进入了一个新的时代。

如前所述，到 20 世纪 80 年代，构念效度广为接受，教育与心理测量领域进入整体效度观时期。这种"一元多维"的效度观确立了构念效度的核心地位（Alderson & Banerjee，2002）。Messick 强调通过收集多种证据和逻辑分析来验证测试的效度，Kane 却明确地表明效度的证据主要来自对测试结果的解释和使用（Davies，2003）。随着效度研究的深入和效度验证实践的开展，研究者发现 Messick 的整体效度观"看上去优雅、概念丰富，但实施不易，因为它没建议从哪里开始，没有对如何实施的指导，也没有判断进步和何时可以停止的标准"（Kane，2011：8）。这主要体现在其对渐进性矩阵的阐述过于模糊、抽象，不能为效度验证的实际操作提供具体指导（Kane，2011）。鉴于此，研究者们纷纷探索实践上更可行的效度验证模式，以推动效度理论进入一个构念效度拆析和重构的阶段（deconstruction and reconstruction of construct validity）（Newton & Shaw，2014）。

为解决效度理论与效度验证实践脱节的问题，Kane（1992，2006）

提出基于论证的（argument-based）效度验证方式，并对其不断修改、完善。该模式包括两个方面：解释性论证（interpretive argument）和效度论证（validity argument）。效度验证过程中，首先提出解释性论证，明确测试用途以及测试分数的解释，然后清晰地呈现考生得到的分数，明确分数的意义以及基于测试分数做出的推论和假设。解释性论证通过对"评分—概化—外推—使用"这一动态推理过程进行论证，使得评价者可以把效度这个大问题细分为可管理的小块。基于论证的效度验证方式建立在 Toulmin（1958，2003）的实践推理模型上，明确了效度验证从哪里开始（即提议的测试分数解释和使用）、如何进行（即以论证形式支持有关分数解释和使用的主张并验证其假设）、何时停止（即当论证是连贯和完整的，推论和假设是合理的）（Kane，2013a，2016a），以便于评价人员确定需解决及最需关注的问题，即论证链中最薄弱的环节。

  Kane 基于论证的方法基本上沿袭了 Messick 的整体效度观，体现了《标准》的效度定义，但又避开构念效度，为效度验证过程提供了一套系统的、可操作的效度验证程序。Kane（2011，2013a）指出，所提议的分数解释和使用的主张的强弱程度决定了所需证据的种类和数量，同时他也提出了评价解释性论证的三个基本标准：清晰性、连贯性和合理性。为了突出测试使用在效度验证中的地位及其对分数解释的影响，Kane（2013）把解释性论证重新表述为解释/使用论证（interpretation/use argument，简称 IUA）。基于论证的效度验证方法为分数解释和使用提供了清晰的研究框架，其有用性得到了许多专家的认可（Chapelle & Voss，2014；Newton & Shaw，2014）。《标准》（2014）也将其融进效度章节，明确指出："合理的效度论证将各种证据集合成一个连贯的论述，并说明现有证据和理论在多大程度上支持为特定用途所作的测试分数的解释。"（AERA et al.，2014：21）然而，由于该模式涉及逻辑论证，所以将其运用到效度验证实践的研究屈指可数（Chapelle et al.，2010；Cheng & Sun，2015）。Newton（2012）和 Sireci（2013）认为 Kane 基于论证的效度验证框架过于复杂，需要简化：解释性/使用性论证是效度论证的前期准备（Newton & Shaw，2013），在测试开发人员或测试机构阐明测试预期目的的情况下，无须进行解释性论证或使用性论证

（Newton & Shaw，2013）。Xi & Sawaki（2017）认为 Kane 基于论证的效度观强调对预期的测试分数解释及使用进行论证，没有考虑到测试实际上的具体使用情况。因此，一些学者认为效度验证的重心应转移到测试分数的实际解释和使用上来（Moss，2013，2016）。

　　Cizek（2012，2016a，2016b）认为 Messick（1989）的渐进性矩阵存在一个严重的缺陷，即效度用来指代两个不同的事物——分数解释及使用，但分数意义（解释）的准确性和分数使用的合理性是两个不同范畴的问题，其目的不同，验证方法也各异，不管是逻辑上还是现实中都无法将这两方面的证据整合。Cizek 指出 Messick 提出的"综合性评价判断"从未得以实现就是最好的例证。基于此，Cizek 对 Messick 的效度理论进行了修正，将效度简化为测试分数在多大程度上支持依据测试结果所做的推断。在该定义中，针对测试分数使用的评价不再隶属效度范畴；另一方面，Cizek 建议用"测试使用合理性论证"（justification of test use）替代有关测试使用的"效度验证"。Cizek（2012，2016b）在 Kane 基于论证的效度验证框架上提出一个修订框架。在这个框架中，分数推断的效度验证和测试使用合理性证明是逻辑上渐进的两个独立过程。测试开发和评价阶段收集支持分数解释的证据，效度验证结束后对分数使用的合理性进行证明，整个测试过程中价值判断发挥重要作用。为了更好地阐述分数推断的效度验证和测试使用合理性证明是两个不同的过程，Cizek（2012）从依据、调查、焦点、传统、理由、时间性和责任者这七个维度对两者进行了区分，还列出了这两个过程的不同证据来源（Cizek，2016a）。他特别强调分数推断的效度验证和测试使用合理性证明是两个交互的过程，对测试分数的效度验证只是证明测试使用合理性的一个必要步骤，但不是充分条件（Cizek，2012，2016a，2016b）。这一通用框架明确了测试后果（test consequences）应属的范畴及在效度验证中的定位。

　　Messick（1989）的渐进性矩阵包含了测试解释和使用的功能以及证明这些功能的证据基础和后果基础，强调评价时需关注测试使用的价值含义和社会影响。然而后果基础通常遭受严重误解和诟病，成为效度争论的主要原因（Cizek，2012）。Hubley & Zumbo（2011，2013）对 Messick 的渐进性矩阵进行重构，重新定位后果基础，将其变为测试解释和使用的证据基础的一部分，并提出新的效度验证框架。该框架扩展了后果（影响）的概念，同时将其放在相对于其他类型的效度证据的适当位置。具体而言，可用于支持测试分数解释和使用的证据形式包括（但不限于）：分数结构、信度、内容相关证据、效标关联证据、汇聚/区分证据、已知群体证据、超越样本背景和目的的概化或恒定性证据、预期的社会和个人影响、非预期的社会和个人副作用等。Hubley & Zumbo（2011，2013）的效度验证框架清楚地表明价值含义和社会影响是分数意义所固有的，并不是新的或单独的后果效度的一部分。同时，该框架显示了理论、价值观、影响和效度验证之间的内在关联。Hubley & Zumbo（2011，2013）和 Cizek（2012，2016b）提出的修订框架都强调价值含义在效度验证过程中的重要性。不同于 Cizek 对 Messick 的渐进性矩阵提出的质疑、批判和修正，Hubley & Zumbo 更多地沿袭了 Messick 理论的精髓，强调对渐进性矩阵中测试影响的正确解读。他们将影响归为证据基础的一部分，目的是让测试开发者和使用者在效度验证过程中不要过多考虑测试使用的价值含义和社会后果，从而减轻效度验证负担。

　　Messick（1989）的整体效度观强调后果在效度验证中的重要性，对语言测试领域产生了深远影响，随之出现的许多效度验证模式均包括了对测试后果的检验。但这些模式中，各种效度证据被分门别类，并未形成一个有机、连贯的整体，不能对测试开发与使用全过程进行评价。Bachman（2005）在 Messick（1989）的"效度验证即举证"思想的基础上，对 Kane（1992）等人基于论证的效度模型进行扩展，提出了适用于语言测试与评价的评价使用论证理论框架（assessment use argument，简称 AUA），凸显测试使用及后果在效度验证中的重要性。该框架历经多次修改，最终由 Bachman & Palmer（2010）进行详细阐述，并被运用到语言课堂评价实践中（Bachman & Damböck，2018）。

　　AUA 框架以 Toulmin（1958，2003）的实践推理模型为理论依据，拓展了 Kane（2006）的解释性论证推理链，对测试开发及使用全过程进行论证。论证包含两个过程：构建 AUA 和评价 AUA。构建 AUA 阶段，测试或测试研究人员列出关于测试解释与使用的声明，即列出关于"后果""决策""解释"及"测试记录"四个方面待论证的要素，包括主张、理由及反驳。评价 AUA 则需要收集多方面的证据用以支持所做的声明。这些证据来源包括理论、规章制度、文献、原有的研究、后果等，也有可能源自测试后得到的数据。Bachman & Palmer（2010）建议根据具体的 AUA 制定证据收集计划，并以幼儿园写作、口语课堂测试和大学英语阅读分班测试为例，明确测试开发与使用各个阶段需收集的反馈信息、证据种类、主张／理由及主要责任人。AUA 框架用主张和理由的质量属性（一致性、意义、概括性、关联性、充分性等）代替传统的信度、效度等，为测试开发提供了新视角，更为效度验证提供了操作性强的理论模式，是语言测试效度验证理论一个质的飞跃。

当今，全球教育改革运动高涨，测试不仅用于选拔和分级等用途，更多的是作为促进经济社会发展的一种干预手段而存在，这就要求我们关注测试对集体和系统层面的影响。虽然 Kane（2013）基于论证的效度观将测试后果纳入效度验证范畴，强调测试使用在效度验证中的地位（将 interpretive argument 或 IA 改为 interpretation/use argument 或 IUA），然而整个论述中 Kane 仍将重点放在测试分数的解释上，对测试使用关注不够。效度理论中缺乏一个合适的模型让语言测试人员在更广泛的社会背景中评价测试的社会及政治后果（McNamara，2006）。

受行动理论（theory-of-action，简称 TOA）的影响，Chalhoub-Deville（2016）提出一个适用于面向改革的效度框架，将测试后果作为一个技术属性纳入效度验证中。该框架包含相互关联的两个论证：测量论证（个人、集体层面的社会后果）和 TOA 论证（系统层面的后果），即效度验证不仅包括传统的个人分数解释及使用，还需对整个测试体系在实现既定的教育—经济—社会目标上的有效性进行检验。Chalhoub-Deville 认为语言政策的形成、测试设计和开发、测试项目的实施均是效度验证项目的有机组成部分，并且在不同的阶段，效度验证负责人也不同。同时，Chalhoub-Deville（2009a，2009b）鼓励语言测试人员积极开展政策研究，进行社会后果评价（social impact evaluation），在更广的社会范围内研究测试后果。基于改革的高风险问责测试的影响不仅表现在个人层面，还更多地体现在集体层面（教师和学校）和社会层面（教育、经济体系）。Chalhoub-Deville（2016）在行动理论视角下面向改革的效度框架强调测试的社会属性，清晰地呈现了政策规定、测试功能和受影响的各个层面（个人、集体和社会）三者之间的相互关系，并为针对不同的利益相关者开展证据调查和后果研究提供了很好的指导。Chalhoub-Deville（2009a，2009b）主张在扩大效度研究范围的同时，将政策研究纳入语言测试当中。然而，有关政策规划和面向改革的测试研究还很少，开展政策研究的提议也未得到语言测试和测量专家的认同。

随着效度研究（特别是测试影响研究）的深入，研究者开始关注测试公平性。Kunnan（2004）从伦理学和哲学的角度出发，在Willingham & Cole（1997）的"可比效度"（comparable validity）概念的基础上，提出适用于语言测试的测试公平性框架。该框架下，公平性包括效度、无偏颇、机会均等、测试实施及测试后果。这五个维度贯穿测试开发和使用的全过程，包括设计、开发、试测、实施和使用（包括分析和研究）等阶段，并且在测试的不同阶段具有不同的内涵。例如，效度在不同的阶段有不同的关注点：设计阶段主要关注测试构念、目标域的界定和测试形式的选择；开发阶段侧重测试任务设计、话题选择等；试测阶段重在标准和建模样本的确定；实施阶段关注测试程序的一致性；使用阶段则需确保来自不同群体但具有相同水平的考生成绩具有可比性。虽然Kunnan（2004，2010）强调这五个维度相互关联，但关于如何将这些要素有机融合在一起以形成一个清晰的公平性论证，他并没有进行详细论述，效度和测试后果仍然是两个不太相关的测试质量属性。Xi（2010）运用Toulmin（2003）的实践推理模型构建了基于论证的公平性检验框架，把公平性视作效度的一部分，并以新托福测试为例，说明如何从测试表现到分数使用的推理链中（目标域定义、概化、解释、外推、使用）检验最薄弱的环节来构建公平性论证。该框架运用系统的方法，通过分析基于分数的解释、推断及决策在不同考生群体之间是否具有可比性从而发现对效度（包括公平性）构成潜在威胁的因素。

Kunnan（2004，2010）和Xi（2010）提出的框架扩大了公平性的研究范畴，清楚地呈现了公平性和效度这两个概念间的包含关系；但这两者属于何种包含关系，他们的立场不尽相同，并对对方提出的公平性验证框架提出质疑。测试公平性是一个复杂且极具争议性的概念。解决公平性和效度的关系问题关键在于如何对其进行定义。如果从广义上定义公平性，狭义上定义效度，那么公平性包括效度，反之亦然。Kane（2010）认为公平性和效度密切相关，它们是从不同的角度回答同一个问题但各有侧重，即所提议的分数解释和使用是否适合于不同情景下的考生。也有研究者认为，基于论证的效度模型实则包含测试公平性的检验，无须单独构建公平性论证（Davies，2010）。虽然研究者对公平效度的认识存在分歧，但不可否认的是，公平性是测试应具备的最基本的质量特征之一，是测试赖以存在和使用的基础。公平性检验应贯穿于测试开发和使用的全过程。

1.4 本书的结构安排

本书第1章为绪论，首先对效度的定义以及发展进行阐述和介绍；然后回顾20世纪效度理论的发展，尤其是《标准》的各个版本对效度的界定以及对语言测试研究和实践的影响；接着对21世纪语言测评效度理论的新发展进行概述。第2章对语言测评效度理论近20年（2000—2019），尤其是近10年的核心语言测评效度理论进行更加详细的介绍，主要包括基于论证的效度框架、Cizek的修订框架、Hubley & Zumbo的修订框架、社会认知效度框架、基于证据的效度验证、行动理论视角下面向改革的测试效度框架、公平效度框架、评价使用论证框架等。

效度理论的发展伴随着现代信息技术的发展。研究效度的方法也与信息技术发展有很大关系，心理和教育测量的统计方法以及测量工具的发展和现代化都为效度理论发展提供了坚实的基础。本书第3章主要对近10年来语言测评效度验证的主要方法（包括统计方法）进行详细梳理。首先介绍了针对测试分数解释和使用各推理环节（包括评分、概化、解释、外推、使用和影响）的效度验证方法；然后介绍了效度验证中的一些主要统计方法，例如概化理论、Rasch分析、因子分析、回归分析、结构方程建模、项目功能差异分析等；最后针对现代信息技术在效度验证中的使用作了介绍，包括认知诊断测试、决策树和眼动技术的应用。

如何在现实中开展测试的效度验证？如何将目前主流的效度理论运用到实际的测试效度验证之中？在何种情况下使用何种测试统计方法和

技术手段？这些都是研究者关心的问题。本书第 4 章便介绍了一些较为典型的语言测评效度验证实例，其中涵盖整体效度验证以及专门针对评分、概化、解释、外推、使用和影响各推理环节的效度论证。在呈现每项实例时，我们分别从研究背景、研究问题、研究方法、研究结果等方面进行介绍，并在结尾对该研究实例进行简短点评。

最后，第 5 章对 21 世纪语言测评效度理论的学术观点及其发展，以及未来语言测试人员可能会关注的一些热点问题进行阐述，包括测试的公平性、测试的社会效度、形成性评价的效度以及语言能力量表的效度。

第 2 章
21 世纪语言测试效度理论发展

效度理论包括两个部分：效度的定义与效度验证的方法和过程（Newton，2012）。Messick（1989：13）指出："经验证据和理论依据在多大程度上支持基于测试分数或其他评价方式所做出的推断或采取的行动？对这一问题进行的综合评价判断就是效度。"这种"一元多维"的效度观确立了构念的核心地位（Alderson & Banerjee，2002），明确了效度验证的对象是测试分数的解释和使用（Davies，2003）。Messick 的定义完全摒弃了分类效度观，具有突破性意义，成为 20 世纪晚期效度思想的"时代思潮"（Newton & Shaw，2014：99）。然而，随着效度研究的深入和效度验证实践的开展，研究者们发现 Messick 的整体构念效度观在现实效度验证中操作起来比较困难（Kane，2001），因而纷纷探索实践上更可行的效度验证模式。在本章中我们将重点介绍学界在这方面的主要探索成果。

2.1 基于论证的效度模型

2.1.1 基于论证的效度模型的提出

20 世纪 80 年代中期，构念效度成为效度理论的核心。效度不再是测试本身的属性，也不是指测试分数，而是用来指代测试分数的解释。Cronbach（1988）区分了强式构念效度（强式说）和弱式构念效度（弱式说）。弱式说强调从经验上进行探讨，且测试分数与任一变量的相关都可以作为证据使用；强式说则要求尽可能清楚地陈述理论依据，然后对效度证据进行反驳。测试分数的解释牵涉到针对假设的论证,这需要强有力的理论作为支撑。然而在语言测试领域,关于语言能力具体是什么一直存有争议,因而强式构念效度只能作为一个理想模式存在。根据弱式说,所有对分数解释产生影响的因素都应被纳入到效度验证的范围中来(Messick,1989,1995)。随着效度范畴的不断扩大,效度验证涉及的因素越来越多,需要搜集的证据也随之增多,效度验证过程变得越发复杂。虽然 Messick(1989)在效度理论上实现了重大突破,却未能为效度验证的实际操作提供具体指导。在效度验证实践中,如何收集以及收集多少效度证据,这些证据之间如何关联,哪些证据与构念效度最相关,如何将证据基础和后果基础融合成综合性的评价判断,针对这些问题研究者往往感觉无从下手。因此,在较长的时间内效度验证依然沿用分类效度观时期的方法,出现了效度理论与效度验证实践脱离的现象(Shepard,1993)。在此背景下,基于论证模式的效度验证观开始出现并日臻成熟。

2.1.2 基于论证的效度模型的推论形式

Cronbach 最先提出采用论证的形式进行效度验证(Kane,2001)。Cronbach(1988)提倡使用效度论证代替效度验证研究,指出效度论证是对测试分数的预期解释及使用进行一个总体的评价。效度论证不仅要收集对预期的分数解释有利和不利的证据,在可能的情况下还需收集与其他可能的分数解释有关的证据。Cronbach(1988)强调效度论证中社会维度和情境因素的重要性,但其在具体如何开展效度论证这一问题上却没有进行详细的说明。Kane 在 Cronbach(1988;同见 Cronbach et al.,1980)的效度论证的基础上提出了完整的基于论证的效度模型,并逐步进行了修改和完善(Kane,1992,2001,2006,2011,2013a,2013b,2016a,2016b)。

基于论证的效度模型建立在 Toulmin(1958,2003)的实践推理(practical reasoning)模式(图 2-1)上。这是一种非形式(informal)论证模式,主要在非数学领域用来构建案例以达到某类结论。如图 2-1 所示,该模式包括六个基本要素:事实(data)、主张(claim)、限定(qualifier)、正当理由(warrant)、支撑(backing)和反驳(rebuttal)。其中主张是

第2章　21世纪语言测试效度理论发展

需要论证为正当的结论，事实是提出主张的根据。当资料不足以证明主张时，我们便需要提供正当理由。正当理由确保从事实到主张的合理性，而支撑则是正当理由背后的保障。没有支撑，正当理由就会失去它的权威性。正当理由因类型不同，对主张的支持程度也相异。在依据正当理由从事实推导出主张的过程中还应清晰地说明事实对主张的支持程度。限定则恰好表明这一支持程度的强弱，即从事实一定、可能、大概，还是或许能推断出主张。反驳则指出从事实不能推断到主张的情况。

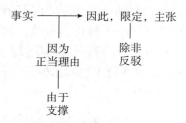

图 2-1　Toulmin 的推理模式（Toulmin，2003: 97）

为了解释这一推理模式，Toulmin（2003）以"哈利是英国人"为例进行了解释说明。如图 2-2 所示，"哈利出生于百慕大"是我们所掌握的资料，基于这一事实，我们可以得出"哈利是英国公民"这一主张。如果有人对这一推断提出质疑，可以提供以下正当理由："出生于百慕大的人通常是英国公民。"如果仍存在疑惑，则可以提供支撑这一正当理由的依据，如某些法律规定或条文。当有例外情况（即反驳）出现时，如"哈利的父母是外国人或哈利已经加入美国籍"，这时推断就不成立。由此可见，"哈利出生于百慕大"这一事实并不能完全支持"哈利是英国公民"这一主张。因此，主张前面出现了限定词——"大概"。

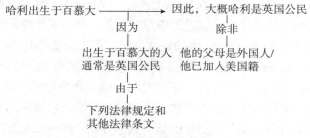

图 2-2　Toulmin 推理模式实例（2003: 97）

2.1.3 基于论证的效度模型的主要内容

基于论证的效度模型包括两个方面：解释性论证和效度论证（Kane，1992，2006，2013a，2013b）。效度验证过程中，首先提出解释性论证，明确所提议的测试分数解释和测试用途，根据考生在测试中的表现推论出对分数的解释及基于测试分数所做出的决定，然后清晰地呈现这一过程中的推论和假设。效度论证中，搜集支持解释性论证中的推论和假设的证据，并对它们的合理性进行批判性检验（Kane，1992）。解释性论证中，测试分数作何种解释取决于推论和假设。解释性论证大多牵涉到分数的概化、外推、针对构念的解释以及基于分数的决策等推论。Kane（1992）提出了解释性论证中评价推论质量的三个标准：论证的清晰性、论证的连贯性和假设的合理性。

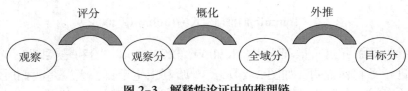

图 2-3　解释性论证中的推理链

Kane et al.（1999）以做事测试（performance assessment）为例，采用论证链的形式对解释性论证中所需的证据类型、推论及假设进行了较为详细的阐述。如图 2-3 所示，推理链的第一个推论过程是从对测试表现的观察（observation of performance）到观察分（observed score），即通过观察考生在测试中的表现以及评分人员的评分得出考生的卷面成绩。这一推论过程至少需要满足两个基本假设：(1) 评分标准适合于本次测试任务，并且评分人员严格按照标准前后一致地进行评分；(2) 考生的表现与自身的水平相一致（即考生在测试过程中发挥正常，卷面成绩能较好地体现考生的语言知识和能力水平）。当假设成立时，观察分被当作下一个论证环节，即概化（generalization）推论的起点，经过概化得到全域分（universe score）。全域分指在一个包含了不同时间、地点和观察者（即评分人员）的观察域中有效抽样而得出的分数，依据这一分数可以推断出考生在其他时间、地点和评分人员的场景中能够得到的分数。这一推论过程中的假设

第 2 章 21 世纪语言测试效度理论发展

是观察分为观察域的随机或有效抽样,而且观察样本因足够大而能有效控制抽样误差。概化推论所需证据可以通过信度研究或概化研究收集。当假设成立时,全域分被当作下一个论证环节,即外推(extrapolation)的起点。经过外推得到目标分(target score),即对测试分数进行解释。外推是根据考生在测试中的表现推论他在目标域情景中或者非测试情景中的表现。这一推论的假设是测试任务是真实的(authentic),即与目标域任务相似。这三个推论将观察到的考生表现、观察分、全域分和目标分连接成一个有机的整体。结合 Toulmin(2003)的实践推理模型,我们可以得出图 2-4。

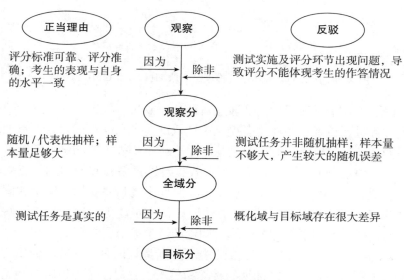

图 2-4 做事测试的推理模式

预期的分数解释的效度取决于推论是否正确,而推论正确与否又取决于假设是否成立。Kane et al.(1999)在阐述各个推论的同时,指出当假设不成立时测试分数的另类解释。需要指出的是,虽然 Kane(1992)、Kane et al.(1999)指出分数解释是为了使用/决策,但是图 2-3 的推理链中并未包含"决策"(decision)这一环节。Kane(2001,2002,2004)将测试使用纳入效度验证中,拓展了解释性论证。Kane(2001,2002)指出,解释性论证可分为描述性和规约性两部分。描述性部分指的是测试分数和有关考生能力的陈述之间的关联,规约性部分则是指考生能力陈述和由此做出的决策之间的关联（Kane，2001）。

解释性论证详细地说明提议的分数解释和使用，并且对论证的连贯性以及推论与假设的合理性进行评价；效度论证则对解释性论证进行评价，这往往需要进行更多的分析及实证研究，如信度分析、等值分析、专家判断（Kane，2004，2006，2011）。通过拓展解释性论证，将分数与分数使用（决策）联系起来。至此，解释性推理链演变成四个推断过程（图 2-5）。

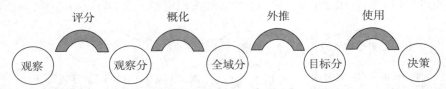

图 2-5　扩展的解释性论证推理链（改编自 Bachman，2005）

图 2-5 显示，解释性论证通过对评分—概化—外推—使用这一动态推理过程进行论证，为评价者提供了把效度这个大问题细分为可管理的小块的方法。它明确了效度验证从哪里开始（即提议的测试分数解释和使用）、如何进行（即明确以论证形式支持这种解释和使用的主张并验证其假设）、何时停止（即当论证被认为是连贯和完整的，推论和假设被认为是合理的）。基于论证的方法使评价人员能更好地确定需要解决的所有问题以及最需关注的问题，即论证链中最薄弱的环节。

Kane（2011，2013a，2013b）指出，所提议的分数解释和使用的主张的强弱程度决定了所需证据的种类和数量，并提出了评价解释性论证的三个基本标准：清晰性、连贯性和合理性。解释性论证注重对测试分数的解释，测试使用不是其关注重点。为了突出测试使用在效度验证中的地位，Kane（2013a）把解释性论证重新表述为 IUA，以修正这一不平衡。在阐述基于论证的效验方法时，Kane（2013a）提出八个基本点：（1）进行效度验证的是提议的分数解释和使用，而非测试或测试分数；（2）提议的解释和使用的效度取决于证据支持主张的程度；（3）相比一般的主张，更强势的主张（more ambitious claims）需要更多的支持；（4）更强势的主张（例如构念解释）往往比一般的主张更有用，但也更难以验证；（5）测试分数的解释和使用可以随着时间的推移而变化，以

第2章 21世纪语言测试效度理论发展

适应新的需求和新的理解,从而导致验证所需的证据发生变化;(6)使用评价分数时,需要对所提议的分数使用的后果进行评价,消极可能导致分数使用不可接受的后果;(7)拒绝使用分数并不一定使原先的潜在分数解释无效;(8)对分数使用所依据的分数解释的验证并不能验证分数使用本身。

测试分数解释是为了测试使用,分数使用必然会产生一定的后果。测试项目评价涉及的后果主要有三种:(总体)预期后果、公平性/偏颇性、系统性影响(而非个人影响)(Kane, 2013a)。有关后果效度在效度理论中的地位,Kane (2016a) 提出三个可能的解释模型:唯解释模型(an interpretation-only model)、后果作为指标的模型(a consequences-as-indicators model)、解释及使用模型(an interpretation-and-use model)。在唯解释模型中(类似于传统主义者),进行效度验证只是分数解释。效度验证本身需进行补充,进行另外的分析以证明预期的使用有意义。但在语言测试和教育与心理测量中,意义和使用是密不可分的,测试开发之初就需明确分数的使用或用途(Sireci, 2016a; Zumbo & Hubley, 2016)。在后果作为指标的模型中,效度验证包括评价测试项目达到预期目的的程度以及潜在的非预期后果(包括积极和消极的后果)。这种模型主要集中在预期分数解释的可信度上,消极后果本身并不会降低测试项目的效度。相反,消极后果可作为表明测试项目中可能存在问题的一项指标。解释及使用模型对分数解释和分数使用进行了区分,并对预期的分数解释和使用在多大程度上包含实际的分数解释和使用进行评价。如果测试开发人员或用户声明该测试用于某些目的,通常需要评价分数使用的后果来决定主张是否得到支持。

随着效度研究的不断深入,理论专家对测试后果的认识逐渐深化,并意识到研究后果的重要性和必要性,因此争论的焦点从效度是否应该包含后果转移到在哪个范畴内研究测试后果(Kane, 2011, 2013a)及后果的性质和范畴(Kane, 2016a)。Kane (2011) 指出,有关测试社会后果研究的三个真正问题是:应关注哪些社会后果?应如何评判这些社会后果?谁负责评判这些社会后果?

2.1.4 对基于论证的效度模型的评价

　　Kane（1992，2001，2006，2011）的效度验证方式保留了效度整体观的普适性，同一测试的不同分数解释和使用、测试群体、测试情境、效度验证都可采用此模式。同时，这一效度验证模式又避开了构念效度，为效度验证过程提供了一套系统的、可操作的效度验证程序，指导效度证据的收集过程并对这个过程进行有效的评价，使效度验证变得科学、更具可操作性。Kane（2001，2002）的解释性论证也成为后来效度验证框架（如 Bachman & Palmer，2010）的核心。

　　基于论证的效度验证方法体现了《教育与心理测量标准》（简称《标准》）（AERA et al.，2014）的效度定义，其有用性得到了众多专家的认可（Newton & Shaw，2014）。《标准》也将其融进效度章节，明确指出："合理的效度论证将各种证据集合成一个连贯的论述，说明现有证据和理论在多大程度上支持为特定用途所做的测试分数的预期解释。"（AERA et al.，2014：21）

　　然而，由于该模式涉及逻辑论证，将其运用到效度验证实践的研究屈指可数（如 Chapelle et al.，2008；Cheng & Sun，2015）。如此有用的方法为什么未能得到广泛应用？Xi & Sawaki（2017）认为，Kane 基于论证的效度观强调对预期的测试分数解释及使用进行论证，而测试分数可能有多种提议的解释和使用，并且每种解释和使用都需要收集相关的证据进行验证。这种通用的效度验证框架没有考虑到与具体的测试情景相结合，即没有考虑到测试的具体使用。测试使用者做决策时，往往需要结合本地实际，结果有可能出现预期的测试分数解释和使用与实际不相符的情况。因而，效度验证的重心应转移到测试分数的实际解释和使用上来（Moss，2013，2016）。Newton（2013）和 Sireci（2013）认为 Kane 的基于论证的效度验证框架过于复杂，需要简化。解释性/使用性论证是效度论证的前期准备（Newton，2013），在测试开发人员或测试机构阐明测试预期目的的情况下，无须进行解释性论证/使用性论证（Sireci，2013）。

2.2 Cizek 的修订框架

2.2.1 Cizek 修订框架的提出

如前所述，Messick（1989：13）将效度定义为"经验证据和理论依据在多大程度上支持基于测试分数或其他评价方式所做出的推断或采取的行动？对这一问题进行的综合评价判断就是效度"。Cizek（2012，2016a）认为这一效度定义存在缺陷，即效度用来指代两个不同的事物：分数解释和使用，但分数意义（解释）的准确性和分数使用的合理性是两个不同范畴的问题，目的不同，验证方法也各异，因此不论是从逻辑或是现实的角度都无法将这两方面的证据进行整合。Cizek 进一步指出 Messick（1989）提出的"综合性评价判断"从未得以实现就是最好的例证。基于此，Cizek（2012：35）将效度简化为"测试分数在多大程度上支持对测量工具测试到的特征变化所做出的推断"，也把效度验证定义修订为："效度验证是个持续进行的过程，不断收集、总结并评价相关证据在多大程度上支持测量工具产生的分数的预期意义以及对预测量的能力所做的推断。"Cizek（2012，2016a）将测试分数使用的评价排除在效度验证之外，并用"测试使用合理性证明"（justification of test use）替代"效度验证"，最终在 Kane（1992，2001，2006，2011）基于论证的效度模型上提出了一个修订框架。

2.2.2 Cizek 修订框架的内容

如图 2-6 所示，在 Cizek 的修订框架中，预期的分数推断的效度验证和预期的测试使用的合理性证明是逻辑上渐进的两个独立过程。测试开发和评价阶段收集支持预期分数解释的证据，效度验证结束后对预期分数使用的合理性进行证明，在整个测试过程中价值判断发挥重要作用。可辩护的测试（defensible testing）的开发和使用从明确陈述预期的推断主张开始，指导效度验证工作和证据收集。收集并评价效度证据（对证据的评价主要看其对主张的支持程度）以促使测试开发人员对预期的推断主张进行重新审查和修改。综合评价效度验证证据可以全面判断证据在多大程度上支持（积极的）或否认（消极的）预期的主张。如果效度研究产生了足够的证据支持预期的推理主张，接下来则要明确说明预期的测试用途和证明预期的测试用途的合理性。与效度验证证据的评价一样，对合理性证据的评价可以判断证据在多大程度上支持（积极的）或否认（消极的）预期的测试使用。在该过程的最后阶段（实际操作性的测试使用），产生与使用合理性有关的附加信息（如观察到预期的效益和测试结果），在某些情况下，可以提供证实或否认分数含义的证据。Cizek（2012）指出，这个框架有助于实现更为完整的效度验证实践目标，也有利于提高测试结果的质量和有用性，促使测试开发者和使用者提高结果的有用性。

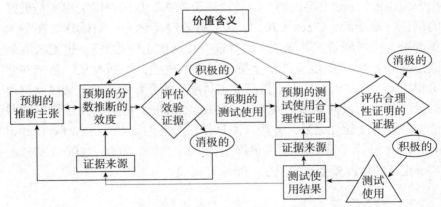

图2-6 测试分数推断的效度验证和测试使用合理性证明过程
（Cizek，2012：36，2016a：216）

在可辩护的测试框架中，价值判断贯穿于测试开发、效度验证和使用的全过程。测试分数的效度验证和测试使用的合理性证明是两个平行的过程，测试使用的合理性依赖于分数解释的效度，二者相互影响，缺一不可。同时，这二者又完全不同，不能糅合在一起。为了更好地阐述预期分数推断的效度验证和预期的测试使用合理性证明是两个不同的过程，Cizek（2012）从依据（rationale）、调查（inquiry）、焦点（focus）、传统（tradition）、理由（warrants）、时间（temporal）

和责任（responsibility）这七个维度对两者进行了概念上的区分（表 2-1）。

表 2-1 测试分数效度和测试使用的合理性证明的维度（Cizek，2012: 38）

维度	分数推断的效度	测试使用合理性证明
依据	对预期的分数意义或解释的支持	对具体的测试实施或使用的支持
调查	主要在测试可用或使用前进行	主要在测试可用或使用后进行
焦点	主要以证据为中心	主要以价值判断为中心
传统	主要是心理测量、基于论证	潜在的项目评估、基于论证
理由	主要是技术性和科学性的	主要是伦理、社会、经济、政治的
时间	持续的过程用以支持主张	循环进行、协商制定决策过程
责任	主要是测试开发者的责任	主要是测试使用者或决策者的责任

如表 2-1 所示，七个维度中，分数推断的效度和测试使用合理性证明存在差异，但这些差异并不具有普遍性。确切地说，这两个过程之间并没有明确界限。如在职责划分方面，测试开发者更多地承担了分数效度验证的责任，测试使用者或决策者为分数使用合理性证明负责，但在具体的测试环节中，需要双方通力合作。

Cizek（2012）指出，一个全面的可辩护的测试框架必须解决两个同等重要且具根本性的问题——分数意义的效度验证和测试使用的合理性，并且必须区分这两个问题。效度理论的真正进展不仅是要纠正理论上的混乱，而且还要通过这种框架的有效性来提供效度验证及合理性证明的证据。测试开发人员和用户应该对有关分数含义和分数使用的不同侧重点的相关证据进行综合评价。然而，目前还没有证据证明能够做到这一点。分数推断的效度和测试使用的合理性证明目的不同，方法各异，不可能将这些证据整合在一起。Cizek（2012）建议给测试开发者和使用者提供严格的策略来分别收集、综合、评价可辩护性测试的每个重要层面的证据。

《标准》中有关分数解释的证据来源论述较多，但对于测试分数使用合理性的论证方法和证据却少有涉及。Cizek（2016a）列出了这两个过程的不同证据来源。如表 2-2 所示，预期测试使用的合理性证明的证据来源包括：（1）基于测试后果的证据；（2）基于测试成本的证据；

(3)基于备择测试的证据;(4)基于公平性的证据。证明测试使用的合理性时,具体的证据种类需根据测试用途而定。如果测试用途不止一个,则需针对每个用途收集证据进行逐一论证。在测试使用合理性证明的证据来源中,Cizek 仅仅列举了四个证据来源并举例,然而关于这些证据之间如何关联用以证明测试使用的合理性,Cizek 并没有进一步论证和说明。因而,这些证据来源并不能为测试使用合理性证明提供实践指导。

表 2-2　分数意义的效度验证和测试使用合理性证明的证据来源及举例
（Cizek, 2016a: 220）

分数意义的效度验证的证据来源	例子	测试使用合理性证明的证据来源	例子
测试内容	基于相关理论的维度或关系	测试后果	评估预期的好处
	工作分析		考虑负面影响
	内容/课程对接研究		考虑分类错误的比例
答题过程	认知实验室	测试成本	总体测试成本
	有声思维		成本—益处评估
	认知映射		考虑机会成本
变量间假定的关系	内部：α系数、KR-20 系数、验证性因子分析、各部分分数间的相关系数	备择测试	评估备用的测试方法、形式及程序的相对价值
	外部：与"标准"变量间的相关；汇聚与区分分析；相关组分数均值比较分析；多特征、多方法分析		评估实现预期目标的非测试形式
测试开发和实施	试题/任务产生过程	公平性	评估利益相关群体的构成
	偏颇性/敏感性分析		检查学习机会
	测试实施和评分过程		及时通知
	保密程序		检验不同考生群体间的区别性影响

第 2 章　21 世纪语言测试效度理论发展

表2–2显示，分数意义的效度验证证据来源同样有四个：（1）基于测试内容的证据；（2）基于答题过程的证据；（3）基于变量间假定的关系的证据；（4）基于测试开发和实施的证据。基于测试内容和答题过程的证据，《标准》（AERA et al., 2014）中有较为详细的阐述。与《标准》（AERA et al., 2014）不同的是，基于测试后果的证据被归为测试使用合理性证明的证据来源，基于内部结构的证据和与其他变量的关系的证据被整合为一个证据来源，即第三个证据来源，用以凸显可辩护的测试框架的整体性。不过，Cizek（2016a）在"变量间的关系"前加了"假定"二字，强调理论依据的重要性。同时，Cizek（2016a）新增了第四个证据来源，即基于测试开发和实施的证据。测试开发和实施过程中的证据包括：评价性偏见（judgmental bias）、敏感度审查（sensitivity review）、充足的实施时间（adequate implementation timeline）、测试保密协议（protocols designed to ensure test security / test score integrity）、方便用户熟悉测试的应用（deployment of user familiarisation application）以及针对机考采取的确保评分质量的程序。

Cizek强调分数推断的效度验证和测试使用合理性证明是两个交互的过程，对测试分数的效度验证只是证明测试使用合理性的一个必要步骤，但不是充分条件（Cizek，2012，2016a，2016b）。虽然分数推断的效度验证和测试使用合理性的证明是两个不同的过程，目的不同，证据来源相异，但是二者存在相似之处。首先，测试分数的效度验证和测试使用合理性的证明都要求对所收集的信息进行综合性评价判断。其次，证据的收集依赖于具体的测试目的、测试情境、政策及风险等。再次，测试分数的效度验证和测试使用合理性证明所需证据的来源和数量没有明确的规定。效度验证不是一时的行为，需要不断收集证据证明分数解释的合理性。效度验证证据的来源和数量是否足够取决于预期推断的性质、广度和复杂度，错误推断所带来的后果的严重性以及已有资源的多寡。同样，分数使用合理性的证明来源和数量是否足够取决于预期使用的性质、广度和复杂度，预期使用带来的个人、系统和社会层面的影响以及现有资源的多寡。

2.2.3 对 Cizek 的修订框架的评价

Cizek（2012，2016a）的修订框架涵盖了当前效度框架中没有包含的内容，如测试使用合理性证明中包含了后果效度、公平性和学习机会。但 Cizek 对公平性的定义较为狭隘，认为公平性主要表现在学习机会、及时通知、不同考生群体间的区别性影响。这和教育与心理测量以及语言测试领域的纲领性文件——《教育测量》（Brennan，2006b）和《教育与心理测量标准》（AERA et al.，2014）中有关公平性的阐述有较大差异。

Cizek（2016a）认为效度概念需重点关注测试分数的"意义"，测试分数使用的后果需要评价，但不属效度范围。这种"唯意义"的效度论基于两个假设（Kane，2016a）：（1）可以对测试分数的意义进行明确的规定和评价，而不需考虑其使用；（2）将测试分数的意义和使用分开更方便、可行。然而，这两个假设在大多数测试情境中并不一定成立。在教育与心理测量中，意义和使用是密不可分的。通常，测试开发之初就需明确分数的使用或用途（Sireci，2016a；Zumbo & Hubley，2016）。在 Cizek（2016a）所举的例子中，从表面上看测试分数的解释脱离于测试用途，但实际上暗含了预期用途。因而，对测试分数的解释离不开对它的使用。

Cizek（2012，2016a）的修订框架明确区分证据的不同种类及来源，有助于研究者在效度验证实践中收集合适的证据，提高测试分数的有用性。然而，这个框架也存在一些明显的不足。首先，基于测试成本、备择测试的证据不一定能作为分数使用合理性证明的证据。选择何种形式进行测试以及测试成本如何，这些因素是测试开发者在测试设计阶段就需思考的问题，与分数使用是否合理无必然的联系。其次，在测试使用的合理性证明中，当合理性证据的评价结果为消极时，下一步如何进行？是放弃使用该测试，还是改变测试用途？针对这些问题，Cizek（2012，2016a）并没有作进一步阐述。再次，语言测试的开发、实施、评分、分数解释及使用等各个环节都会对利益相关者产生影响，测试开发者不应该也不可能承担所有的责任，其责任只能限于合理的范围之内。因而，需对测试开发者和使用者的责任进行明确划分。只有这样，才有利于各方收集证据，对测试分数的解释及使用进行"辩护"。最后，Cizek（2012，2016a）交替使用"分数推断的效度"（validity of score inference）和"效度验证"（validation）这两个概念。如在表 2-1 中，Cizek 从七个维度对测试分数的效度和测试使用合理性的证明进行了区分，但在阐述这些维度上的差异时，他又采用了效度验证（validation）的说法，说明他在一定程度上混用了效度（特征）和效度验证（过程）。

2.3 Hubley & Zumbo 的修订框架

2.3.1 Hubley & Zumbo 修订框架的提出

任何测试都具有一定的个人或社会目的，从而不可避免地带来某些影响。Messick（1989）的渐进性矩阵包含了测试分数的解释和使用的功能以及证明这些功能的证据基础和后果基础。测试后果是指合法的测试分数解释及使用产生的非预期的影响（Messick，1998）。测试的后果基础包括价值含义和社会影响。价值含义与测试的解释和使用相关，当测试用于某一特定的社会情境，其价值含义更为明显。这就要求测试开发者和使用者思考：（1）所测构念及构念的命名所体现的个人和社会价值；（2）构念背后的理论和构念的测量所体现的个人和社会价值；（3）影响理论发展的更广泛的社会形态所体现的价值（Hubley & Zumbo，2011）。理论发展和研究结果都会影响价值观的形成。测试开发者和使用者需要意识到并思考价值观如何影响理论发展、测试的开发和评价以及对研究结果的解释。同样，研究结果、测试、测试方法也会影响理论、话语和我们的价值体系。

图 2-7 呈现了理论在测量和评价框架中的重要性。在这个过程中，可能有多个理论同时起作用。一些理论与构念和测试的内容有关，较为具体；另一些理论可能为一般性的理论（如社会学习理论）；还有一些理论是心理测量方面的（如经典测试理论、项目反映理论等）。在测量和评价框架中，价值含义起重要作用。

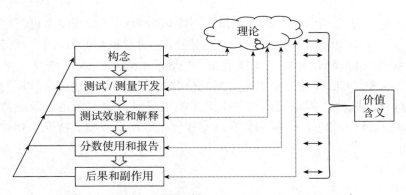

图 2-7　测量和评价框架（Hubley & Zumbo，2013: 4）

　　Messick 的渐进性矩阵中的测试后果是指合理使用测试所产生的非预期的社会及个人后果。然而，研究者（包括理论专家）对测试后果存在误解，认为后果是由测试使用不当引起的。测试后果常遭受严重误解和诟病，成为效度争论的主要原因（Cizek，2012）。Brennan（2006a）、Mehrens（1997）、Popham（1997）认为社会后果与测试使用，特别是测试误用有关，不属于效度范畴。Hubley & Zumbo（2011）指出这是对渐进性矩阵的误解:（1）社会后果关注后果，而非使用;（2）Messick（1998）并未将测试的误用或不当使用包含到测试后果中。测试使用者应该关注测试误用，但误用测试的后果与分数意义无关，因而不在效度和效度验证范围内。合理使用测试可能产生积极的或消极的社会后果，但二者均与效度有关。测试开发者和使用者需更多关注测试的非预期的消极影响，但在检验测试的效度和分数意义时也要关注测试的积极影响。从效度的角度来看，应重点关注影响测试效度的来源，如与构念无关的方差（construct-irrelevant variance）和构念表征不足（construct underrepresentation）。与构念无关的方差和构念表征不足均会影响分数意义解释的合理性，是构念效度和效度验证重点关注的对象。

　　构念效度、相关性和使用、价值含义和社会后果共同作用，并影响测试分数的解释和使用。如果测试使用的群体与测试开发者的预期群体不一致，那么，（1）测试分数的意义有可能发生变化;（2）测试分数有可能与特定的目的和情境不相关，从而无用;（3）价值含义的角色和影响有可能不同；（4）测试的不当使用可能产生负面的社会影响（Messick，2000；Willingham，2002）。这些都牵涉测试分数在多大程度上能够反映构念表征不足和与构念无关的方差。某个情境中分数的意义以及分数的预期意义是否受到无关因素的影响，测试使用者能做出最好的判断。

2.3.2 Hubley & Zumbo 修订框架的内容

1. 重构渐进性矩阵

在 Messick（1989）的渐进性矩阵中，证据基础及后果基础处于同等重要的地位，这导致研究者对后果基础产生误解，认为效度验证过程过于烦琐和复杂，缺少实际操作性。Zumbo（2009）、Hubley & Zumbo（2011）提出将构念效度证据（如内容相关证据、分数结构、外部关系）置于一个情景化的实用框架中（a contextualized and pragmatic framework），Zumbo（2009）称之为定律网络（nomological network），为分数解释提供证据基础。这样，Messick（1989）的渐进性矩阵可以大大简化，社会后果变为分数解释和使用的证据基础的一部分。鉴于此，Hubley & Zumbo（2011）将 Messick 的矩阵进行了重构。如表 2-3 所示，在重构后的矩阵中，"实用性"（utility）将测试分数相关的效度和测试使用的效度区分开来。后果基础是证据基础的一部分，更好地体现了"效度论证需将概念、证据、社会和个人后果及价值含义联系起来"（Cronbach，1988：4）的观点。

表 2-3 渐进性矩阵的重构（Hubley & Zumbo，2011：225）

	功能	
	测试分数的推断和解释	测试分数的使用或基于分数的决策
证据基础	构念效度 + 相关性 + 价值含义 + 社会后果	构念效度 + 相关性和实用性 + 价值含义 + 社会后果

2. 修订的效度验证框架结构

Hubley & Zumbo（2013）在重构的矩阵基础上提出新的效度验证框架。如图2-8所示，该框架扩展了后果（影响）的概念，并将后果证据放在了与其他证据类型同等重要的位置。具体而言，可用于支持测试分数解释和使用的证据形式包括（但不限于）：（1）分数结构证据；（2）信度证据；（3）内容证据；（4）效标关联证据；（5）汇聚/区分证据；（6）已知群体证据；（7）超越样本、背景和目的的概化/恒定性证据；（8）预期的社会/个人后果；（9）非预期的社会/个人副作用（personal side effects，注意与社会后果进行区分）。以下是对几种常见的证据进行简要说明。

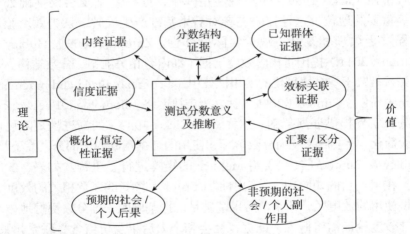

图2-8　Hubley & Zumbo的效度验证框架（Hubley & Zumbo，2013：12）

内容证据：主要用于检验测试工具的要素在多大程度上与用于特定测试目的的构念相关并且能代表目的构念（Haynes et al.，1995）。内容效度验证研究中，相关领域专家对测试内容进行评价并根据它与所测内容域的相关性和代表性进行评分。测试的所有要素，包括测试内容、答题说明、作答形式、评分说明等都需要进行内容效度验证（Haynes et al.，1995）。测试开发人员需要对所测构念进行概念上和操作上的定义并进行内容上的效度验证，然后开发测量工具的其他要素。

分数结构证据：因子分析常用于分析测试试题考查的因子（代表潜在的变量）数量或证实测试考查的正是要测量的构念（验证性因子分析）。效度验证时有必要了解分数结构，这影响到评分行为以及对测试分数信度和分数推断效度的评价。如果分析显示测试只考查一个因子，则各小题的分数可合成一个总分，并用于信度和效度检验。如果分析显示测试同时考查多个因子，则载荷到同一因子的各个小题形成一个分量表（subscale），并对每个分量表进行信度和效度分析。此种情况下，需确认各分量表的分数是否高度相关，同时测试使用者需进行更进一步的因子分析证明使用分量表分数和总分的合理性。

信度证据：信度指的是测试分数的一致性。它有三种估计方法：重测信度、复本信度和内部一致性信度。内部一致性信度的估计方法包括对半信度（split-half reliability）、克隆巴赫 α 系数（Cronbach's coefficient alpha）和库德理查逊公式 20（Kuder-Richardson formula 20）。计算对半信度时，将测试一分为二（按测试内容或试题难度进行分半），然后计算两部分分数的相关性，再利用斯皮尔曼 – 布朗公式进行校正。克隆巴赫 α 系数使用范围最广，可将其看作是经过斯皮尔曼 – 布朗公式校正后所有可能的对半信度系数的平均值。当所有试题都是二分计分题（如判断题和选择题）时，可使用库德理查逊公式 20 计算 α 系数。不管采用何种方法，信度系数指的是由个体差异（而非随机测量误差）引起的样本分数的变化。主观测试中，测试信度还包括评分信度，即评分者之间评分的一致性。如果评分信度过低，则要考虑评分标准是否清晰、完整，评分员培训是否充分以及评分员是否按要求进行评分。常见的评分员评分的一致性估计方法有一致性估计（consensus estimate，如一致性百分比和 Cohen 卡帕系数）和前后一致性估计（consistency estimate）（如皮尔逊积距相关系数、班内相关系数和克隆巴赫 α 系数）。

信度和效度系数提供有关测试的信息，这些信息相关但不相同。较高的信度系数表明观察分数中真分数的方差比例较高，从而可以推断测试测量的是个体间的差异。信度是效度的前提条件，但是高信度并不能确保测试分数推断的有效性。

效标关联证据：效标关联证据是指测试分数在多大程度上与用作标准的测试分数相关。用作标准的测试是一个结果指标，代表测试开发人员欲用测试来测量的构念、诊断和行为。效标关联证据的有用性取决于选作标准的测量的质量及其分数推断的效度。效标关联证据分为预测性和同期性两种。效标关联系数越大，效标关联证据越有说服力。效标关联证据的另一种检查方式是测量的标准误（standard error of measurement），指的是样本均值的抽样误差。

汇聚和区分证据（convergent and discriminant evidence）：汇聚性测量（convergent measure）是指两个测试测量的是两个高度相关的或同一个构念。区分性测量（discriminant measure）指的是两个测试测量的是理论上不相关的构念。汇聚性测量间的相关系数应该较高，区分性测量间的相关系数应该较低。更为重要的是，区分性测量间的相关系数应显著低于汇聚性测量间的相关系数。多特质—多方法矩阵（multitrait multimethod matrix）可计算汇聚效度和区分效度。该方法的最大优点是检验测试的方法效应。测试开发人员可同时用不同的方法（如观察、纸笔测试）测量几个不同的构念。多特质—多方法矩阵可显示信度和效度。一般而言，信度系数高于效度系数。如果单特质—多方法的相关系数高于其他相关系数，则表明这个测试具有很高的汇聚效度。区分性证据可从多特质—单方法和多特质—多方法的相关系数中判断，但最具说服力的是多特质—多方法的相关系数。

预期的社会后果和非预期的个人副作用：这两者作为独立的效度证据存在于修订的效度验证框架中，强调分数报告和使用必然会带来社会层面的后果和个人层面的副作用，并影响分数意义和效度（Hubley & Zumbo，2011）。明确考虑社会后果和个人副作用可启发测试使用者思考个人因素和情境因素是否是所测构念的一部分。当测试使用的社会后果和个人层面的副作用与社会价值观和目标不相符时，其结果可用来修改构念、理论和测试开发过程，直到价值观、目标、后果达到预想的一致性。

2.3.3　Hubley & Zumbo 修订框架的应用范围

已有的效度框架和效度验证研究大多在个人差异构念（individual difference construct）层面上展开，测试分数的解释和使用在个体层面上进行。但是在很多情况下，测试测量的是多水平的构念（multilevel construct）。构念效度理论中很少涉及多水平的构念的讨论，Hubley & Zumbo（2011）修订后的框架不仅适用于个人差异的测试，也适合于多水平的构念的验证。Zumbo & Forer（2011：178）将多水平的构念定义为"在个人和集体层面的分数解释和使用具有不同的意义"。集体层面的数据通常用于决策、规划、干预和拨款等用途，例如，在教育领域，学生在县、市级的教育测试中的及格率通常被用作课程评价和规划的依据。

对测试进行效度验证时，需明确分数解释的层面。在个人层面解释分数的意义时，构念效度证据在个人层面收集。当在集体层面对水平测试的分数进行汇报、解释和使用时，构念效度证据也应在相应层面收集（Forer & Zumbo，2011）。不管是何种测量，都需收集实证证据和有说服力的论证以支持预期的分数推断，同时证明其他的推断不可行。这些证据可能包括：信度、内容相关证据、实质性过程（substantive process）、因子结构、外部关系、价值观的表述（如理论、构念、分数意义和使用）、预期的社会和个人后果以及非预期的社会和个人副作用对分数意义的影响。

Forer & Zumbo（2011）描述了多水平构念效度并为"早期发展测量工具"（early development instrument，简称 EDI）提供了概念和技术上的心理测量证据。Linn（2008，2009）、Forer & Zumbo（2011）、Zumbo & Forer（2011）指出应考虑不同层面的数据使用中可能存在的推断错误，即 Zumbo & Forer（2011：180）所说的"测量数据推断的生态或原子谬论"。不同层面的数据使用可产生不同层面的后果，当使用高风险测试用于决策和项目评价时，也会产生高风险的结果（Kane，2006；Linn，2006，2008）。这种结果不仅在集体层面（如学校、项目的资源或资金分配）产生影响，也会对个人产生直接的影响。当出现预期的后果或非预期的个人副作用时，需探讨其对分数意义解释的影响。

分数推断的效度可能随着时间的推移而改变，因而效度验证是一个持续不断的过程。测试开发和使用人员需意识到：（1）价值观影响语言、分数解释、理论、分数使用和测试后果；（2）这些变化可能强化或挑战已有的价值观；（3）前面两个过程影响构念效度以及分数意义。对测试使用者而言，研究测试的合理解释及使用产生的各种后果（以及副作用）

对构念效度和分数意义的影响测试是一个大的挑战，但这又是充分认识所测构念所必需的。同时，测试开发和使用人员需要进一步认识到价值观、理论、实践和后果之间的相互关联。重构后的矩阵在效度整体观的核心思想下把证据基础和后果基础区分开来，更易理解。修订的效度验证框架将测试后果分为预期的和非预期的、社会层面和个人层面的影响，并清晰地展示了效度和效度验证中理论、价值观、后果和副作用的重要性，促使测试开发和使用人员进一步思考效度和效度验证过程。

2.3.4 对 Hubley & Zumbo 修订框架的评价

Hubley & Zumbo（2011，2013）的效度验证框架清楚地表明价值含义和社会影响是分数意义所固有的，并不是新的或单独的后果效度的一部分。同时，该框架显示了理论、价值观、影响和效度验证之间的内在关联，具体体现在两个方面：(1) 非预期的社会和个人副作用（与预期的影响进行区分）会对测试分数的意义和推断产生影响，反之亦然；(2) 心理测量学和其他理论以及价值观影响构念、测量、效度和效度验证。

Hubley & Zumbo（2011，2013）和 Cizek（2012，2016a）提出的修订框架都强调价值含义在效度验证过程中的重要性。不同于 Cizek（2012，2016a）对 Messick 的渐进性矩阵提出的质疑、批判和修正，Hubley & Zumbo（2011，2013）更多地沿袭了 Messick（1989）理论的精髓，强调构念效度的核心地位以及对渐进性矩阵中测试影响的正确解读。他们将影响归为证据基础的一部分，目的是让测试开发者和使用者在效度验证过程中不要过多考虑测试使用的价值含义和社会后果，从而减轻效度验证负担。

2.4 社会认知效度框架

2.4.1 基于证据的效度验证框架的提出

从 20 世纪 80 年代中期开始，"效度整体观"成为效度理论的核心。效度不再是指测量工具的效度,而是指测试分数的解释和使用,其含义扩展到相关性和使用、价值意义和社会后果。90年代以来,效度研究大多在Messick(1989)的渐进性矩阵效度框架下展开。Cumming & Berwick(1996)、Kunnan(1998,2000)、Bachman(2005)等集中阐述了效度验证方法,极大地丰富和完善了效度验证理论。Kane(1992,2001)、Bachman(2005)基于论证的效度验证方式,从理论上对效度验证研究进行指导。但是这些效度验证方法和效度验证框架存在不足:首先,测试环节、效度类型以及效度验证证据收集方法之间没有明确的对应关系,让研究者感觉无从下手;其次,收集效度验证证据时没有考虑不同语言技能的特征,导致效度验证在效度理论自我框架中循环(张新玲,2007)。Weir(2005)在吸收效度研究最新成果的基础上,从实践的角度提出基于证据的效度验证理论框架,并结合大量研究实例进行说明。

2.4.2 基于证据的效度验证框架的架构

1. 效度的本质特征

效度是语言测试开发和评价中最基本的考虑因素(AERA et al.,2014)。Weir(2005)在总结前人研究成果的基础上,指出效度具有四个本质特征:(1)为提高测试的公平性,应建立21世纪改革的目标,明确良好的测试实践需达到的最低要求,与测试相关的利益群体(如教师、学生和测试开发人员)都须遵守这些标准;(2)效度不是测试本身的特征,而是指测试分数在多大程度上能反映考生的语言知识和技能;(3)效度是一个多层面的概念,需要收集多种类型的证据加以证明,且这些证据相互补充;(4)测试效度不是非有即无,而是一个程度问题。

2. 基于证据的效度验证框架的构成要素

Weir(2005)从实践出发,分别阐述了听、说、读、写四种语言技能测试开发和效度验证的社会—认知框架。如图2-9所示,这些框架的具体内容都涉及六个方面的要素：（1）考生特征；（2）情境效度（context validity）；（3）基于理论的效度；（4）评分效度；（5）后果效度；（6）效标关联效度。

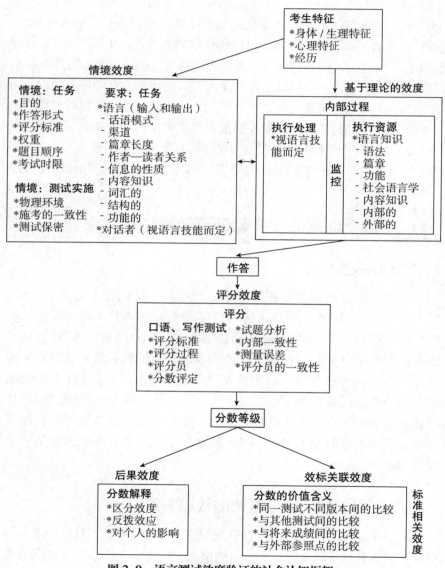

图 2-9　语言测试效度验证的社会认知框架

第 2 章　21 世纪语言测试效度理论发展

这些要素之间用箭头相连,表明了各种证据的内部关联以及与测试流程的关系。考生特征、作答和分数等级分别代表考前、考中、考后三个阶段。考生特征和测试作答通过情境效度和基于理论的效度相关联;测试作答和分数等级通过评分效度相关联;对特定考生在特定情景下得到的测试分数的解释和使用构成了后果效度和效标关联效度的基础。情境效度和基于理论的效度证据需在测试实施前收集。在测试的设计阶段就应考虑测试考查什么能力,如何在现实生活中挑选典型的任务来体现这些能力。评分效度、后果效度和效标关联效度三种效度证据在测试发生后收集,需要进行实证研究,利用统计方法评价测试分数的信度和测试分数与外部标准之间的相关度以及测试的使用对利益相关者(主要包括老师、学生、家长、测试实施部门甚至相关市场)的反拨作用或社会后果。环境效度、基于理论的效度以及评分效度三者之间相互依存、相互影响,改变其一可能导致其他两类效度随之变化。后果效度和效标关联效度是针对测试分数的解释和使用而言的,属考后效度,在时间上也没有先后之分,其效度验证的核心是考察测试公平性和测试对社会和个人所产生的影响。

另外,不同的语言技能测试在考生特征、后果效度和效标关联效度方面所需的效度证据是相同的;但在情境效度、基于理论的效度和评分效度这三种效度证据方面表现出较大的差异。不管是何种语言技能测试,收集效度验证证据时,测试开发者和使用者均应回答以下六个问题(Weir, 2005):

- 考生特征:测试涉及考生哪些身体/生理、心理特征和经历?
- 情境效度:测试任务的情境特征以及测试实施过程对所有考生是否公平?
- 基于理论的效度:从交互的角度看,完成测试任务所需的认知过程是否真实(interactionally authentic)?
- 评分效度:测试分数在多大程度上是可靠的?
- 后果效度:测试对各个利益相关群体产生了哪些影响?
- 效标关联效度:哪些外部证据证明测试实现了预期的目的?

3. 各构成要素的具体内容

1）考生特征

考生特征影响考生对测试任务的认知以及作答过程，从而影响测试的情境效度和基于理论的效度。O'Sullivan（2000）（Weir，2005）基于已有文献，总结出影响考生测试表现的特征主要有身体／生理、心理特征和经历三方面，具体如下：

- 身体／生理特征：短期疾病，如牙疼、感冒；这些特征事先不可预测，且与测试构念无关。
- 心理特征：性格、记忆、认知方式、情感图式、专注力、动机、情感状态。
- 经历：教育背景、考前准备、测试经历、目标语国家的经历。

测试开发者在设计测试任务时需考虑考生的这些特征，必要时需进行调整。测试使用者对分数进行解释时需回答三个问题：（1）测试是否考虑到某些考生的特殊需要并做合适的调整？（2）采取何种方式让考生以轻松的状态应考？（3）考生是否熟悉测试内容和测试流程？

2）情境效度

语言使用受社会环境和受试的心理过程等因素的影响。为了强调语言使用的社会性，Weir（2005）主张用"情境效度"取代传统意义上的"内容效度"。情境效度是指测试任务在多大程度上代表了该任务所取样的全域。在交际性语言测试中，情境的重要性不言而喻。开发语言测试时，应尽可能在测试任务设置、测试任务要求和测试实施等方面保证测试情境的真实性。

（1）测试任务设置。测试任务设置包括测试目的、作答形式、评分标准、分数权重、题目排序和测试时限等方面。测试任务的答题指导语（rubric）要明确，让考生知晓测试任务的具体目的和要求；测试要求应恰当，要尽可能与目标域的语言使用一致。在作答形式方面，不同的题型要求考生使用不同的认知策略；测试开发人员需明确作答形式是否影响考生的成绩。同时，考生和评卷人员应知晓测试评分标准，了解评分过程以及分数的合成。每个测试任务的分数权重、排列顺序和时间安排要合理。测试任务设置的各个方面影响考生的目标设定和监控等元认知策略,从而影响测试的基于理论的效度。

(2)测试任务要求。有关测试任务要求,测试开发人员和测试使用者需回答以下问题:

- 话语模式:测试任务使用的话语模式是否适合于所测量的技能或策略?
- 交际渠道:测试任务使用的交际渠道是否适合于考生的目标情境要求?
- 文本长度:测试文本长度是否适合于考生的目标情境要求?
- 文本信息:测试文本信息特征是否适合于考生的目标情境要求?
- 主题内容:主题内容是否适合于考生的目标情境要求?
- 输入/输出:测试中语言输入和输出的词汇难度、语法结构、交际功能是否与考生的语言水平相适应?

写作和口语测试还牵涉到对话者。与之相关的变量,如语速、口音、性别、考生是否熟悉对话者、性别和数量等也会影响考生的表现。测试开发人员和测试使用者需关注这些变量是否适合于测试。

(3)测试环境和施考。测试环境和施考环节影响考生的测试表现,从而影响测试分数解释的效度。有关测试环境和施考过程,测试开发人员和测试使用者需回答以下问题:

- 测试条件:实施测试所需的各项条件是否令人满意?
- 施考的一致性:不同考点的施考程序是否一致?
- 试卷保密:试卷保密工作是否到位?

3)基于理论的效度

Messick(1989)的效度整体观确定了构念的核心地位。然而,效度研究主要集中于统计分析,对构念的重视不够(李清华,2007)。统计数据本身并不能说明测量的对象。因此,测试前对构念进行清晰的定义极为重要。对构念的描述越详尽,就越能对测试分数进行有意义的解释。全面把握构念还有助于减少构念表征不足和与构念无关的因素对效度的威胁。

Bachman（1990）认为交际语言能力包括语言能力、策略能力和心理生理机制。其中，语言能力包括组构能力和语用能力；策略能力是指将语言知识/能力与语言使用者的知识结构和交际情境的特征相关联的能力，其主要功能是对实现交际目的最有效的方式进行评价、计划并执行；语言使用中的心理生理机制是指执行语言能力的渠道（听觉、视觉）和模式（接受型、产出型）。Bachman（1990）的交际语言能力模型解释了语言能力的认知成分和策略能力，对语言测试产生了深远影响。Weir（2005）的社会—认知效度验证框架在基于理论的效度中就包括了认知成分和策略能力，这些体现在执行处理（executive processing）和执行资源（executive resource）两方面。

（1）执行处理。不同的语言技能测试所涉及的执行处理过程存在较大差异。如阅读测试涉及目标设定、监控、视觉识别和辨别句子结构；听力测试涉及目标设定、听觉/视觉输入、听觉、辨别句子结构和监控；口语测试涉及构思（conceptualizer）和公开讲话（overt speech），其中构思包括前言语信息（preverbal message）、语言编码（linguistic formulator）、发音计划（phonetic plan）和发音器官（articulator），公开讲话包括听觉、话语理解、句型分析和监控；写作测试涉及目标设定、主题和体裁修改、信息生成、内容组织、翻译和监控。

（2）执行资源。与执行处理不同，不同语言技能测试所涉及的执行资源是相同的，即都包括语言知识和内容知识。语言知识是指语法、篇章、功能（语用）、社会语言学等相关知识；内容知识包括考生所具备的相关的主题和文化等内部知识以及测试指导语或文本所提供的外部知识。

4）评分效度

（1）影响评分效度的因素。影响评分效度的因素有很多，主要体现在试题设计和评分阶段。为提高评分效度，Hughes（2003）建议测试开发者在设计或选择测试任务时注意以下几点：①足够的行为取样；②不给考生太多的选择自由；③试题无歧义；④答题指导语清晰、明确；⑤试卷排版美观、印刷清楚；⑥考生熟悉题型和测试技巧；⑦施考环境一致且无外在干扰；⑧尽量使用客观题；⑨尽可能对考生进行直接比较。评分阶段，要重点关注六个方面：①提供详细的评分标准；②对评分员进行培训;③正式评分开始前,评分员就评分标准达成一致;④去掉区分度低的题目;⑤试卷上隐去考生姓名;⑥多人独立评分。

(2)评分方案。在评分方案方面,Muphy(1979)认为需重点关注以下几点:①参考答案是否全面?②参考答案是否正确、完整?③评分员是否能够进行客观评分?④每题得分与测试要求是否一致?⑤采用整体评分法还是分析评分法?⑥评分标准对应的能力是否是测试考查的能力?⑦评分方案是否清晰、易懂,且评分人员是否有相同的理解?⑧及格线如何制定?

(3)评分效度证据的收集。Weir(2005)用评分效度代替传统的评分信度,将其作为效度整体概念的一部分。评分效度对写作和口语测试尤为重要。收集评分效度证据时,主要从评分标准、评分过程、评分员和分数评定这几个方面入手。

评分标准可分为整体评分法和分析评分法,二者各有其优点和不足。总体而言,使用整体评分法时,评分效率和分数的内部一致性程度更高,但提供的反馈信息比较有限,分数不易解释。使用分析评分法能够给考生提供更多的反馈信息,分数的可解释性高,但比较费时。

评分过程包含评分员培训、评分人员标准化、分数调整(moderation of scores)、评分条件和统计分析。对评分员进行培训的目的是让他们熟悉评分标准,确保不同评分者对评分标准有相同的理解,从而提高评分信度,这也是评分人员标准化的一个过程。多人评分时,不同评分人员对同一份作答难免给出不同的分数,可采用多层面 Rasch 分析监控评分者的严厉程度、评分的内部一致性、评分员之间的一致性以及评分的偏颇性。如果受条件所限,不能采用多层面 Rasch 分析,也可进行相关分析计算评分信度。评分条件(时间、物理环境和心理状态)也会影响评分结果。

阅读和听力测试的评分效度证据主要关注测试分数的内部一致性,体现在试题分析、内部一致性、测量误差和标准相关的决策一致性四个方面。试题分析包括难易度和区分度分析;内部一致性是指试题的同质性,是测试信度的一种,其估算方法有 KR-20 公式、克隆巴赫 α 系数等。测量误差是指观察分和真分数之间的差异,可通过计算 SEM(standard error of measurement)进行估计。标准相关的决策一致性针对标准参照测试而言,指的是对于考生是否达到预先设定的标准,基于测试结果的决策的前后一致性。

5）外部效度

测试效度证据的收集贯穿测试的全过程。情境效度、基于理论的效度和评分效度这三种效度证据与测试本身直接相关，可称之为内部证据。除此之外，研究者还需收集效标关联效度和后果效度等外部证据证明测试的有效性。效标关联效度是指该测试与其他测量相同能力、效度较高的测试之间的相关程度。效标关联效度证据的来源有三种：与测量相同能力的其他测试的比较（包括同一测试不同形式间的比较）、与考生将来的成绩的比较、与外部参照点的比较。

后果效度体现在三方面：区分效度、反拨效应和对个人的影响。区分效度关系到测试的公平性，可通过偏差分析进行判断。偏差是由构念表征不足或与构念无关的因素引起的，其来源有文化、背景知识、认知特征、母语、种族、年龄和性别等。反拨效应是指测试对教和学的影响。Hughes（2003）认为，为实现良好的反拨效应，测试开发人员需注意以下几点：(1) 测试考查的能力应是教师鼓励学生发展的能力；(2) 抽样广泛且不可预测；(3) 使用直接测试；(4) 使用标准参照测试；(5) 确保学生和教师知晓并了解测试；(6) 如有必要，给教师提供帮助。给教师提供的帮助可以是针对新的测试内容和方法对教师进行培训，也可提供合适的教学材料（Cheng，1997；Wall，2005）。测试对人们的生活产生重大影响，甚至决定其一生的命运。但是，效度验证中这方面的证据最难收集，也往往被忽略。

2.4.3 对 Weir 的社会认知效度验证框架的评价

社会认知效度验证框架继承了 Messick（1989）的效度整体观，但又有所发展。在该框架中，情境效度代替了传统的内容效度，体现了效度的社会性；传统的信度被统称为评分效度，凸显了效度整体观。该框架还描述了测试流程和效度类型的关系，清晰地阐述了各个阶段可能削弱测试效度的因素、不同类型的效度之间的相互关系，为效度验证实践提供了清晰、具体的参照。同时，Weir（2005）把不同的社会认知心理模型和基于理论的效度联系起来，避免了仅在效度理论体系内循环的问题（张新玲，2007）。

但是该框架也存在一些不足之处。受传统的分类效度观的影响，Weir（2005）使用"情境效度""基于理论的效度""评分效度""效标关联效度""后果效度"等术语，这与效度整体观的核心思想不一致。而且，各种效度下的检验指标数量较多，难以具体化，这给效度验证研究带来很大的挑战。再次，基于理论的效度涉及考生的认知加工过程，体现了测试开发者或语言专家的视角。那么，在对所测构念进行定义时，是否需要考虑考生对该构念的看法和认识？这个问题值得思考。最后，该框架对考生行为内部过程的描述过于简单和程式化（张新玲，2007）。

2.5 行动理论视角下面向改革的测试效度框架

2.5.1 面向测试改革的效度验证框架的提出

当今，全球教育改革运动高涨，很多国家，如中国、英国、美国、德国、加拿大、澳大利亚等，相继实施了一系列教育改革。教育成为促进经济发展、提升国际竞争力和维持社会秩序的核心途径（Haertel & Herman，2005）。随着教育改革计划的推行，高风险测试逐渐成为提高教育质量的主要手段，测试的功能也发生重大变化。测试不仅用于个人层面的分班、选拔、颁发证书等目的，还用于集体层面的提高教师教学效果和学校教育质量等目的，从而让测试更多地具有问责功能（accountability）。问责测试（accountability testing）关注的不仅是传统意义上的个人分数，还更多的从长远目标进行考量，即要从整体上提高教育质量，这就要求在集体和系统层面上关注测试分数的解释。虽然Kane（2013a）基于论证的效度观将测试影响纳入到效度验证范畴，强调测试使用在效度验证中的地位（IA即将改为IUA），但是他仍将重点放在测试分数的解释上，对测试使用关注不够。效度理论中缺乏一个合适的模型让语言测试人员在更广泛的社会背景中评价测试的社会及政治影响（McNamara，2008）。同时，政府的参与改变了传统效度验证中测试开发者和使用者的责任分配。在传统的效度框架下，研究者难以针对不同的利益相关者在不同层面开展证据和后果研究。受行动理论（theory-of-action，简称 TOA）的影响，Chalhoub-Deville（2016）提出了一个面向改革的效度框架。

2.5.2 测试后果与效度

1. 测试后果之争

语言测试领域的效度发展大致可分为三个阶段：单一效度观时期、分类效度观时期和整体效度观时期（李清华，2006）。关于前两个阶段，效度理论专家认为测试分数解释和测试分数使用是两个不同的问题，测试分数使用的后果是决策者应考虑的问题，与测试分数解释的论证不相关。到了效度整体观时期，构念效度成为效度理论的核心。Messick（1989）明确了测试后果在效度理论中的位置。他将测试后果融入渐进性矩阵中并认为测试分数与价值含义相连；价值含义是分数解释及使用的基础，并与构念效度、后果及政策、决策相联系。测试变得无效并不是因为消极的测试使用后果，而是削弱测试效度的各种因素（如构念表征性不足或与构念无关的方差）导致测试使用产生各种消极影响（Messick，1995）。测试分数的解释和使用必然会产生一定的后果（consequence）。广义上而言，后果是指测试结果（预期的和非预期的、积极的和消极的）对利益相关群体（如学生、老师、管理人员）和社会体系的影响（Cheng，2008；Hubley & Zumbo，2011；McNamara，2008；Shohamy，2001）。

随着效度理论的发展，有关效度的争议也越来越多，但争论最大的是后果效度（Brennan，2006a）。争论主要围绕效度理论和研究中包含测试后果是否切实可行，而非是否应该关注测试后果。Lynch（2001）和 Shohamy（2001）指出需要批判性地看待测试后果是否属于效度验证的一部分这个问题。Bachman（2005）则认为将测试后果置于效度验证范畴不切实际。Chalhoub-Deville（2016）认为将测试后果和效度分开无异于告诉测试开发者和其他专业人员测试影响不是测试项目的技术属性，可以搁置一边或让其他人员去做。Green（1998）和 Reckase（1998）指出测试开发人员不可能收集测试分数使用的后果证据。在开发新的测试项目时，测试开发人员无法收集有关测试使用结果的相关证据。非预期的测试后果证据，因为事先无法预料，也难以收集。与 Green（1998）和 Reckase（1998）不同，Mehrens（1997）认为对分数推断进行效度验证时，无须考虑测试的具体使用。测试后果不在效度范围之内，测试效度验证无须收集后果证据。他建议将"效度"的范畴缩小为"测试分数推断的准确性"。Nichols（2007）认为测试分数使用的后果会对测试分数的解释产生一定的启示。当测试后果（尤其是非预期的测试后果）是由构念表征不足或与构念无关的方差引起时，测试使用的后果与测试分数的解释是相关的。

虽然少数研究者认为社会后果不属于效度和效度验证范畴（Mehrens，1997），但是大多数专家都认同后果在效度理论中的重要性（Bachman & Palmer，2010；Brennan，2013；Chalhoub-Deville，2016；Chapelle，2011；Haertel，2013；Hubley & Zumbo，2011，2013；Kane，1992，2002，2006，2011，2013a，2016a；Lynch，2001；Moss，2013，2016；Shohamy，2001；Sireci，2016b；Tsagari & Cheng，2017；Zubo & Hubley，2016）。《标准》（AERA et al.，2014）也将测试后果写进效度章节，测试后果成为效度证据的五大来源之一。

2. 行动理论

在测试改革情境下，除了对测试分数意义和使用进行评价外，测试实施的预期影响及其评价也应是效度验证的主要部分（Bennett et al.，2011）。根据行动理论，研究者应从社会的角度出发，在不同层面上开展测试后果研究，即测试在多大程度上实现了个人、集体和社会层面的预期目标。Bennett et al.（2011）将行动理论效度验证的解释性论证分为两部分：测量论证（measurement argument）和行动理论论证（TOA argument）。测量论证类似于 Kane（2006，2011，2013a）的解释论证或解释/使用论证（IA/IUA），而行动理论论证主要关注后果主张以及后果产生的机制，具体包括以下方面（Bennett et al.，2011）：（1）评价系统的各个要素以及各个要素逻辑的、连贯的依据；（2）测试结果的解释性主张;(3)评价体系的预期结果;(4)产生预期结果的行为机制;(5)潜在的非预期后果以及如何降低这些后果。McNamara(2008)认为,有关测试后果在效度理论中的地位的讨论并没有太大进展,其主要困难在于语言测试领域不愿将语言测试作为一个社会的、政治的实践加以对待,并且该领域缺乏一个对测试进行合理定位的合适的社会情景理论。McNamara(2008)号召研究者考虑改革评价的社会政治维度。行动理论恰好能够提供这样一个基础,研究者可以研究政策目标、问责测试和受影响的群体之间的关系,并从集体和系统的层面研究测试后果。

3. 后果证据收集的责任划分

关于效度验证过程中测试使用的后果证据由测试开发人员还是测试使用者收集,语言测试界一直没有明确的说明。《标准》(AERA et al., 2014)对测试开发人员和测试使用者的角色进行了划分。测试开发者具体是指测试准备和设计者、测试推广者、测试赞助者以及规定测试的开发和实施者。他们既可以是教师、商业代表以及州级官员等个体,也可以是学校、学区、商业及州级、联邦机构等组织。测试使用者(或测试用户)指的是那些积极参与测试实施、测试分数解释和使用的个体或组织,如父母、教师、教育管理人员、州级及联邦机构官员等个人,学校、学区、州级、联邦机构等组织。不难看出,测试开发者和测试使用者的角色存在明显交叉。一般而言,测试开发者需负责收集与测试构念相关的测试后果证据。如果测试用于非预期的用途,则测试使用者需要负责收集效度验证证据(AERA et al., 2014)。Kane(2013a)作了更为细致的区分,指出测试使用者能更好地发现测试的非预期影响,但测试开发者也需要对他们所支持的测试使用的后果负责。

然而,在教育改革环境下,我们很难对测试开发者和使用者的职责进行明确的划分。为此,Nichols(2007)提出一个理论框架,对测试开发者和使用者在测试使用后果证据收集中所承担的职责进行了划分。图2-10展示了收集测试分数使用证据时,测试开发者和使用者职责的动态性(fluidity)。这一动态性体现在三个维度:构念的广度、测试分数使用是否与预期相符以及测试使用时间的长短。

第 2 章 21 世纪语言测试效度理论发展

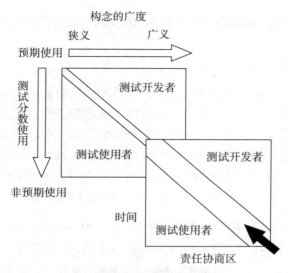

图 2-10 测试开发者和使用者的职责划分

如图 2-10 所示，最顶端的是第一个维度——构念的广度。测试开发人员的职责范围取决于所测构念的广度。例如，当测试考查学生的学术英语水平时，测试开发人员需收集构念表征不足和与构念无关的证据。当构念的范围扩大时，测试可能被用作非预期的用途，测试开发人员所承担的责任也随之增加。图 2-10 的左边是第二个维度——测试分数使用。测试分数使用维度是指测试的实际使用在多大程度上与测试开发人员的预期使用一致。原则上来说，当实际的分数测试使用与预期使用相去甚远时，测试使用者需更多地承担测试使用证据的收集任务。第三个维度是时间，指的是距离测试正式投入使用后的时间。随着时间的推移，测试开发者对测试使用的了解逐渐增多，他们收集测试使用证据的职责也会随之扩大或缩小。具体来说，在测试被用于非预期的用途之初，测试开发人员无须收集测试使用证据。但是，如果测试一直被用于非预期的目的，对测试分数的解释也可能发生变化。测试开发人员和测试使用者进入共同协商区（zone of negotiated responsibility），共同探讨如何收集测试使用证据。这三个维度相互影响，体现了测试开发者和使用者在后果效度证据收集中职责的动态性。

2.5.3 面向测试改革的效度验证框架的主要内容

1. 框架架构

与其他效度验证框架不同，面向改革的效度验证框架以行动理论为指导，将测试后果作为一个技术属性纳入效度验证中，强调从社会的角度研究测试后果。如表 2-4 所示，该框架包含相互关联的两个论证：测量论证（个人、集体层面的社会影响）和 TOA 论证（系统层面的影响），即效度验证不仅包括传统的个人分数解释及使用，还需对整个测试体系在实现既定的教育、经济、社会目标上的有效性进行检验。

表 2-4　基于改革的测试中后果效度的定位（Chalhoub-Deville，2016: 463）

效度中的后果：改革驱动下的测试		个人层面的分数解释及使用	集体层面的分数解释及使用	改革：测试的教育、社会环境
政策及论证的开发	政策：效验证据是批判性的	社会影响分析：测量论证	社会影响分析：测量论证	社会影响分析：TOA 论证
主张的制定（包括预期和非预期主张）		分数解释及使用的推断	分数解释及使用的推断	系统层面的推断
效验证据		证实性的	证实性的	证实性的
测试项目及论证的开发		测量论证	测量论证	TOA 论证
主张的制定（包括预期和非预期主张）		分数解释及使用的推断	分数解释及使用的推断	系统层面的推断
效验证据		证实性的	证实性的	证实性的
完成开发的测试项目和论证		测量论证	测量论证	TOA 论证
主张的评估		分数解释及使用的推断	分数解释及使用的推断	系统层面的推断
效验证据		批判性的	批判性的	批判性的

面向测试改革的效度验证框架将测试开发阶段和实施阶段的效度验证进行了区分。在测试设计和开发阶段，测试开发人员对所测构念进行操作化定义，制定详细的测试说明，设计测试试题或任务，并对测试内容、实施和其他相关的实践活动进行调研。测试开发人员还需描述有关

第2章　21世纪语言测试效度理论发展

测试用途的主张、预期的分数解释和说明，并进一步研究可能的个人、集体（aggregate）和系统层面的非预期的分数解释、使用或决策。后果研究要关注各个层面之间的关系以及系统产品和服务（如测试准备材料、教师职业培训、课程指南和交流计划）。在测试开发阶段，效度验证证据是证实类的（confirmationist），主要用来修改和完善测试以及相关的项目产品和服务。在测试实施阶段，效度验证研究主要是批判性的，围绕非预期的和消极的测试影响进行。面向测试改革的效度验证框架的另一个要素是交流相关资料（communication of documentation）。为此，要考虑与测试体系相关并受测试影响的其他利益相关群体（如决策者、教师和人父母）的需求。

2. 效度验证中的政策研究

在表 2-4 测试项目及论证的开发或完成开发的测试项目和论证环节中，研究者采取的是反应式的（reactive）政策研究方法。反应式的研究方法是指对语言政策实施后相关的测试项目进行研究的方法（Byrnes，2005；Ravitch，2010，引自 Chalhoub-Deville，2016）。然而，行动理论要求对测试可能存在的非预期影响及其预防措施进行研究，这就需要研究者开展前瞻性（anticipatory）的政策研究。表 2-4 后三行的部分（完成开发的测试项目和论证）采用的正是这种方法。Chalhoub-Deville（2009a，2009b）呼吁开展社会影响评价（social impact assessment，简称 SIA），即"预先评价某个政策可能产生的社会影响……这一过程及方法对测试设计极为有用"（Burdge & Vanclay，1996：59）。这就要求语言测试人员进行改革政策研究以提高测试项目的有效性。

类似于测试说明的撰写和试测，政策研究要求从测试设计环节开始。表 2-4 中将 SIA 融入效度验证研究（政策和开发中的论证部分）。研究者可开展模拟研究、民族志研究、焦点组研究以对各个主张进行分析。在这一阶段，效度验证证据是证实性的，即用来修订并提高形成中的政策的有效性以促进改革。测试实施阶段，需继续进行政策研究。这一阶段所收集的效度验证证据属批判性的，可基于测试各个阶段所收集的信息与语言政策的规定进行修改（Chalhoub-Deville，2009a）。

3. 后果证据收集的职责划分

教育改革涉及面广，一定程度上推动语言评价项目的发展。基于此，语言测试领域必须加入政策研究以确保自身与改革政策的相关性。那么，如何进行角色分配？传统效度验证框架下，测试后果该由谁负责有较为固定的、事先的分工。但此种分工已不适合于当今全球教育改革运动下的测试体系。Chalhoub-Deville（2016）在 Nichols（2007）的框架基础上，将语言政策的形成、测试开发和使用等阶段考虑进去，对测试开发者和使用者的职责作了进一步的描述，详见图 2-11。

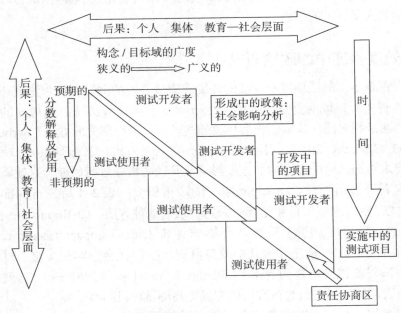

图 2-11 效度中的后果研究：角色及职责分配

如图 2-11 所示，效度验证中影响角色和职责分配的因素有三个：构念或目标域的广度、分数解释及使用、时间。当构念或目标域的范围较广、分数的实际解释和使用与预期的解释和使用一致时，测试开发者需更多地承担收集测试后果证据的责任。反之，当构念或目标域的范围较小，分数的实际解释和使用与预期的解释和使用不相符时，测试使用者需更多地承担收集测试后果证据的责任。时间因素和所处阶段对于角色分配和职责划分也至关重要。随着时间的推移，负责收集测试后果证据的利益相关群体也发生相应变化。当测试被用于非预期用途这一情况变为常态，且测试开发人员也默认这样的使用时，测试开发人员必须为扩展的分数解释及使用承担研究责任，与测试使用者进行共同协商并开展研究。在语言政策形成阶段，测试研究者需对改革过程可能产生的后果进行社会影响分析。这一阶段的研究主要考虑测试开发者和使用者的角色分配以便于开展后果研究，并确定协商责任区。

2.5.4 对面向测试改革的效度验证框架的评价

基于改革的高风险问责测试的影响不仅表现在个人层面，还更多地体现在集体层面（教师和学校）和社会层面（教育、经济体系）。Chalhoub-Deville（2016）行动理论视角下面向改革的效度框架强调测试的社会属性，清晰地呈现了政策规定、测试功能和受影响的各个层面（个人、集体和社会）三者之间的相互关系，并为针对不同的利益相关者开展证据和后果研究提供了很好的指导。Chalhoub-Deville（2009a，2009b）在主张扩大效度研究范围的同时，呼吁将政策研究纳入语言测试当中。然而，有关政策规划和面向改革的测试研究还很少，开展政策研究的提议也未得到语言测试和测量专家的普遍认同。总而言之，该框架在一个更广泛的社会层面对测试的后果进行研究，效度验证过程更为复杂。正如 Chalhoub-Deville（2016）所指出的那样，该框架初步地将测试后果融入效度，后续还需进行更多的研究，尤其要对政策驱动的问责测试进行深入探索。

2.6 公平效度框架

2.6.1 公平性研究的简要回顾

教育评价领域对公平性的重视始于 20 世纪 60 年代（Angoff，1993），随后陆续有研究者开始探讨这一话题，使其逐渐成为研究的焦点。《教育测量》（Brennan，2006b）和《标准》（AERA et al.，2014）中有专门的章节讨论测试的公平性。随着测试领域由重视技术转向重视测试结果的使用及决策的社会影响，公平性研究也成为语言测试界热议的话题，其重要标志是1997年国际语言测试协会（LTRC）年会。此后，公平性成为语言测试界关注的焦点，研究主要涵盖公平性理论（Camilli，2013；Karami，2013；McNamara & Roever，2006a，2006b；McNamara & Ryan，2011；Shohamy，1997，2001；范劲松，2014；姜秀娟，2018）、公平性的研究框架（Kunnan，2000，2004，2010，2014；Walters，2012；Xi，2010；李清华，2016；罗娟、肖云南，2018；童扬芬、陈佑林，2019）和特定测试的公平性问题（贺满足，2015，2018a，2018b；李清华、孔文，2009；邹申，2011）。教育测量和语言测试界虽然认识到了公平性的重要性和必要性，但在很多方面仍未达成共识（Karami，2013），其中两个重要问题就是公平性和效度的关系以及如何检验测试的公平性。

公平性与效度的关系已成为测试界讨论的焦点之一。归纳起来，学界存在四种不同的观点：（1）公平性相对独立，与效度没有清晰、连贯的关系，是效度的前提条件（如 Educational Testing Service [ETS]，2014）；（2）公平性包含效度，效度是实现公平性的必要条件（如 Kunnan，2004，2014）；（3）公平性是效度的重要组成部分（Bachman & Palmer，2010；McNamara & Roever，2006；Xi，2010）；（4）不明确区分公平性与效度，二者有部分重叠交叉（如李清华，2016）。后三种观点反映了效度与公平性的内在关联，体现了测试在不同文化背景下的社会性。

2.6.2 不同的公平性检验框架

效度与公平性的关系不同，其公平性检验框架也势必存在很大差异。下面基于后三种观点对公平性检验框架进行介绍。

第 2 章 21 世纪语言测试效度理论发展

1. Kunnan 的公平性检验框架
1）框架的具体内容

Kunnan（2000）从伦理学和哲学的角度出发，借鉴 Willingham & Cole（1997）的可比效度（comparable validity），提出测试公平性框架。在该框架中，公平性包括效度、机会均等（access）和公正性（justice）。公正性包括社会公平和法律挑战。社会公平超越同等效度和机会均等，主要关注测试后果，即测试是否有益于社会公平以及测试是否带来不良影响。测试公平性的三个要素使测试公平性的研究不仅局限于测试的心理测量学层面，同时也包括了测试的社会、道德、法律和哲学层面（Kunnan，2000）。Kunnan（2000）在公正性的范围内研究测试的后果，但测试使用的社会维度又是效度的一部分，关于这两者之间有何区别，该框架并没有明确说明。Kunnan（2004）在《教育与心理测量标准》（AERA et al.，1999）的基础上对该框架进行了修订，将公平性的各个层面，如不同的测试使用（预期的和非预期的）、测试过程中各个利益相关群体（考生、测试使用者、教师和用人单位）、测试开发各个流程（测试设计、开发、实施和使用）等涵盖其中，同时将公平性的质量属性扩展到五个，即效度、无偏颇（absence of bias）、机会均等、施考条件和社会后果。如表 2-5 所示，在对公平性的各个质量属性进行检验时，需收集多方面的证据，且每种证据对应一个关注点。

表 2-5 Kunnan 修订的测试公平性框架（2004：46）

主要属性		主要关注点
1. 效度		
内容的代表性／覆盖面	→	试题、话题、任务的代表性
构念或基于理论的效度	→	构念／潜在能力的表征
效标关联效度	→	测试分数与外在标准的比较
信度	→	稳定性、平行试卷、评分一致性
2. 无偏颇		
冒犯性的内容或语言	→	固化的考生分组
不公平的惩罚	→	基于考生组别的内容偏颇
不同的影响及标准设定	→	测试成绩的 DIF；标准设定及标准选择

(续表)

主要属性		主要关注点
3. 机会均等		
教育方面	→	学习机会
经济方面	→	同等承受能力
地区方面	→	合适的考场选址和距离
个人方面	→	考虑到残疾考生的需要
设备和条件	→	适当熟悉
4. 施考条件		
物理环境	→	合适的环境
一致性和保密性	→	一致性和保密性
5. 社会后果		
反拨效应	→	对教学有良好的影响
补救机制	→	重新评分、重新评价、法律补救

（1）效度。检验测试的效度时，需收集测试内容的代表性（内容效度）、构念效度、效标关联效度和信度四个方面的证据，对应的关注点分别为试题、话题、任务的代表性；构念或潜在能力的表征；测试分数与外在标准的比较；测试分数的稳定性、平行试卷、评分的一致性。

（2）无偏颇。测试无偏颇的证据包括试题中不含冒犯性的内容或语言、不公平的惩罚和不同的影响及标准设定。许多测试（特别是大规模的高风险测试）的考生来源多种多样，有不同的性别、国籍、母语、文化、种族、宗教等背景。要确保测试内容或语言不冒犯某个考生群体，测试内容不对某个群体明显有利或不利，具有同等水平、来自不同考生群体的考生有同等机会获得高分。

（3）机会均等。机会均等体现在教育、经济、地区、个人、设备和条件五个方面，对应的关注点为考生有同等机会学习测试有关内容；考生能够承担测试费用；考场的选址和距离合适；给予残疾考生相应的帮助；考生熟悉测试设备和条件。

（4）施考条件。要求提供适宜的灯光、温度等考场的物理环境；不同考场的条件应当相同，测试内容要严格保密。

（5）社会后果。包括反拨效应和补救机制。关注点分别为测试对教学及受试的应试策略等方面的影响;为纠正测试带来的负面影响而采取的补救措施,如重新评分,法律补救等。

这五个维度相互关联,贯穿于测试开发和使用的全过程。Kunnan(2004)提出实现公平性的两大原则——公正原则和有益原则(beneficence),作为测试开发者的职业道德标准。公正原则是指同等对待所有考生,其中包括两个次要原则:(1)在测试分数的解释方面,测试应对所有考生具有可比的构念效度;(2)测试不应具有偏颇性,特别是不应测量与构念无关的因素。有益原则是指测试应对社会有益。其次要原则是:(1)测试应对社会有益;(2)测试不应对社会有害。

2)评价

Kunnan(2004)的公平性检验框架内容全面,大大拓宽了语言测试界对于测试公平性的理解。然而,该框架也存在明显不足:(1)测试分数使用和测试后果是测试公平性研究的主要关注点,也是当前效度理论的主要内容。已有的效度验证框架(如 Kane,1992,2001,2002,2004,2006;Kane et al.,1999;Bachman,2005;Chapell et al.,2008)提供了连贯的方法对 Kunnan(2004)的公平性质量属性进行检验,没有必要将这些属性独立开来单独研究。(2)该框架的各个质量属性是公平性的重要体现,但是这些属性彼此独立,缺乏一个机制将它们联系起来构成一个有机整体,进而形成连贯的、令人信服的测试公平性论证。(3)虽然 Kunnan 认为基于论证的方法可用于公平性检验,但对于如何开展公平性研究并检验公平性论证,Kunnan(2004)并未进行详细论述,所以无法给研究者提供切实、可行的指导(Xi,2010)。

2. Xi 的公平性检验框架

1)公平性检验框架的提出

虽然测试公平性研究由来已久,但实证研究却为数不多,且大多关注公平性的某一方面(如 DIF 研究,与构念无关的考生特征对测试成绩的影响,面试考官行为对不同组别考生的口试成绩的影响,测试分数的因子结构的稳定性等),缺乏对测试公平性进行深入、系统、全面的研究。已有的公平性检验框架(Willingham & Cole,1997;Kunnan,

2000，2004）也不能为研究者开展公平性研究提供切实可行的指导。在此基础上，Xi（2010）提出了基于论证的公平性检验框架，把公平性视作效度的一部分，并以托福 iBT 为例说明如何在从测试表现到分数使用的推理链中构建公平性论证。

2）公平性论证的具体内容

公平性论证包含影响分数的可比性、分数解释和使用以及测试后果的一系列反驳。在检验测试公平性的过程中，需明确这些反驳并形成连贯的公平性论证。Chapelle et al.（2008）提出的解释性论证包括（目标）域定义、评分、概化、解释、外推和使用六个推理环节。Xi（2010）对这六个推理环节中削弱公平性论证的反驳逐一进行了阐述。

（1）域定义。对不同的考生群体而言，测试任务不具同等的相关性和代表性；测试没有测量某些次目标域中所要求的关键的语言技能、知识和过程；测试中所涉及的语言变体不能代表目标域。

（2）评分。评分标准强调的语言特征与目标域不相关或者没有包含高度相关的语言特征，评分标准对某个考生群体有利或不利；测试内容不合适，测试包括构念不相关的知识和技能或构念表征不足，从而造成不同考生群体之间分数的差异；施考环节不一致，导致不同组别考生成绩差异；测试实施系统中的因素引入与构念无关的组间分数差异；题目或任务作答形式引入与构念无关的组间分数差异；没有给残疾或有学习困难的考生提供合适的帮助让他们展示相关的能力。

（3）概化。与构念无关的因素导致不同组间分数的概推差异。

（4）解释。一些测试任务让考生使用不相关的过程或策略；与构念无关的因素导致不同组间的不同因子结构；与构念无关的因素导致测试与其他相关的测试之间的关系因组别而不同。

（5）外推。不合适的测试内容或构念表征不足导致测试分数预测考生在相关测试中的成绩情况因组别而产生差异。

（6）使用。不合理的统分和分数报导导致决策产生偏颇；在决策过程中不当地使用有关组间差异的信息，导致对某些组群的某些考生实施具有偏颇性的决定；决策过程的因素，如及格线设置不合适，导致偏颇性的决策；构念无关因素、构念表征不足或不合适的决策过程对某些考生群体带来消极影响；不同组别的考生获取考生资料的机会不同，影响测试的公平性；测试结果使用不当给某些考生群体带来消极影响。不合理的决策使多个推理环节中的测试公平性受到质疑。

上述六个推理环节中削弱公平性论证的反驳也可用作效度论证中的反驳，检验测试的效度。测试公平性涉及多方面的问题，研究人员不可能对其进行逐一检验。Xi（2010）采用基于论证的方法对公平性论证中的薄弱环节进行检验。首先，对可能影响后续推理环节并影响分数使用和测试后果的公平性问题，要优先收集证据以降低其威胁。其次，评价过程中采用一些策略（如专家审查、敏感度审查等）以确保测试的公平性并进行相应的资源分配。基于以上两点，需要考虑某个特定的理由中所包含的假设可能影响公平性论证。对于这些假设，需进行认真的分析并找出影响概化、分数意义和使用、测试后果等的因素。这些不相关的因素决定了与公平性检验有关的比较组。例如，如果某专业领域的知识影响考生的表现，那么考生的专业可成为对考生进行分组的依据，然后针对每个组别开展公平性研究，探讨与构念无关的组别差异以及评价过程中确保公平性的策略。

Xi（2010）参考基于论证的效度验证方法对测试公平性进行系统的检验。在该框架中，公平性论证产生了一系列的效度论证的反驳，影响不同考生组别间测试分数的可比性、分数解释和使用以及测试后果。这些反驳与影响整个考生群体的效度反驳不同。基于论证的方法有助于研究者追踪公平性问题如何贯穿于整个推理链以及如何影响分数使用和测试后果。

3）评价

Xi（2010）的公平性验证框架扩展了公平性的研究范围，明确了各个阶段应关注的问题，并形成一个连贯的公平性论证。该框架还提供了严谨的方法来对公平性论证的合理性进行评价，确定公平性研究中应优先关注的问题。另外，该框架将效度验证与公平性验证有机融合，并将公平性检验的各个部分形成连贯的论证链，有助于深入理解测试分数的使用及产生的社会后果。但在该框架中，公平性检验与效度验证存在明显交叉（李清华，2016）。

3. 李清华的公平性检验框架

1）公平性检验框架的内容

李清华（2016）基于评价使用论证（AUA）构建了语言测试公平性检验框架。如图 2-12 所示，公平性分为"测量公平性"与"社会公平性"两个方面。前者隶属于效度，其检验属于测试开发者的效度验证；后者的检验由测试使用者负责。语言测试的公平性检验贯穿于整个测试过程，开发者和使用者的职责也表现在不同的阶段。测量公平性检验由测试开发者负责，分为六个阶段：设计、施测、分数评定、预期解释、预期决策和预期后果；社会公平性检验由测试使用者负责。测量公平性检验和社会公平性检验都应遵守语言测试行业标准和道德规范。

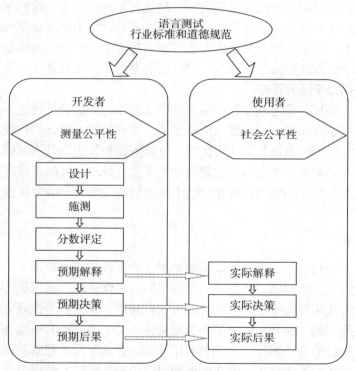

图 2-12 公平性检验的理论框架（李清华，2016：556）

具体来看，"预期解释"与"实际解释"、"预期决策"与"实际决策"、

第2章 21世纪语言测试效度理论发展

"预期后果"与"实际后果"之间用箭头连接，表示测试使用者对测试分数的"实际的"解释、决策和后果应该与测试开发者所"预期的"解释、决策和后果尽可能保持一致。当二者一致时，测量公平性的实现也意味着社会公平性得到保障，测试使用者不需要重新进行公平性检验。但在现实世界中，测试使用者对分数作出的解释、使用等往往与预期的不相符，从而导致测试的社会公平性受到威胁，这时需由测试使用者负责。

测量公平性属测量学范畴，是效度验证的一部分。检验时，测试开发人员需回答以下具体问题（李清华，2016）：

- 设计阶段。设定测试构念及内容的理论、社会文化价值观等方面的依据是否有利于某些受试群体，而对其他群体不利？
- 施测阶段。测试的条件和程序是否有利于某些受试群体，而对其他群体不利？
- 分数评定阶段。分数评定是否有利于某些受试群体，而对其他群体不利？
- 预期解释阶段。对测试分数意义的预期解释是否有利于某些受试群体，而对其他群体不利？
- 预期决策阶段。根据测试分数意义的预期解释做出的决策是否有利于某些受试群体，而对其他群体不利？
- 预期后果阶段。根据测试分数意义的预期解释做出的决策所产生的后果是否有利于某些受试群体，而对其他群体不利？

当测试使用者对测试分数的实际解释和使用与预期的不相符时，可能产生消极后果，测试使用者需对这些问题进行社会公平性检验，并回答以下问题：（1）对测试分数意义的实际解释是否有利于某些受试群体，而对其他群体不利？（2）根据测试分数意义的实际解释做出的决策是否有利于某些受试群体，而对其他群体不利？

李清华（2016）进一步明确了公平性检验的方法，即以专家审查为主，统计方法为辅。传统的偏差分析方法主要适用于设计、分数评定和预期解释阶段，施测、决策及其后果阶段的公平性检验以质性研究方法为主。他建议测试开发机构将测量的公平性检验结果公之于众。如果进行社会公平性检验，测试使用者可委托独立研究机构或学者完成，其研究报告也应向公众公开。

2）评价

李清华（2016）的公平性检验理论框架厘清了公平性与效度的关系，提出了公平性检验的具体步骤和研究问题，明确了公平性检验的主体，在一定程度上解决了现有公平性框架存在的问题，有助于研究者形成连贯的、系统的公平性论证。同时，这一框架回答了公平性检验究竟是技术检测还是价值判断的争论，对测试整个流程中公平性检测的实际操作具有很强的指导意义（童扬芬、陈佑林，2019）。但是该模型没有体现出"应试者"这一关键群体在整个公平性检测中应有的位置和作用。

4. 童扬芬、陈佑林的公平性检验框架

童扬芬、陈佑林（2019）拓展了李清华（2016）的测试公平性检验框架。如图 2-13 所示，童扬芬、陈佑林将"应试者"这一关键群体纳入公平性检验环节中，认为公平性检验框架应涵盖对测试开发者、使用者和应试者权、责、利的界定，在实践中需考虑技术公平性和社会公平性，对效度、偏差和敏感度进行测量技术检验和人工价值判断。

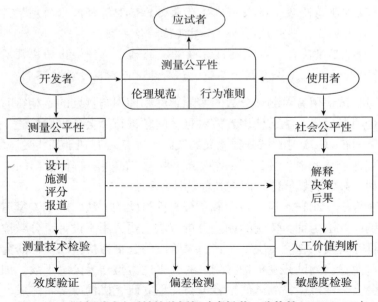

图 2-13　语言测试公平性检验框架（童扬芬、陈佑林，2019: 78）

童扬芬、陈佑林（2019）认为语言测试公平性研究不仅包括对实践准则的探讨，还包括对理论原则的探讨，即测试者伦理道德的职业规范。公平性检验应贯穿于整个测试流程中。命题阶段的公平会对测试的解释、决策和后果产生最直接和最重要的预期影响。但是测试的实际使用有时与开发者的预期使用不一致，如图2-13中用虚线表示处。由此，测试的开发者所努力确保的公平并不能保证测试的最终公平，测试的开发者不可能也不应该对测试的误用和滥用等超出其职责之外的后果负责（杨惠中、桂诗春，2007）。

童扬芬、陈佑林（2019）指出，客观方法和主观方法对于保障测试的公平性都是不可缺少的。应先进行技术性的测量检测，同时进行人工价值判断。在具体实施步骤上，应首先进行效度验证，确保采用了恰当的方式考查了"要考"的内容，这是对"所有考生的公平"；随后进行偏差检测以保证测试使用了公平的形式考了"应考"的内容，这是对"不同考生群体的公平"，减少或者控制偏差是保证效度和公平性的必要条件之一。同时，人工价值判断亦可同时进行偏差检测，并进一步进行敏感度检测，确保测试内容和语言是合适的，对不同考生个体是公平和无歧视的。童扬芬、陈佑林（2019）根据Bachman & Palmer（2010）对于影响公平性因素的表述和AUA框架的主张，进一步将相关因素细化并开发了语言测试公平性量表检测细则来对测试的公平性进行核对和检查。只是，该框架和公平性量表没有明确效度与公平性之间的关系。

2.6.3 小结

公平性和效度是测试中的两个重要概念，也是测试界关注的重点问题。研究者从不同的角度对二者进行定义，体现了公平性和效度之间的内在关联，也体现了不同文化背景中测试的社会性。

Kunnan（2000，2004）、Xi（2010）、李清华（2016）以及童扬芬和陈佑林（2019）在已有的公平性检验框架的基础上，结合自己的见解，提出了新的检验框架。这些框架呈现了研究者对公平性和效度及二者之间关系的认识。我们认为，从广义上定义公平性和效度较为妥当，两者既有共性，又有区别，是从不同的角度反映成功的测试应具备的特征。效度从技术层面反映测试社会性的要求，公平性则更多在社会价值层面关注测试的后果。两者都是测试应具备的基本属性，是测试赖以存在和使用的基础，其检验应贯穿于测试开发和使用的全过程。

2.7 评价使用论证框架

2.7.1 评价使用论证框架的提出

Messick（1989）的整体效度观对语言测试领域产生了深远影响，测试后果被提高到显著位置。然而，Messick（1989）的渐进性矩阵并没有为测试的效度验证提供切实可行的指导程序。Bachman & Palmer（1996）指出，效度是测试开发、分数解释和使用最重要的特征，与测试分数充分、恰当的解释和使用及效度整体观密切相关；有关测试分数解释的效度证据可通过多种途径得到。他们提出了"测试有用性框架"，明确测试有用性包括信度、构念效度、真实性、交互性、影响和可行性六个质量属性。该框架中，各个质量属性意义明确，且都包含不同的指标。测试开发人员和测试使用者可以根据这些指标逐一检验测试的质量，使效度验证具有一定的可操作性。但是，基于六个质量属性下的42个指标收集效度证据无疑给效度验证研究带来极大的挑战。与此同时，这一框架未能阐述各要素之间的内在关联以及这些要素与分数解释和使用的关系，在理论上缺乏连贯性。基于论证的效度模型（如 Kane，1992，2001；Kane et al.，1999；Mislevy et al.，2003）为测试分数的解释提供了一套检验程序，然而关于测试使用及测试使用结果，该模式没有进行阐述。更为重要的是，Bachman & Palmer（1996）的"测试有用性框架"和基于论证的模式仅适用于测试的效度验证，不能对测试开发与使用全过程进行评价。

Bachman（2003）在 Messick（1989）的"效度验证即举证"思想的基础上，首次提出了适用于做事测试及其他测试的"评价使用论证"（assessment use argument，简称 AUA）概念。这一概念拓展了 Kane

(1992，2001)等人基于论证的效度验证方法，把测评行为和基于测评结果做出的决策联系在一起。Bachman（2003）指出效度验证包括两个步骤：首先，提出效度验证观点，即有关测试分数的预期使用的主张、理由和依据是什么？有哪些潜在的非预期影响？还有哪些相反的解释和使用？其次，收集相关证据支持所提议的使用，反驳相反的观点。为了详细阐述效度论证包含的步骤和相应的理由和依据，Bachman（2005）正式提出 AUA 框架。该框架把整个效度验证过程分成两个阶段：从测评表现到基于测试结果的解释和推断的"测评效度论证"阶段，从基于测评结果的解释和推断到决策的"测评使用论证"阶段。两个阶段都需要对所做推论或决策提供理据和反驳。该框架历经多次修改，最终在 Bachman & Palmer（2010）中得到详细阐述，并被运用到语言课堂评价实践中（Bachman & Damböck，2018）。

2.7.2 语言测试开发与使用流程

与其他效度验证模式不同，AUA 框架不仅可以用来进行效度验证，还可指导测试开发和使用全过程。如图 2-14 所示，测试的开发和使用过程涉及多种活动，包括初始规划、构建评价使用论证、选择或开发测试、试测（以收集用于测试修改的反馈信息并为评价使用论证的理由提供支撑）、施测（以获得测试记录）、依照测试记录解释考生的语言能力、参照有关语言能力的解释做决策等。Bachman & Palmer（2010）将这些活动归纳为初始规划、设计、操作、试测和评价使用五个阶段。其中，初始规划、设计、操作和试测阶段属于测评开发范畴，包含评价使用合理性论证和测评开发两个平行过程。评价使用合理性论证过程中，需要陈述 AUA 并收集支撑性材料用以证明测试预期使用的合理性。测评开发贯穿初始规划、设计、操作和试测四个阶段，其成果是测试产品，用以收集考生语言能力信息并进行分数解释。

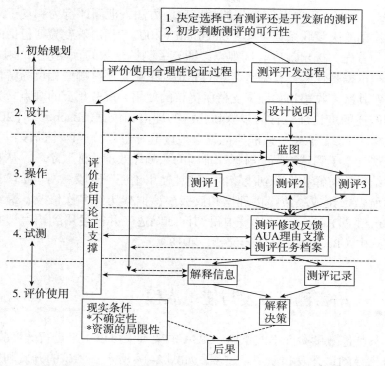

图 2-14　测试开发与使用流程图（改编自 Bachman & Palmer，2010：140）

　　初始规划阶段，决策者和测评开发人员需要考虑诸多因素，如测评的预期影响、受影响的利益相关群体、如何决策、需测试的语言能力、测评所需资源、是否需要测试以及能否利用已有测试等。归纳起来，初始规划阶段需要解决两个关键问题——现有资源能否满足需要以及是否需要开发新的测试。忽略这个阶段的工作将会造成测评选择或开发过程中方向的缺失以及测评开发过程中资源的浪费。

　　在设计阶段，构建评价使用论证，生成测试设计说明。设计说明包含十个要点，前六个要点是评价使用论证中涵盖的内容，也是十五个指导性问题（详见表2-7）中所涉及的内容。此外，设计说明还含有四个新要点：（1）以真实语言使用域中的任务为基础设计测评项目；（2）描述真实语言使用域中语言任务的各种特征；（3）制定收集反馈和支撑信息的计划；（4）制定资源收集、分配、管理的系统方案。测试说明为后续的操作、试测和评价使用环节提供指导，并为 AUA 框架内的某些理由提供支撑，也向测试使用者及其他利益相关者提供测评解释说明。

在操作阶段，制定测试蓝图、开发测评任务并按照蓝图要求将评价任务整合成完整的测试，并对整个测试结构和每种题型作详细说明。测试蓝图是指导测试开发者设计测评的重要文件，包含测评结构的描述、测评任务的详细说明、及格线如何制定、测评记录报告的步骤与形式以及测评监控过程的操作等内容。测评任务的开发包括两个环节：确定目标语言使用域，选择测评任务；撰写测评任务规范，说明构念定义和测评任务的特征。测评任务规范中的有效答题要求能够使考生清楚测试过程、任务类型、答题方式及评分方法，从而确保受试者在测评中能有良好表现，为 AUA 框架内关于测评的有意义性和无偏性主张提供支撑依据。测试蓝图的各个组成部分与测试说明及 AUA 框架内的理由紧密相连，是指导测评实施的基础。测试开发者需严格按照测试说明和 AUA 框架确保测评任务的真实性和科学性，才能提供令人信服的评价使用论证。

试测阶段的目的是收集并分析信息，改进测试。收集的反馈信息为 AUA 中的理由提供支撑，或者依据信息修改 AUA 中的理由。这些信息还可用来指导测评任务甚至整个测评的修改，为 AUA 提供强有力的支撑。

最后是评价使用阶段，即实施测试，收集考生语言能力信息并做出相关决定。如图 2-14 所示，评价使用论证贯穿于整个测试开发与使用过程。五个阶段并非严格地按线性顺序进行，而是反复迭代进行的，即任何一个阶段的决定都可以进行修订或增补，再进入下一个环节。

2.7.3 AUA 的结构框架

Bachman & Palmer（2010）的 AUA 框架（如图 2-15 所示）同样以 Toulmin（1958，2003）的实践推理模型为理论依据。该框架拓展了 Kane（1992，2006）的解释/使用论证推理链，对测试开发及使用全过程进行论证。图中左右各一个箭头，方向相反，表明该框架可以双向线性流动，服务不同的目的。开发测试时，以测试的决策为出发点向前步步推理，为测试开发提供理论依据和合理性证明；对测试分数进行解释和使用时，以测试设计和开发为出发点向后推理，把考生在测评任务中的表现、测评记录、对考生语言能力的解释、测试开发者预期的和实际的决策使用与效果有机连接起来。为了证明测试产生了预期的有益影响，测试开发人员及测试使用者需要对测试的合理性进行论证。Bachman & Palmer（2010）认为测试影响与决策紧密相关，决策与考生语言能力的解释有关，对语言能力的解释取决于测试记录，测试记录则基于考生在语言测试任务中的作答表现。测试影响、决策、解释、测试记录、作答表现之间环环相扣，逐层推理。每个推理过程都需要进行论证，前一个推理过程的"主张"一经论证即成为下一推理过程的"事实"，由此形成一个"事实→主张"的推理机制。

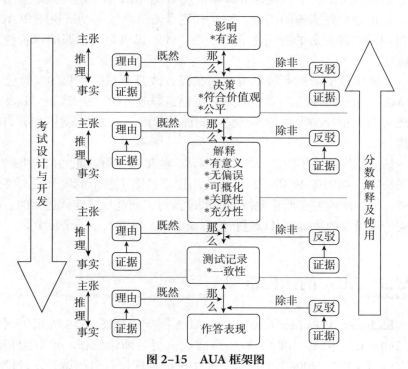

图 2-15　AUA 框架图

第 2 章　21 世纪语言测试效度理论发展

AUA 框架有三个关键要素：主张（claim）、正当理由（warrant）和反驳（rebuttal）。主张是有关测试结果质量的各类声明，包括测试结果以及有关这些结果的质量属性。其中，测试结果是指测试影响、决策、解释和测试记录；测试影响的质量属性是"有益"，决策的质量属性是"符合价值观"和"公平"，解释的质量属性包括"有意义""无偏误""可概化""关联性"和"充分性"，测试记录的属性为"一致性"。理由是指针对主张质量属性延伸的更为详细的说明，反驳指否定主张的声明。

Bachman（2005）以及 Bachman & Palmer（2010）提出了四个主张：（1）基于评价结果所做的决定以及由此产生的影响都应该有利于所有测试相关人员；（2）在测试分数解释的基础上所做的决定要考虑到现有的价值观与相关法律的要求，并对所有测试相关人员公正合理；（3）对测试能力的解释要有意义，且具有公平性、概括性、相关性和充分性；（4）测试成绩需具有一致性，这不仅体现在单个考生的成绩，还应体现在不同的测试任务间与测试程序的各个环节中。这些主张是在测试开发和使用中需回答的具体问题，以保证测评者对考生语言能力的解释能够用于决策的合理性，为测试的决策提供有力的保障。关于 AUA 框架中各个要素及其具体内容，可详见表 2–6。

表 2–6　AUA 框架中的主张、理由和反驳（Bachman & Palmer, 2010: 161–165）

主张 1	影响：评价使用及其决策产生的影响对利益相关者是有益的。 A. 评价使用产生有益影响的理由 （1）对每个特定的利益相关群体而言，评价使用产生的影响将是有益的； （2）每个考生的评价报告都是保密的； （3）评价报告内容清晰，便于利益相关群体理解； （4）评价报告及时送至利益相关者处； （5）语言教学背景下，评价有助于提高教学实践和学习效果；评价使用对学生、教师、指导者和项目都有益。 B. 评价使用产生有益影响的理由及反驳 　• 理由：决策的影响对每个利益相关者都是有益的。 　• 反驳：对考生及格与否的错误分类会对受影响的利益相关群体带来有害影响。

（续表）

主张2	决策：基于解释的决策。 —考虑已有的教育、社会价值观和相应的法律、法规、制度等。 —对受影响的利益相关群体都是公平的。 A. 所做决策符合价值观的理由 　（1）决策时，认真、批判地考虑已有的教育、社会价值观和相应的法律要求； 　（2）判断分类错误的相对严重性时，认真、批判地考虑已有的教育、社会价值观和相应的法律要求； 　（3）设定及格线时，尽最大可能减少严重的分类错误。 B. 所做决策具有公平性的理由 　（1）考生分类严格按照及格分和决策制度进行，而不考虑其他因素； 　（2）考生和其他受影响的利益相关群体充分知晓决策过程以及决策是否按所描述的那样进行； 　（3）对于成绩和颁发证书的决策，考生有均等的机会学习所测评的能力。
主张3	解释：对所测评的能力的解释（需包括所测评的构念的名称）。 —相对于学习大纲、完成目标域所需能力的分析、基本语言理论等有意义。 —对所有的考生都是公平的。 —可推广到所做决策的目标域。 —与所做的决策是相关的。 —对所做的决策而言是充分的。 A. 解释有意义的理由 　（1）构念的定义基于某个参考框架，如课程、教学大纲、需求分析或当前的研究/理论，并与其他相关的构念区分开来； 　（2）评价任务说明清楚地规定施考条件，以便观察考生的表现，从而对所测量的构念作出推断； 　（3）评价实施过程能够让考生最大限度地发挥自己的水平； 　（4）测试记录环节主要集中于与所测构念相关的测试表现方面； 　（5）评价任务要求考生用到构念中所界定的能力； 　（6）测评记录可被解释为所测能力的指征； 　（7）测试开发人员用所有利益相关群体都能理解的语言传达所测构念的概念。 B. 解释具有公平性的理由 　（1）评价任务不包含对某些考生有利或不利的答题形式或内容； 　（2）评价任务不包括对某些测试而言具有侵犯性的内容；

第 2 章 21 世纪语言测试效度理论发展

（续表）

主张 3	解释：对所测评的能力的解释（需包括所测评的构念的名称）。 （3）测试记录产生过程的表述清晰、易懂，所有考生都能理解； （4）评价实施整个过程（注册、参考环节）对所有考生一视同仁； 　　• 所有考生有均等机会知晓评价内容、评价过程等信息；对于用于学业和证书颁发决策的评价，考生有均等机会进行考前准备。 　　• 在测试费用、测试地点、对测试条件和设备的熟悉度方面，考生有均等机会参加测试。 　　• 考生有均等机会展示所测的能力。 （5）测评能力的解释对不同的利益相关群体具有相同的意义。 C. 解释可概推的理由 （1）评价任务的特征（如场景、输入、预期作答、外部交际的类型）与目标域的任务高度一致； （2）记录评价任务作答的标准和程序与语言使用者完成目标域任务时高度一致。 D. 解释具有相关性的理由 　　基于评价的解释提供了与决策相关的信息，有助于决策者进行决策。 E. 解释具有充分性的理由 　　基于评价的解释为决策者进行决策提供了足够的信息。
主张 4	KLO 测评记录：测评记录（分数、描述）在不同的评价任务、评价程序的不同方面和利益相关群体中前后一致。
	测评记录具有一致性的理由： （1）严格遵循统一的测试程序，不因场次和考生而异； （2）明确说明测评记录产生过程并严格遵守； （3）评卷人员经过培训并持证上岗； （4）评卷人员接受培训，避免评分时对某个考生群体存在偏颇； （5）评价中不同任务的分数具有内部一致性； （6）不同评卷者的评分之间具有一致性； （7）同一个评卷者的评分前后具有一致性； （8）同一测试的不同形式的分数具有一致性（等值或平行效度）； （9）同一测试的不同考次之间的分数具有一致性（稳定性或重测信度）； （10）测评记录对于不同的考生群体具有可比信度。 事实：评价任务中观察到的考生表现

AUA 体系包含主张、理由和反驳三个关键要素，而在表 2-6 中我们似乎只看到了主张和理由。这是因为每一个理由中都暗含了一个反

驳，用以支持某个特定理由的证据，同时也可用作削弱某个反驳的证据。同时，表2-6中的主张、理由和反驳都采用通用说法，并非"规定性的"或一成不变的。不同的测评活动需要不同的主张、理由和反驳，并且需要根据AUA的目标读者适当调整措辞及详略程度。当然，不是所有的测评活动都需像表2-6那样列出所有的理由和反驳。

2.7.4 构建AUA

AUA为语言测试的开发和使用提供了概念框架。AUA的构建可以指导测试开发者有效地向利益相关者论证测评的公平性和有用性，并科学地完成测评设计与开发的全过程。在构建AUA阶段，测试或研究人员会列出关于测试解释与使用的声明，即列出关于后果、决策、解释及测试记录四个方面待论证的要素，包括主张、理由及反驳。为便于构建AUA框架，Bachman & Palmer（2010）列举了十五个指导AUA构建和测评开发的指导性问题。如表2-7所示，这些问题围绕着AUA的四项主张展开，解决方案与AUA通用框架中的主张、理由和反驳一一对应。

构建"影响"的主张时主要考虑两个因素：(1)测评的使用和所做的决策应为利益相关群体带来哪些有益影响？(2)利益相关群体的涵盖范围。支撑"影响"主张的理由同样有两类：一类与评价使用所产生的影响有关，另一类与决策制定所产生的影响有关。

构建与"决策"有关的主张时，应阐明三个问题：(1)决策的具体内容；(2)受决策影响的利益相关群体；(3)明确决策制定者。支撑"决策"主张的理由包括两类：一类与价值观有关，即制定决策时应考虑教育和社会环境，要符合法律法规的要求；另一类与公平性有关，即基于成绩对考生进行的分类要科学、公正。

表2-7 构建AUA和测试开发的指导性问题（Bachman & Palmer，2010: 169-171）

影响（主张1）
1. 我们希望使用评价并据此决策给谁带来什么样的有益影响？ 解决办法：陈述主张1，描述因使用评价并据此决策而受到影响的各个利益相关群体，列出预期影响。
2. 如何确保评价使用给各个利益相关群体带来有益的影响？ 解决办法：针对每个利益相关群体陈述有益性理由 $A1$-$A5$。

第 2 章　21 世纪语言测试效度理论发展

（续表）

影响（主张1）	
	3. 如何确保所做决策给各个利益相关群体带来有益的影响？ 　解决办法：针对每个利益相关群体陈述有益性理由 $B1$。 4. 因为考生成绩分类错误，会带来怎样的负面影响以及如何降低这些影响？ 　解决办法：陈述反驳 $B2$ 并列出 　（a）分类决策错误可能带来的负面影响 　（b）降低这些负面影响的可能措施
决策（主张2）	
	5. 为了提高预期影响，需要做出怎样的具体决策？谁做出这些决策？ 　解决办法：陈述主张2并列出 　（a）需做出的具体决策 　（b）哪些利益相关群体会受到决策的影响 　（c）谁做出这些决策？ 6. 如何确保这些决策考虑到当前的教育、社会价值观以及相关的法律规定？ 　解决办法：陈述有关价值敏感性的主张 $A3-A4$。 　理由2将说明分类错误的严重性。 　理由3将说明： 　（a）政策层面标准制定的程序 　（b）达到或超过标准所需的能力水平 7. 如何确保所做决策是公平的？ 　解决办法：陈述有关公平性的理由 $B1-B3$。
解释（主张3）	
	8. 关于考生语言能力，我们需要知道什么以便做出决策？ 　解决办法：陈述主张3，命名所测构念。 9. 如何确保对能力的解释是有意义的？ 　解决办法：陈述解释有意义的理由 $A1$，包括 　（a）命名并定义构念 　（b）构念定义的具体来源 　陈述解释有意义的理由 $A2$，包括 　（a）施考环境 　（b）评分标准、输入、预期作答的特征，以及每个评价任务类型中输入和 　　　预期作答的关系。 　陈述解释有意义的理由 $A3$ 　陈述解释有意义的理由 $A4$，并说明以下内容： 　（a）口头报告中需涵盖的要点

（续表）

解释（主张3）
（b）评分方法（正确的标准、评分过程） 陈述关于解释有意义的理由 *A5-A7*。 10. 如何确保有关考生语言能力的解释对所有的利益相关群体都是公平的？ 　　解决办法：陈述测试具有公平性的理由 *B1-B5*。 11. 如何确保对考生语言能力的所做的解释可以推广到决策的目标域？ 　　解决办法： 　　陈述理由 *C1*，描述作为测试任务选择基础的目标域任务的特征。 　　陈述理由 *C2*，描述语言使用者如何测评作为测试任务选择基础的目标域任务的表现。 12. 如何确保对考生语言能力的解释和所做的决策是相关的？ 　　解决办法：陈述有关相关性的理由 *2*。 13. 如何确保对考生语言能力的解释为测试决策提供了足够的信息？ 　　解决办法：陈述有关充分性的理由 *E*。
测试记录（主张4）
14. 如何确保这些测评记录是前后一致的？ 　　解决办法：陈述有关一致性的理由 *1-9*。 15. 如何确保这些测评记录对不同的考生群体具有可比的一致性？ 　　解决办法：通过控制测试项目特征来检验成绩具有可比的一致性。

有关"解释"的主张的理由包括五类：（1）有明确的语言测试构念定义的参照体系，弄清构念定义的依据，确保对语言能力的解释有意义；（2）测试内容和形式等诱发考生作答的测试条件对所有考生而言都是公平的，不存在对某个特定考生群体有利或不利的情况；（3）测试任务特征与目标域任务一致，依据测试任务表现对语言能力所做的解释具有适应性和概推性；（4）对考生语言能力的解释和依此做出的决策之间具有关联性；（5）对语言能力的解释是充分的。

构念是一项测试需要检测的内容，是测试开发的基础，也是测试分数解释的理论依据。语言测试的构念定义有多种方式，需要依据具体的测评而定。具体而言，构念的定义方式包括：（1）参考框架。这个参考框架可能是教学大纲、需求分析、语言能力理论，也可能是它们的综合体。（2）语言能力包括语言知识和策略能力，定义构念时要明确这两者在构念中的地位。可以把策略能力作为一个构念，也可将语言知识定义为一个构念。(3)将任务表现定义为一个构念。对构念的定义方式不同，有关分数解释的理由和支撑也不一样。Bachman & Palmer(2010)认为，任务型语言测试将"任务表现"作为构念，只能对考生完成目标使用域任务进行推断，不能进一步解释考生的语言能力。

构建与测试记录有关的主张，应关注测试记录的一致性。与一般的测试成绩不同，AUA 中的测试记录是以分数或文字描述的形式呈现的、依照评分标准及程序得到的结果。理由中应阐述有关施考、评分、培训等细节。

AUA 把评价使用论证过程与具体的测试结合起来，这要求测评开发人员和决策者从具体的测评出发，而不能用抽象的理论和统计公式去构建 AUA。同样，他们必须从初步规划阶段就考虑 AUA 的构建，而不仅仅依靠事后分析。评价 AUA 需要收集多方面的证据用以支持所提出的主张。这些证据来源包括理论、规章制度、文献、原有的研究结果等，也有可能源自考后数据。AUA 框架注重测试分数、测试决策和测试使用的合理性论证，并且将测试公平性检验融于各个声明之中，测试后果的重要性可见一斑。

2.7.5 责任划分

测评开发和使用各个阶段涉及多种活动，但由于现实世界的不确定性，很难确保每个活动按预期进行。这个过程中，测评开发者和决策者需承担基本的责任（详见图 2-16），即问责。为了确保测评的质量及公平性，需要明确测评开发者和决策者的责任。AUA 框架从概念上提供了两种互补的职责划分的方式：(1)基于测评开发和使用各个阶段发生的活动，思考测试开发者或测试决策者应对哪些活动承担责任；(2)在阐明预期的测评使用具有合理性的主张和理由时，考虑测试开发者和决策者应承担的责任（Bachman & Palmer，2010）。

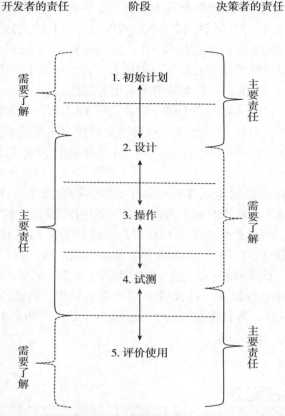

图 2-16 测评开发和使用各阶段测评开发者和决策者的责任

如今的测试更多地具有了问责功能，测评开发者和决策者需要向利益相关群体证明测评的有用性。图 2-16 显示了基于 AUA 的主张和理由的测评开发者和决策者的责任区分。从图中可以看出，测评开发者的主要责任是向决策者证明测评记录是一致的，基于测评的解释是有意义的、公平的、可概推的、相关的和充分的，并尝试说服其他利益相关者。当然，他们也必须了解和意识到所做决策和测评使用的预期后果。另一方面，决策者的首要责任是向其他利益相关者证明决策的价值敏感性、公正性和后果的有益性。同时，他们需要了解 AUA、测评记录和分数解释中所涉及的不确定性因素。

第 2 章　21 世纪语言测试效度理论发展

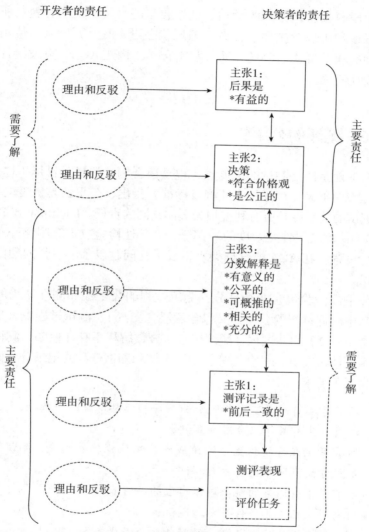

图 2-17　基于 AUA 的主张和理由的测评开发者和使用者的责任区分

根据测评开发和使用不同阶段所进行的活动，或根据阐明 AUA 主张与理由时所承担的相应责任对测评开发者与决策者的责任进行概念化的描述和区分，有助于这两个利益相关群体各司其职，确保测试的有用性和公平性。在具体的测评实践中，应制定证据收集计划，说明各个阶段收集反馈信息的活动、证据收集的种类、证明材料、所支持的主张或理由以及主要责任者。理想状态下，测试开发者、使用者和其他利益相关群体需协商互动、紧密合作，构建 AUA，开发测评任务并监控其使用。

2.7.6 测评的公平性

公平性是语言测试的出发点，也是语言测试的最后目标（桂诗春，2011）。2014 版《教育与心理测量标准》指出，公平性是效度的基础，确保测试的公平性是所有利益相关群体共同的责任。Bachman & Palmer（2010）认为公平性是效度的一部分，公平性检验应贯穿测评开发和使用的全过程。在 AUA 概念框架中，公平性问题以各个主张的理由的形式出现。

公平性检验包含两个部分：测评过程的公平性和测评使用的公平性。其中测评过程的公平性又包含两层含义：（1）测试过程中公平对待每位考生；（2）测评过程、测评记录、分数解释不存在偏颇。测试过程公平主要体现在测试机会均等、测试实施和测试分数的记录等方面，具体包含以下要求：

- 所有考生有同等机会知晓有关测评的信息以及测评程序；
- 所有考生有同等机会准备测评；
- 所有考生在考场位置、测试成本、测试程序熟悉度、测试设备等方面有同等机会参与测评；
- 所有考生有同样的机会展示自己的语言能力；
- 所有考生在同等条件下参与测试；
- 测试结果描述清晰易懂，及时传达给考生本人。

AUA 的主张和理由体现了对测评过程的公平性检验。具体说来，测评记录的一致性理由是所有考生在同等条件下参与测评，分数解释的公平性理由是测评任务不含对某个考生群体有利或不利的作答形式或内容，不含对一些考生而言带有冒犯性（文化、内容和语言表达等方面）的测试内容，所有考生有同等机会知晓测试、测试内容和流程，有同等机会准备测试。决策的公正性的理由是根据及格线和决策规则对考生进行分类,所有考生和其他利益相关群体知道决策过程以及是否按规定进行决策,考生有同样的机会学习所测评的语言能力。测试后果的有益性理由是测试记录不对外公开,以容易理解的方式及时报告测试成绩。

测试公平性也体现在测评过程的无偏颇性。偏颇是指测评记录的意义因考生群体(性别、种族、宗教和母语)而异。造成偏颇的原因有多种,如预期作答的形式、测评内容(文化内容、专业内容)、评分前后不一致。AUA 中的主张和理由中含测评过程偏颇性检验。如公平性的理由是作答形式和内容不对某个考生群体有利,前后一致的理由是评分方法和测评记录的一致性。

除了测评过程的公平性,AUA 框架对公平性的检验还体现在测试使用中。公平决策是指决策对所有考生都是同样合适的,不因考生群体而变化。对评价使用进行公平性检验时,需检验决策过程和标准的统一性,测试结果是否和决策相关且是充分的,考生个体是否知晓以及如何知晓决策过程。AUA 的主张和理由同样包括了对测试使用的公平性检验,如测试后果的有益性、决策的公正性、分数解释的相关性和充分性。测试使用的公平性是测评开发和使用最根本的考虑因素,与公平性有关的理由在 AUA 中处于核心地位。

2.7.7　对 AUA 框架的评价

AUA 框架把效度验证理论融入测试开发和使用过程,明确了各阶段需收集的反馈信息、证据种类、主张、理由及主要责任人,用主张和理由的质量属性(一致性、意义、概括性、关联性、充分性等)代替传统的信度、效度。AUA 框架的提出对语言测试领域具有重要的理论和实践意义。首先,这一框架为测评的开发和使用提供了概念性框架。AUA 描述了测试结果(后果、决策、解释、测评记录)的各个质量属性,还将这些质量属性与主张和理由有机地结合起来形成统一的论证链,不仅为测试开发提供了新视角,还为效度验证实践拓宽了道路,更提供了操作性强的理论模式,是语言测试效度验证理论一个质的飞跃。其次,

AUA 框架体现了语言测试理论的严谨性和可操作性。各个要素各司其职，有助于对测试开发及使用各个环节进行问责，使测试的各个流程更加科学（徐启龙，2012）。再次，AUA 框架为效度验证提供了切实可行的指导，有助于研究者论证测试的有用性、科学性和公平性，完成测试设计与开发全过程。最后，AUA 框架可适应性强，可用于监控测试的公平性验证（李清华，2016）。

2.8 总结

语言测试的效度论证极其复杂，需要强有力的理论作指导。近 20 年来，效度理论专家在 Messick（1989）的效度整体观的基础上进一步探索，提出了不同的效验理论框架和模式。本章对这些新近发展起来的框架和模式进行了一一介绍，包括 Kane（1992，2013a，2013b）基于论证的测试分数解释和使用效度验证模式、Bachman 的 AUA 框架（Bachman，2005；Bachman & Palmer，2010）、Cizek（2012，2016a）和 Hubley & Zumbo（2011）各自在 Messick（1989）基础上进行修订后的框架、Weir（2005）的社会认知效度框架、Chalhoub-Deville（2016）的行动理论框架以及 Kunnan（2000，2004）、Xi（2010）、李清华（2016）和童扬芬、陈佑林（2019）等人关于检验测试公平性的框架。这些不同的效验框架和模式之间既有继承，又有创新。继承是指这些框架之间有关效度验证的核心内容是基本一致的，而创新则指它们各自具有独特的侧重点。总之，它们为我们在实践中开展语言测试和评价的效度验证工作提供了强有力的理论指导。在第 3 章，我们将系统地介绍测试效度验证各环节涉及的方法与步骤；在第 4 章，我们将介绍语言测试文献中具体的效度验证案例，旨在向读者们展示如何在现实情境中开展效度验证工作。值得注意的是，本章介绍的效度理论和效验框架主要适用于主流测试的效度验证，而针对其他类型的测评甚至是非测评类项目（如形成性评价、语言能力量表等）的效度验证，以上这些效验框架和模式则显得不十分适用，或其适用性尚不明晰。关于这类非主流测评及非测评类语言项目的效度验证，我们将在最后一章作进一步的讨论。

第 3 章
效度验证方法

在前面一章我们介绍了近年来语言测试领域主要的效度理论。在这些理论当中，由 Kane 提出的基于推理和论证的效度验证模式（Kane，1992，2013a）目前在语言测试领域的影响最为广泛。该模式经 Chapelle et al.（2008）、Bachman & Palmer（2010）以及 Knoch & Elder（2013）等人进一步的阐述、运用和推广，目前已基本形成了以评分、概化、解释、外推、使用和影响为主要推理环节的测试效度论证框架。因此，在本章中，我们将首先梳理近年来针对这六个推理环节的实证研究。然后，我们将重点介绍一些在效度验证中常用的定量统计分析方法以及近年来新兴的一些技术。

3.1 效度验证的各个层面

在梳理测试分数解释和使用的每个推理环节的效度验证时，我们首先根据文献来定义该环节的含义，然后进一步阐释可以从哪些方面或角度来搜集实证数据以证明该环节推理的效度。最后针对每一个方面，我们将通过语言测试领域近年来相关的实证研究进行更加详细的举例和讨论。

3.1.1 评分

测试的评分环节即按照评分规则将考生在测试中的表现变成观察分

的过程（Kane et al.，1999）。这里的观察分通常指未经过加权或等值处理的原始分。而支撑这个推导环节的主要理由（warrant）是通过评分得到的观察分合理地反映了考生在测试所考能力上的表现（Chapelle et al.，2008；Knoch & Chapelle，2018；Knoch & Elder，2013）。而事实上是否如此，我们可以通过搜集和评价以下几方面的证据来进行验证：（1）测试的评分标准是否合理？（2）如果通过人工评分，评分员的评分过程是否合理、客观？（3）评分员的评分条件、环境及其他技术支持是否有利于他们的评分？值得注意的是，以下讨论主要是关于口语和写作等开放式答案的评分。Kane et al.（1999）指出多项选择等客观题的评分通常来说比较机械化，因此从考生表现到观察分的推导比较直接、客观；而主观题的评分通常涉及人的主观判断，因此需要多方面的证据来证明评分过程是否合理。

1. 评分标准

（1）评分标准的构念效度。在检验评分标准的合理性时，我们首先需要检验的是评分标准是否准确、全面地反映了测试的构念。由于测试的构念通常是比较抽象的概念（如学术英语写作能力），而评分标准往往需要将这些抽象概念细化或具象化到可观察的指标或描述语，因此我们通常需要检验这些指标或描述语是否准确、全面地反映了测试的构念模型。这些检验可通过专家判断的方法，即邀请熟悉测试相关构念的专家对评分标准进行审阅（Knoch & Elder，2013）；另外我们还可以查阅评分标准的制定过程，包括制定过程中参考的有关构念和相应指标的理论和实证研究（Chapelle et al.，2008）。

（2）评分标准的实用性。在实用性方面，我们可以分析：①评分员是否能一致地按评分标准进行评分；②评分员使用评分等级的情况（如等级的使用是否大体成正态分布、是否使用了所有等级、是否过度使用某些等级）；③评分标准是否能有效地将考生按照能力区分为相应的等级（如考生被区分的能力等级数是否与评分标准的等级数一致、考生被区分的能力等级是否呈现相应的递增态势）；④评分员使用评分标准的舒适程度或难易程度（Knoch & Chapelle，2018）。针对前面几个方面，我们可以对评分结果进行 Rasch 或多层面 Rasch 分析（Barkaoui，2014b; McNamara，1996），而针对最后一个方面，我们可以通过访谈或问卷来调查评分员使用评分标准的感受（Knoch & Chapelle，2018）。如果评分标准包含多个分项标准，我们还需检验这些分项标准在评分中是否能被有效地区分开来。如果其中某两个或多个分项标准高度相关，那么按照它们来进行分别评分则可能不具有现实意义。

Hirai & Koizumi（2013）便通过上述方法检验了三个口语测试评分标准的实用性。该口试是一项以故事复述为任务的课堂英语口语测试。通过分析学生基于该任务的口语产出后，该研究开发出了三个相关联的评分标准。评分标准一包含四个分项标准，即交际效率、语法和词汇、内容、发音。在第一轮试测后，该研究发现交际效率和内容这两个分项标准的相关系数超过了 0.8，这表明两个构念要么本身高度重合或高度相关，要么评分员在评分过程中无法有效地将它们区分开。因此，该研究设计了评分标准二，并在该标准中合并了这两个分项标准。标准一和标准二的分项标准均采用二元分叉步骤式结构，而评分标准三在内容上与评分标准二一致，但采用了传统的垂直等级描述式结构。在收集评分数据后，该研究首先从每一个分项标准上比较了三个评分标准的考生区分度（person separation ratio）、评分员在严厉程度上的差异性（rater separation ratio）、不同评分员之间的一致性（包括 point biserial 和 exact agreement ratio）、每个评分员自身评分过程的一致性（包括 rater misfit 和 rater overfit）以及考生在每个评分等级的分布情况（包括频数、百分比以及平均水平），然后从整体上比较了这三个评分标准的各项指标。通过这些比较，该研究发现评分标准二在大部分指标上均好于标准一和标准三。随后，该研究通过多特质—多方法（multitrait multimethod）和主成分分析法（principal component analysis）进一步检验了三个评分标准的分项标准的构念效度，结果发现评分标准一和准三均具有较好的构念效度，但评分标准二的三个分项标准之间的相关系数均高于与其他标准中同构念的分项标准的相关系数，且主成分分析也表明它们属于同一因子。因此从构念区分的角度来说评分标准二可能不如标准一和标准三。通过对评分员的问卷调查，该研究进一步发现大部分评分员认为评分标准三最容易使用，且用其进行评分所需的时间最少。最后通过综合各方面的证据，该研究认为评分标准二比其他两个标准更能达到课堂评价的要求。

2. 评分过程

虽然分析评分结果能让我们从数字上判断评分标准本身的质量以及评分员的评分质量，但仍不能让我们清晰地了解评分员在评分过程中如何解读和使用各项标准，而了解评分过程有助于我们了解主观题分数中所包含的意义。然而有关评分过程的研究仍然不多，已有研究主要采用定性的数据收集方法，如口述报告和访谈。比如 Li & He（2015）通过有声思维法、事后问卷调查和访谈研究了大学英语六级写作评分员分别使用整体式评分标准和分析式评分标准进行评分的过程，包括评分过程中使用的评分策略以及关注的文本特征。结果发现两种条件下的评分过程存在较大差异，在使用整体式评分标准时，评分员们更加注重文本整体的语言质量以及一些与评分标准无关的语言特征，而在使用分析式评分标准时，评分员们更加关注文本的连贯性和语法结构。

在双人评分过程中，当两个评分员对某个答案的分数存在较大差异且无法让第三个评分员进行裁决时，这两个评分员之间便往往需要进行协商然后给出一致的分数。Trace et al.（2017）便研究了这种协商过程对写作测试评分结果以及评分员自身的影响。通过多层面 Rasch 分析分析两种不同情况下（即针对差异较大的分数进行协商和未进行协商）的评分结果，该研究发现评分员之间针对性的协商对评分的严厉程度和一致性影响不大，但有助于减轻评分结果对个别分项评分标准和考生的偏颇。另外该研究还通过访谈探究了评分员对协商过程的看法。评分员们表明这样的协商过程有助于加深他们对评分标准某些方面的理解，从而将改进后的理解运用到写作教学中。

3. 评分员

正如前面提到的那样，由于开放式答案的人工评分存在较大的主观判断，因此评分员自身的因素有可能影响评分结果，从而影响我们对测试分数的解释。过去有关这方面的研究主要聚焦在口语测试上，特别是评分员的语言背景以及对考生口音熟悉程度的影响（Carey et al., 2011; Huang et al., 2016; Winke et al., 2013; Xi & Mollaun, 2011）。比如 Huang et al.（2016）让三组评分员对 28 份托福网考口试录音进行评分。第一组评分员具有西班牙语背景，第二组具有中文背景，而第三组具有其他语种背景。这 28 份口试录音中 12 份由具有西班牙语背景的考生产出，而另外 12 份由具有中文背景的考生产出。每个评分员对这 28 份录音从总体英语口语水平和口音程度这两个方面进行打分。通过方差分析，该研究发现，在总体的英语口语评分方面，三组评分员的语言背景并未对他们的评分产生具有统计意义的显著影响；而在口音评分方面，具有西班牙语和中文背景的评分员与具有其他语种的评分员存在明显的差异。然而，在评分后的问卷调查中，大部分的评分员表示他们对口音的熟悉程度很大程度上影响了他们对口语水平的评分，并表示他们对熟悉的口音更加宽容。这些发现表明评分员的语言背景以及对考生口音的熟悉程度可能对不同方面的评分产生不同程度的影响。

另一个有关评分员的研究焦点是评分员的评分培训经历（Attali, 2016; Davis, 2016; Xi & Mollaun, 2011）。这些研究发现评分培训能有效地提高评分质量，特别是评分员之间的一致性。比如 Davis（2016）历时地对比了同一批英语教师在接受评分培训前对口试产出的评分以及接受评分培训后的三次不同的口试评分，结果发现在接受培训前，这些教师的评分在严厉程度和自身内部一致性方面都达到了较高的标准，而在接受培训后，这些教师之间的评分一致性得到了显著的提升，且他们的评分与外部参照分之间的一致性也得到了提高。Attali（2016）则从评分的信度和效度等多个角度对比了刚接受完培训的新评分员和资深评分员对同一批写作文本的评分，结果发现这两组评分员的评分质量非常接近。

前面提到在评分过程中评分员可能对个别的考生群体（如具有相同语言背景的考生）产生偏颇。除此之外，评分员也可能对评分标准的部分内容（如某些分项标准）产生偏颇（Cai, 2015; Eckes, 2012）。比如 Cai（2015）研究了英语专业四级口语测试评分员对分项评分标准可能存在的偏颇。该研究首先让 126 名评分员对不同的成绩单进行整体的水平评价，每份成绩单在分项标准上的得分均不同，然后通过这些判断分析出每个分项标准在每位评分员心中的权重，最后通过聚类分析（cluster analysis）总结出三类评分员：注重语言形式的评分员、注重内容表达的评分员和各方面都均衡看待的评分员。随后，该研究让其中21名评分员对口试录音进行评分，并且口述报告他们的评分依据。结果进一步发现三种不同类型的评分员在评分过程中对不同的分项标准赋予的权重不同，其中注重语言形式的评分员果然在评分中更加看重与形式有关的分项标准而比较忽略与内容有关的分项标准，而其他两类评分员则能更好地平衡各分项标准。

4. 评分条件和环境

除了评分员自身的因素，评分员的评分条件和所处的环境也可能系统性地影响评分结果。比如 Attali et al.（2013）研究了 GRE 写作评分员在不同的评分条件下的评分质量，包括使用不同的评分标准、评长短相同和长短不一的写作文本以及评分过程中是否有计算机自动评分结果作为参考。通过对比不同评分条件下的评分一致性（包括评分员之间的一致性、人工评分和计算机自动评分之间的一致性以及不同任务之间的评分一致性），该研究发现不同长度的写作文本出现的顺序对评分结果没有影响，另外评分过程中如果有计算机自动评分结果作为参考，则评分的信度得到提升。Ling et al.（2014）则研究了托福口试评分员在不同时间段的评分质量，结果发现将每个评分时间段缩短至两小时有助于提高评分的准确性和一致性。另外 Davis（2016）分析了口试评分员在评分过程中使用样本答案对评分的影响，结果发现样本答案的使用对评分质量产生了积极的影响。

3.1.2 概化

概化即通过评分所得的观察分（observed score）推导全域分（universe score）的过程。支撑这个推导过程的理由是每次测试是所有测试场次（即全域）的随机抽样，且同一批考生在不同的测试场次中所得的测试结果是稳定或一致的（Kane et al., 1999）。支撑这个理由成立的条件包括不同场次的测试任务是平行的，不同测试场次的施考条件是一致的，评分员在不同测试场次的评分中是一致的，每次测试有足够多的任务来控制测量误差，每次测试的评分有足够多的评分员来控制评分误差等（Chapelle et al.，2008；Knoch & Chapelle，2018；Knoch & Elder，2013）。目前我们主要采用三种统计方法来检验这些条件是否得到了满足：经典测量理论（Classical Testing Theory）中的信度分析、概化理论分析（Generalizability Theory Analysis）以及 Rasch 测量分析。

经典测量理论框架下的信度分析包括三类：不同测试场次之间的一致性分析、同场测试内部一致性分析以及评分员的一致性分析（Sawaki，2014）。不同测试场次之间的一致性分析方法包括重复测试之间的相关系数和平行测试之间的相关系数；同场测试内部一致性分析方法包括 Spearman-Brown 对半相关系数、Guttman 对半相关系数、Cronbach α 系数、KR-20 和 KR21；而评分员的一致性分析又包括评分员内部一致性分析和评分员之间的一致性分析（Bachman，2004；Sawaki，2014）。另外，由于经典测量理论假设考生的观察分由全域分（又称真分数）和测量误差组成，我们还可以通过计算测试的测量误差来估算全域分所在的置信区间（Bachman，2004）。经典测量理论框架下的信度分析为我们提供最为基础的有关测试信度的证据，因此被广泛运用到测试结果的概化验证中。比如 Longabach & Peyton（2018）便通过计算 Cronbach α 系数和测量误差来比较不同的分项技能分数报导方法的信度和准确性。Yan（2014）和 van Batenburg et al.（2018）则通过计算相关系数来检验口语测试评分员之间的评分一致性。

然而，经典测量理论框架下的信度分析也不可避免地存在三大缺陷：第一是每种具体的分析方法只能针对一种误差来源（如不同测试场次之间或同场测试内部、评分员之间或评分员自身），因此不能同时比较不同的误差来源及它们的相互作用；第二是这类分析方法无法区分随机误差和系统性误差；第三是这类分析无法显示误差在不同能力层次的考生之间的差异，一般来说中等能力考生的测量误差最小，而能力处于最顶端和最底端的考生的测量误差最大（Bachman，2004）。概化理论分析和 Rasch 测量分析不但能弥补这些缺陷，而且具有其他一些有助于我们了解测试效度和信度的功能，因此在近年来逐渐成为人们用于测试验证（特别是测试结果的概化验证）的主要工具。

通过概化理论分析，van Steensel et al.（2013）检验了一项阅读测试的信度，并分析了两种交互作用（考生与阅读篇章、考生与阅读篇章下的题目）所带来的测量误差。结果发现该测试的总体概化系数为 0.74，并且阅读篇章并没有造成任何的测量误差，而主要的误差来源是篇章下具体的测试题目。换句话说，不同的篇章之间的难度相当，但不同题目之间的难度存在一定的差异。Bouwer et al.（2015）使用概化理论分析研究了写作的体裁、任务以及评分员对测试分数的信度造成的影响。结果发现体裁本身、体裁与任务和评分员之间的交互作用都对测试结果造成了相当大的测量误差。这些结果表明不同体裁的写作难度不同，且评分员在评关于不同体裁的不同任务时出现的波动也较大。Han（2016）则研究了口译测试中不同分项评分标准的信度和总分的信度。结果发现对于不同的分项标准而言，不同的任务和不同的评分员所造成的误差程度不同。

Rasch 测量框架下的信度分析主要聚焦于测试区分不同能力的考生的信度、不同任务之间的一致性、评分员的内部一致性以及评分员之间的一致性等（Barkaoui，2014b）。通过多层面 Rasch 分析，Lockwood & Raquel（2019）检验了商务领域专家使用一项专门的评分标准对印度籍客服的英语沟通技能进行评分的信度，包括评分员的内部一致性和外部一致性。同样使用多层面 Rasch 分析，Chen & Liu（2016）则检验了一项写作言语行为评分标准的信度。该研究不仅分析了教师们使用该评分标准对学生邮件写作进行评分时的内部一致性和外部一致性，还分析了评分结果在区分不同能力的考生这方面的信度。Li（2018）则不仅检验了写作测试区分考生的信度以及评分员的内部和外部一致性，还重点检验了不同写作任务之间在难度上的一致性。

对于在不同场次的测试中使用平行任务的测试来说，我们可能还需检验不同场次的测试结果是否进行了合理的等值处理，尤其是当我们发现平行任务之间的难度存在差异时。LaFlair et al.（2017）便比较了通过不同的等值处理方法处理来自两场学术英语测试的听力和阅读分数的结果。结果发现经 circle-arc 这种等值处理方法处理后的测试分数的测量误差最小。

3.1.3 解释

稳定或具有高信度的测试分数只能代表考生再一次参加同样的测试时极有可能得到相同的分数，因此属于不同测试场景之间的推广。但如果我们想要通过测试分数来预测考生在现实生活场景中的语言使用情况，则涉及从测试场景到现实生活场景的推广。而这样的推广又根据语言能力观和测试观的不同而分为不同的步骤。Chapelle（1998）指出过去出现过两种不同的定义测试构念方式，即基于特质（trait）和基于行为（behaviour）的构念定义方式。支持以特质来定义构念的学者认为，让人们能做出一致的行为或让考生能有一致的测试表现的决定性因素是他们自身的某些特质，如相关的知识或技能；而支持以行为来定义构念的学者认为导致一致的行为或测试表现的关键因素是外部条件或环境，如特定的任务。

不同的构念观影响并形成了不同的测试方法，这主要包括以能力为中心（competency-centred）的测试方法和以任务为中心（task-centred）的测试方法（Messick，1994）。

与以特质为中心的构念观一样，以能力为中心的测试观认为测试所考的构念（即特定的知识或技能）是影响测试表现的决定性因素，因此我们通过考生的测试表现或分数便能推测出他们对该构念的掌握情况。另外，由于测试表现不受诸如测试任务特征等外在条件或环境的影响，这些外在条件或环境便可与考生在现实生活中实际使用语言的条件或环境有所不同。也就是说，测试的任务可与现实中的任务不同。那么我们在通过测试分数预测考生现实语言使用情况时，则首先需要通过测试分数推测考生掌握某些知识或技能的情况，然后再通过推测到的对知识或技能的掌握情况来进一步推测他们在现实环境中使用相关知识或技能进行语言交流的情况。这其中第一部分的推测被称为解释（explanation）[1]，即将测试分数解释为对构念的掌握情况，而第二部分的推测则被称为外推（extrapolation），即将对构念的推测延展到对现实语言使用情况的推测。

---

1 注意这里的"解释"应与广义上的分数解释（score interpretation）区分开来。

与以上的测试观不同，以任务为中心的测试观与以行为为中心的构念观一样，认为测试表现主要受外在条件或环境的影响，因此测试的本质是对现实环境中语言使用的直接抽样。因此支持这一观点的学者认为测试任务应极尽可能地复制现实中的语言使用任务。当测试任务与现实任务极其相像甚至完全一致时，考生的测试表现则可用来直接预测他们在处理现实任务时的表现。因此在这种情况下，测试的分数解释只涉及外推（extrapolation），而并不涉及针对构念的解释（explanation）。

除了以上这两种构念观，Chapelle（1998）认为目前应用语言学界普遍赞同的是互动的（interactionalist）语言能力观。该观念认为人们语言行为中的一致性是人的语言特质（如语言知识和技能）和外在条件或环境相互作用的结果。因此与该观念一致的测试观认为影响考生测试表现的因素不仅包括考生的语言能力，还包括测试任务以及其他环境因素。因而测试的分数解释也包含两个步骤：（1）通过测试分数对相关能力或构念掌握情况的推断（即解释）；（2）通过对相关能力的推断来预测考生现实生活中处理具有类似特征且涉及该能力的语言任务时的表现（即外推）。

厘清了解释与外推之间的关系有助于我们了解如何采用相应的方法来分别检验这两个分数解释环节的合理性。本小节将主要讨论针对构念解释这一环节的验证方法。下一小节将讨论关于外推的验证方法。总的来说，验证测试的构念解释环节包括两个方面：一是研究测试究竟考了哪些知识、技能或策略，或者研究哪些因素影响着测试结果；二是这些知识、技能、策略或者因素是否属于测试的构念模型。如果发现它们只属于测试构念模型的一部分，而构念模型中其他重要的部分未被测试覆盖，这种现象被称为构念表征不足（construct underrepresentation）；如果发现它们当中的一部分并不属于测试的构念模型，那么这部分则常被称为与构念无关的成分（construct-irrelevant variance）。这两种现象均会对测试的构念解释环节的效度造成直接的负面影响，从而影响测试整体的分数解释以及使用。我们可以从很多方面通过多种方法来研究测试究竟考了哪些能力或者测试结果究竟牵涉哪些因素。

1. 考生的答题过程（包括对知识、技能和策略的使用）

首先一种比较直接的方法便是专家判断（expert judgement）。专家判断通常指多名测试内容涉及领域的内行专家对测试所考的知识、技能或策略进行内容分析的一种方法（Grotjahn，1986）。专家的数量一般至少有两人，有时也被称作专家组判断（panel judgement）。通常由每位专家对试题先进行独立分析，然后再汇总他们的结果。在分析时专家通常从考生的角度来分析解题过程可能涉及的知识、技能或策略，因此这种方法有时也被称为逻辑分析法（Xi，2008）。专家判断已被广泛运用到测试（特别是阅读和听力测试）的构念效度研究以及与构念有关的其他研究当中（Alderson，1990a；L. Gao & Rogers，2011；Lumley，1993；Song，2008；Tobia et al.，2017；VanderVeen et al.，2007）。对于最近颇为流行的认知诊断测试（cognitive diagnostic assessment）来说，专家判断也几乎是其必不可少的一个步骤（Buck et al.，1997；Chen & Chen，2016a；Jang，2009a；Kim，2015；Sawaki et al.，2009）。然而，专家判断也常常受到部分专家的诟病，因为其结果往往不尽如人意。一方面，过去的一些研究表明，关于试题究竟考了什么样的能力，专家之间的独立分析结果往往大相径庭（Alderson，1990a；Alderson & Kremmel，2013；Alderson & Lukmani，1989；Tengberg，2018）；另一方面，一些研究表明专家们的判断结果与学生口述报告的技能和策略的使用有所出入（Alderson，1990b；Gao & Rogers，2011；Jang，2005；Li & Suen，2013）。

另一种方法即前面提到的口述报告分析（verbal protocol analysis），即让受试（一般为学生或考生）通过口述的方式描述他们的解题过程。口述报告可在解题过程中进行，也可在解题后及时进行。前者即为我们常说的有声思维法（think aloud）或内省法（introspection），而后者这种通过及时回忆进行报告的方法则常被称为及时追述法（immediate recall 或 retrospection）（Alison Green，1998）。有声思维法的优点是能比较准确地反映受试的解题步骤，但由于受试的注意力有限，他们在报告时往往会时不时地略过一些片段，因而造成报告内容的不完整；及时追述法可以弥补这一点，因为受试可在事后通过及时回忆的方式补充缺失的片段,其缺点是受试可能对某些片段回忆不够准确,或者不自觉地对某些片段进行修饰或更改,因此导致最终报告的内容可能与实际解题过程有所出入。鉴于它们互补性的优缺点,Ericsson & Simon(1993)建议研究者们应尽量同时使用两种方法进行数据收集。口述报告在有关阅读、写作以及听力测试的研究中都有着广泛的运用(Cohen & Upton, 2007; Jang, 2009b; Rukthong & Brunfaut, 2020; Rupp et al., 2006)。然而,过去的研究还发现了口述报告的另一大缺点,即受试往往无法报告他们大脑中一些一闪而过甚至是潜意识里自动发生的思维活动(比如阅读过程中快速的识词过程)(Brunfaut & McCray, 2015; Gao & Rogers, 2011; Leighton, 2004)。因此,对于这类思维活动可能牵涉的知识或技能,我们还需依赖专家或研究者自身对考题的分析。

尽管有声思维法总体上能较客观地反映受试的解题思路(Alison Green, 1998),但这种方法毕竟对受试的思维过程有一定的影响,因而一些学者质疑其有效性(Bowles, 2010)。因此,一些学者也采用眼动追踪(eye-tracking)这种对受试思维过程干扰较小的技术来了解考生的答题过程。比如 Bax(2013)通过眼动技术研究了雅思测试阅读部分的答题过程,Brunfaut & McCray(2015)则通过该技术研究了 Aptis 测试完形填空题的答题过程。然而,眼动追踪也有其自身的缺陷。我们将在后面有关小节进行更加详细的讲解。

除了以上这些方法,我们还可以通过问卷调查和访谈的方法来调查考生答题所使用的知识、技能和策略(Xi, 2008)。这些方法一般用于考生答完题后,因此这一类访谈类似于前面提到的及时追述法。值得一提的还有问卷调查。比如 Yang(2014)通过问卷调查了 298 名本科生在进行概要写作(summary writing)时使用的不同策略(包括计划、评价、文本整合与信息使用四大类策略),然后通过结构方程建模研究了学生不同策略的使用与在该任务上的最终得分之间的关系。这样的研究能比较直观地告诉我们哪些技能或能力对测试结果起着直接的影响,而哪些又起着间接的影响。

2. 测试分数的结构、维度或关系

分析测试分数的结构或维度能从实证的角度直观地告诉我们测试

实际上由哪几个构念组成，以及它们之间的关系怎样。这方面经常使用的方法是验证性因子分析（confirmatory factor analysis）（Faulkner-Bond et al., 2018; In'nami & Koizumi, 2012; Sawaki et al., 2013; van Steensel et al., 2013; Yoo & Manna, 2017）。比如，In'nami & Koizumi（2012）研究了托业测试（TOEIC）听力和阅读部分之间的关系，van Steensel et al.（2013）则研究了某阅读测试的构念是否包含三个不同的阅读子技能，而 Zhao（2013）则通过主成分分析法（principal component analysis）研究了二语议论文写作中作者声音这一构念在评分中是否可分为不同的维度。这些研究有的讨论了测试不同构念的层级关系（Faulkner-Bond et al., 2018; Sawaki et al., 2013; Tobia et al., 2017; Yoo & Manna, 2017），如听力和阅读之上是否存在"接受性技能"或"理解"这样一个更广的构念。有的研究进一步分析了已验证到的测试构念结构是否在不同群组的考生之间具有稳定性（In'nami & Koizumi, 2012; Yoo & Manna, 2017）。

除了上述方法，其他一些方法也能用来分析测试分数的构念结构以及不同构念之间的关系。Sato（2012）便通过多层面 Rasch 分析、多元回归分析和多元概化理论（multivariate G-theory）分析来研究口语五个不同评分维度（即语法、流利度、词汇、发音和内容）与总的口语能力评价之间的关系。在该研究中，9 名评分员分别对 30 名学生的 90 个口语独白（每个学生三个独白）按照以上五个维度进行打分，然后针对每个独白进行总体口语能力评价。作者首先通过多层面 Rasch 模型分析了评分员的内部一致性以及五个评分维度相互之间的独立性，然后通过多元回归分析了考生在这五个维度上的得分与总体口语能力得分之间的关系，最后通过多元概化理论分析了这五个维度的有效权重（effective weight），即各个维度对总分的相对贡献。结果显示这五个维度高度相关，但流利度和内容这两个维度对总分的贡献略大于其他维度。另外内容这个维度也与口语总体评价之间的关系最大。

3. 试题特征对分数或试题难度的影响

除了前面"概化"这一小节中我们提到的关于使用概化理论分析来验证不同的测试题目以及任务对分数的影响，我们还可以采用其他一些方法来验证试题或任务特征是否对测试的构念效度造成了威胁。比如我们可以对每道试题或任务按照语言、形式、技能等变量进行编码（如文章的话题、长短、结构，题目的词汇等级、语法复杂度、所考的技能等），然后通过相关分析、回归分析、结构方程建模以及树回归等统计手段来研究这些变量与题目难度之间的关系（Drum et al., 1981; Freedle & Kostin, 1993; Kirsch & Mosenthal, 1990; Rupp et al., 2001; Trace et al., 2017）。通过这类分析，Freedle & Kostin（1993）、Rupp et al.（2001）以及 Kirsch & Mosenthal（1990）均发现他们研究的测试中一些与构念无关但是与题目类型有关的因素（如选择题中正确选项与干扰项的词汇重合度、有效干扰项的个数等）对阅读理解题目难度具有显著的影响。此类研究不仅能为测试构念效度的验证提供证据，也能为今后题目的设计提供有用的信息。但此类分析普遍对测试题目数量的要求较大，如此才能得到可靠的分析结果。

对于那些由不同的输入篇章以及依附于篇章上的题目组构成的听力和阅读测试来说，研究题目组效应（testlet effect）也是这类测试构念效度验证的重要方面。这类研究所依据的主要假设是考生针对同一题目组中的题目的回答既可能受到输入篇章的影响（如话题、文本难度等），也可能受到题目之间相互关系的影响（如相互之间的提示），最终影响测试分数解释。Eckes（2014）研究了某德语听力测试的题目组效应。该测试由三个听力文本组成，形成三个题目组。结果发现其中一个题目组呈现中度的题目组效应，而另外两个则呈现轻度的题目组效应。

另外，有的研究也通过对特定的任务特征按照相关的理论或者前人的研究成果进行系统性的操控，然后通过分析测试数据来验证这样的操控是否对测试结果产生了预期的影响。比如，Schindler et al.（2018）围绕语法复杂度、语法正确性以及语法错误类型这三个方面来设计一系列的语法判断题目。前人的研究表明每个方面的变化均会对大脑句法处理的难易程度造成影响。因此通过从每个方面对题目特征进行相应的操控，该研究希望能够控制题目的难度。通过解释性的项目反应模型（explanatory item response model）分析，该研究证实了这些系统性的操控对题目难度和考生表现的影响，从而证明该语法判断测试的确考到了前面提到的三个语法构念。Dai & Roever（2019）则分析了听力输入中不同的口音对听力测试表现的影响。该研究让四组具有相同英语听力水平的中国学生听分别带有澳大利亚、西班牙、越南和中国口音的录音，然后完成一系列的听力理解任务。通过方差分析对比这四组学生的得分发现，听带有中国口音录音的那组学生得分最高，而其他三组学生之间在得分上没有显著差异。因此，该研究表明不同的口音的确会对听力表现造成一定的影响，而这种影响是否构成与构念无关的因素，还取决于测试的目的以及构念模型的界定。以上这类通过系统性地操控任务特征以验证有关测试构念假设的方法有时也被称作实验方法（Xi, 2008），但在语言测试领域采用这种方法的研究实际上大多属于类实验法（quasi-experimental design），因为他们不能像实验室那样完全控制无关的变量。无论如何，我们在设计这类研究时应尽量避免无关的因素对研究结果造成影响。

4. 测试条件或环境对分数的影响

随着越来越多的纸笔测试被计算机测试所替代，人们开始担心这种新的测试模式有可能影响考生的发挥，从而对测试的构念效度造成负面影响。因此，我们需要收集有力的证据来验证新的测试模式、条件或环境是否对测试结果产生显著的影响。比如，Barkaoui（2014a）研究了考生打字能力与托福网考写作成绩之间的关系，结果发现打字能力对网考写作成绩确实有一定的影响，但影响较小。通过对来自24个国家的托福网考考生的问卷调查，Ling（2017）研究了考生对电脑键盘类型的偏好以及对托福网考键盘的态度与他们的托福网考写作成绩的关系，其结果同样表明，虽然这些因素对测试成绩有着一定的影响，但影响较轻微。在我国，金艳等人通过文本分析、话语分析以及测试成绩分析对比了大学英语测试的纸笔版写作测试和电脑版写作测试（Jin & Yan, 2017），以及面对面口语测试和计算机口语测试（Jin & Zhang, 2016），结果发现测试的介质对考生的测试表现影响较小。尽管如此，Jin & Yan（2017）从交互的角度认为以计算机为基础的测试介质在当今的时代不应被盲目地看作与构念无关的因素；相反，考生使用计算机进行语言交流的能力应被看作计算机辅助测试构念不可分割的一部分。

5. 考生特征对分数的影响

除了测试的任务以及实施的条件和环境，与考生自身有关的因素（如背景知识、态度、兴趣、观念、经历等）也有可能影响测试表现，因此研究这些个人因素对测试分数的影响有助于我们从另一方面检验测试的解释环节或构念效度。例如，Huang et al.（2016）以及 Pérez Castillejo（2019）分别研究了任务焦虑和外语焦虑对口语表现的影响。通过回归分析和路径分析，两个研究均发现考生的焦虑情绪对他们的口语测试表现产生了负面影响。由于测试焦虑不属于测试的构念模型，因此其影响会削弱测试的分数解释。

针对考生特征影响的另一类研究主题是考生背景知识对分数的影响。Huang et al.（2018）的研究发现考生对托福口语测试话题的熟悉程度既影响他们在独立性口试任务（即口述之前不涉及大量的内容输入）上的发挥，也影响他们在综合性口试任务（即口述之前先阅读或收听材料）上的发挥，其中对任务话题越熟悉的考生口语测试表现越好。因此该文作者认为这些发现同时对测试的构念效度和测试的公平性提出了挑战。在有关雅思口试的研究中，Khabbazbashi（2017）也有类似的发现。但通过 Rasch 分析后，该研究发现考生的背景知识对雅思口语测试的成绩并不能构成实质性的影响，因为在口语能力保持不变的情况下，对口试任务再怎么熟悉也不太可能让考生从一个分数升到另一个分数。

虽然对一般的英语水平测试来说，任务话题或考生的背景知识会被视作与测试构念无关的因素，但对于一些专门用途的语言测试来说，背景知识则通常被视作测试构念的重要部分。Cai & Kunnan（2018）从实证的角度验证了背景知识与这类测试的密切关系。通过一系列的统计分析，该研究发现考生在一项护理英语阅读测试中的表现既受他们通用医护背景知识的影响，也受到关于具体医护话题背景知识的影响，且虽然关于具体话题的背景知识的影响能从测试结果中分离出来，但通用医护背景知识的影响却与测试结果密不可分。因此该研究认为专业通用背景知识是专门用途语言能力的重要部分，因此也应成为测试构念的一部分。

针对考生特征影响的另一类研究是关于项目功能差异（differential

item functioning)的研究。项目功能差异指对于某些测试题目来说,来自不同群体但具有相同特定能力的考生回答正确的概率有着明显的差异(Ferne & Rupp,2007)。因此,从表面上看我们可以认为是考生的群体特征(比如性别、语言背景、学科或专业背景)导致了他们在这些题目上不同的表现。但透过这些表层因素进行深入的分析后,我们往往会发现,真正导致项目功能差异的原因与考生的知识结构、认知风格、兴趣和态度等因素有关。例如,通过对韩国一项英语测试多个年份的试题进行分析后,Pae(2012)发现大部分的题目存在着性别上的项目功能差异,其中超过三分之一的题目有利于男生,而接近三分之一的题目有利于女生。然后作者分析了这些题目所考的阅读技能和策略,并通过问卷调查了学生对这些题目涉及话题的熟悉程度、感兴趣程度和难度。最后作者通过回归分析研究了这五个变量与这些题目项目功能差异程度的关系。结果发现不同性别的学生对各个试题在兴趣上所呈现的差异较强地解释了这些题目所呈现的项目功能差异,而其他因素则与项目功能差异关系不大。总之,通过鉴别考题是否存在项目功能差异以及分析造成差异的原因,我们能进一步验证测试的结果是否受到与测试构念无关的因素的影响。

另外,我们还可以研究考生学习目标语或测试所考技能的经历与测试成绩之间的关系(Chapelle et al.,2008)。如果考生学习目标语或相关技能的质与量和测试结果呈正相关,那么便从另一个侧面间接地支撑了测试的构念效度。例如,通过问卷调查、测试和回归分析,Timpe-Laughlin & Choi(2017)研究了学生在一项接受性美国英语语用测试中的成绩与他们在美国的居住情况、与英语媒体(包括纸质媒体和视听媒体)的接触情况以及与英语水平之间的关系。通过回归分析,该研究发现居住情况、与英语视听媒体的接触情况以及英语水平均对该语用测试成绩产生了较大的影响,而与纸质媒体的接触并未对该测试成绩产生任何影响(这主要是由于该测试的题目大多基于口语场景而非书面语场景)。

6. 口语或写作产出的特征与测试分数之间的关系

通过分析考生在口语或写作测试中产出的特征,进一步分析这些特征与测试结果的关系,也能帮助我们了解口语或书面语表达中不同语言或话语特征对测试分数的影响程度,从而进一步帮我们做出正确合理的分数解释。根据研究问题或重点研究的语言或话语特征的不同,我们可以采用不同的话语分析手段,如对话分析、功能分析、修辞分析、结构分析、语言分析以及语域或语体风格分析等(Xi, 2008)。这类话语分析往往需要研究者们进行手工分析,但随着语料库和计算机辅助文本分析技术(如 Coh-Metrix, Latent semantic analysis)的发展和运用,我们也可以使用计算机软件来快捷地分析一些话语特征。Plakans et al.(2019)研究了托福网考写作语料的三种语言特征:复杂度(体现为 T-units 的平均长度)、准确性(体现为词汇、语法和形态错误率)和流利度(体现为词数),其中大部分特征为手工分析。然后通过相关分析和层级回归分析,该研究发现所有的特征都对写作成绩有着统计意义上的显著影响,其中流利度和形态错误率的影响最大。Yan & Staples(2020)则使用多维分析(multidimensional analysis)分析出了写作测试语料在五个大的维度上的特征,然后通过相关分析发现其中三个大的维度与写作成绩呈现出较强的相关性,而另外两个维度与写作成绩的相关则微乎其微。Préfontaine et al.(2016)研究了法语口语测试产出中与流利度相关的指标和评分员对口语产出流利度总体评分之间的关系。通过语音自动识别软件,该研究自动提取了每个口语产出中与法语流利度有关的四项指标:语速、话语长短、停顿次数和停顿时长;通过混合模型(mixed-effects modelling),该研究发现话语长短对评分员有关口语流利度的评分影响最大且最稳定。

3.1.4 外推

外推是分数解释的关键,因为测试分数具体代表什么取决于我们将它们与现实中的哪些行为表现联系起来。因此,与解释环节一样,外推环节也具有一定程度的主观性。那么如何才能证明我们将测试分数与现实表现建立起来的联系是合理的呢?为此我们需要收集多方面的证据,如构念、任务、考生答题过程或产出、评分标准和评分过程的代表性，测试与其他同类测试的关联性，测试结果对现实情景中的表现或对未来学业成就的预测力，以及测试与能力框架或能力等级量表对接的合理性。

1. 测试构念的代表性

虽然测试在设计和开发时可能依据了权威的语言能力模型或理论，但这并不代表测试所考的所有能力在现实语言使用场景中都具有代表性。这包含两种情况：（1）测试所考的一些能力在特定的现实语言使用场景中可能并不重要；（2）现实语言使用场景中涉及的重要能力在测试构念中并未得到体现（Kane，2004）。为了弄清是否存在这两种情况，我们可以分析现实语言使用场景中涉及的重要知识、技能或策略，然后将它们与测试的构念模型进行对比。例如，通过对飞行员和地面调度员进行问卷调查和事后深度访谈，Kim & Elder（2015）研究了韩国一项关于飞行员和地面调度员无线电英语交流的测试。该测试的构念是根据国际民用航空组织颁布的语言能力规范设计的。该能力规范包含六个等级，涉及发音、语法结构、词汇、流利度、理解和交流六个方面。然而，该研究发现飞行员和地面调度员均认为该能力规范以及以此为基础而设计的测试所涉及的许多能力在现实交流中并不重要，而现实交流中一些重要的技能（如专业术语、专业技能、经验和随机应变的语言协调和沟通能力等）却并未在该规范和测试中得到很好的体现。

Römer（2017）通过对两个大型口语语料库的词频研究发现，人们日常口语中频繁用到一些融合了词汇和语法结构的固定搭配（即词汇语法，或 lexicogrammar）。因此，这些固定搭配的使用显然是口语能力的重要体现。他随后查阅了一些主流口语测试（如托福和雅思的口语测试）的评分标准，结果发现几乎所有的评分标准都将词汇和语法区分开来，仅有个别的评分标准提到了超越这两个层面的固定搭配。因此，Römer 认为这些口语测试的构念模型并不能完全代表现实中的语言使用情况。

2. 测试任务特征、答题过程和产出的代表性

任务的代表性即我们常说的任务的真实性（authenticity）。Bachman &

Palmer(1996)认为测试任务的真实性直接关系到测试分数是否能外推到目标语言使用领域。Chapelle(1998)则认为这样的看法主要受到了行为主义语言观(behaviourist view of language)的影响。该语言观认为考生的测试表现主要受到诸如测试任务等外部环境特征的影响,因此语言测试的本质是对类似的语言使用情景的抽样。检验测试任务的真实性对那些主要依赖于通过提供特定的语言使用情景来诱发考生语言使用的综合性测试任务(如口语和写作任务)尤为重要。为了检验任务的真实性,我们可以将它们的特征与目标域中的语言任务的特征进行比对。

Moore & Morton(2007)便从体裁、信息来源、修辞功能以及阐述对象四个方面对比了 20 个雅思学术写作任务和 155 个本科和研究生课程任务。此外,该研究还针对雅思写作任务和实际教学中涉及的写作任务之间的差异访谈了 12 名教本科一年级的教师。该研究发现,虽然雅思写作在体裁上与大学写作任务类似,但二者在其他几个方面均存在较大差异。基于 Bachman & Palmer(1996)的任务特征框架,Chen(2009)从多方面对比了我国四项口译资格测试中的口译任务与现实中的口译任务的特征,包括任务的环境、提示和预期回答,结果发现这两种不同的任务在大部分的特征上存在差异。通过语料库研究,Pan & Qian(2017)对比了 2008—2010 年上海高考英语语法题目和美国当代英语语料库(Corpus of Contemporary American English,简称 COCA)以及英国国家语料库(British National Corpus,简称 BNC)中搭配的使用,结果发现部分语法题目中的选项并不符合英语为本族语者的表达习惯。

测试任务真实性的另一个重要方面是考生答题过程和产出的真实性。答题过程的真实性主要指考生答题过程中对相关知识、技能以及策略的调配和使用是否与现实任务中一致。通常情况下,由于语言任务处理过程中的思维活动无法外在地表现出来,我们需要借助诸如有声思维法、访谈、问卷调查等方式来了解考生的答题过程以及他们对现实语言任务的处理过程。然而对比答题过程和现实环境中相关语言使用过程的研究并不多见。Weir et al.(2012)通过问卷调查的方式研究了英国一所大学学生日常学习中常用到的阅读技能,同时他们还让三名研究人员在做完雅思阅读试题后通过填表的方式记录答题过程中使用到的阅读技能。通过对比两组数据，他们能大致判断雅思阅读试题所考的技能在多大程度上反映了学生学习过程中实际需要用到的技能。

在调查任务产出的真实性方面，Brooks & Swain（2014）对比分析了 30 名国际学生在托福网考口语测试部分的产出以及他们在大学课堂和课后的口语活动中的产出。他们分析的重点是两种口语产出中语法、词汇和语篇三大方面的特征。此外，他们针对口语测试和现实口语活动的异同对参与者进行了访谈。分析结果表明，在语法复杂度和准确率、提问以及语言风格上，测试中产出的口语与现实中的口语均存在较大差异；而在其他方面，如连贯词和实词的使用上，口语测试中的产出则与课堂上的口语产出比较接近。除了人工分析外，越来越多的研究开始利用语料库这一工具来分析产出的文本。Staples et al.（2018）便通过语料库的方式从语体风格（register）的角度对比了同一批学生在托福网考中的写作产出以及在实际大学学习中的写作产出。他们的分析结果表明学生在托福网考独立写作任务部分的产出与现实学习中的写作产出在语体风格上存在诸多差异，而他们在该测试综合性写作任务部分的产出则相对来说更加接近现实学习过程中的写作。另外，LaFlair & Staples（2017）和 Beigman Klebanov et al.（2019）还分别从语体风格和修辞功能的角度对比了考生在口语或写作测试中的产出与口语或写作语料库之间的异同。他们的研究则发现测试产出的文本与现实语料之间存在更多相似之处。

3. 评分标准和评分过程的代表性

针对口语和写作试题这类需要按照评分标准进行人工评分的主观题，除了检验试题、考生的答题过程和产出的代表性或真实性，我们还需要检验评分标准以及评分员的评分过程是否与现实情况中人们评价类似语言产出一致（Chapelle et al., 2015; Knoch & Chapelle, 2018）。针对评分标准，Knoch & Chapelle（2018）建议我们可以通过访谈、问卷调查等征求目标语言使用领域专家或相关人员的意见。如前面提到的 Kim & Elder（2015）的研究便调查了飞行员和地面调度员对于民航飞行英语交流测试评分标准的看法。Pill（2016）、Manias & McNamara

（2016）和 Kim（2018）还通过分析目标语言使用领域专家对语言使用样本的评价或评分过程，将它们与现有的评分标准进行对比，以此完善现有的评分标准。

4. 效标关联效度

以上检验测试外推程度的方法几乎均为间接的验证方法，即对比测试构念、测试的人物特征、考生答题过程和产出以及评分标准和评分过程与现实操作之间的距离。这些方法收集到的证据只能间接地说明测试结果是否能有效地预测考生在现实情景中的语言使用情况。除此之外，我们还可以使用其他一些相对来说更加直接的方法。比如，我们可以检验同一批考生在目标测试上的分数与在其他已被证明考查相关能力的测试上的分数的相关性（Chapelle et al., 2008; Knoch & Elder, 2013）。两个测试分数的相关系数越高，则越能证明目标测试考查到了相关的能力（或想要外推到的能力）。这种验证测试结果外推的方法即传统的同期效度（concurrent validity）验证。除了利用其他测试，我们也可以分析目标测试的分数与其他非测试类的评价或标准（如教师评价、学业成绩等）之间的相关性。如果目标测试与其他参照标准在时间上是一前一后的关系，如高考英语和大学中的平均绩点，那么我们检验它们之间的相关性则为典型的预测效度（predictive validity）验证。而所有这些又可被统称为效标关联效度（criterion-related validity）的验证（Davies et al., 1999）。Llosa & Malone（2019）便通过研究学生在托福写作试题上的得分与教师对他们的评价以及他们课程写作任务的成绩之间的相关性，来检验托福写作试题的效标关联效度。Bridgeman et al.（2016）则通过研究同一批学生的托福测试成绩与他们的大学平均绩点之间的相关性来检验托福测试的预测效度。值得注意的是，在用这些效标关联方法来验证测试的结果的外推时，我们所选择的相关联的测试或者标准本身必须是具有较高信度和效度的（Xi, 2008）。

5. 与外部能力框架或等级量表的对接效度

最后，如果测试的结果是按照某一语言能力框架或等级量表来解释的，我们还需要查验其对接的方式或步骤是否合理以及实际的分数解释是否有效。比如 Harsch & Hartig（2015）便将听力试题与《欧洲语言共同参考框架》（简称《欧框》）中的听力能力等级进行对接。他们采用的方法是"题项和描述语匹配"法，即让 10 名专家对每一道题目和能力等级量表中的描述语进行匹配，并对每道题的总体难度级别做出判断。事后他们对这些专家进行了访谈，结果发现，虽然这些专家对题目的总体难度级别的判断比较一致，但他们对该能力等级量表的理解存在着差异。在匹配题目并判断其难度级别时，他们具体依据的标准也不一样。因此，他们认为建立在这种对接方法上的测试分数解释和使用是存在一定风险的。Deygers et al.（2018）则分析了同一批学生在两个已声称对接到《欧洲语言共同参考框架》B2 级别的荷兰语测试中的成绩（特别是口语部分的成绩）。他们发现，尽管两个测试在总分上高度相关，但口语部分的相关性则较低。通过对两个测试的口语分数进行回归和多层面 Rasch 分析后，他们发现，尽管这两个测试的评分标准均以该级别的描述为参照，其对《欧框》B2 这个级别的理解并不一致。因此他们对这两个测试的口语部分按照该能力框架进行分数解释的合理性提出了质疑。除了该研究，Anthony Green（2018）也发现不同的测试机构对同一语言能力框架的理解不同，从而造成分数解释上存在的各种差异。他认为造成这些不同的原因之一便是不同的机构采用不同的方法来进行测试和量表的对接，而目前各种量表对接方法都存在优缺点。由此可见，我们在按照某一语言能力框架或等级量表来进行分数解释时，需要对测试分数与该框架或量表之间的联系进行严格的检验。随着《中国英语能力等级量表》的发布和越来越多的测试与之进行对接，我们需要进行大量的研究来证明这些对接的合理性和有效性。

3.1.5 使用

由于测试的工具属性，现实中几乎任何一项测试都有其具体的用途，比如教学、入学、人才选拔、资格认证、移民等。由于种种原因，有的测试也常被用于其原定用途之外的目的，比如利用升学测试来改变教学内容或方式、维持测试目标语的地位、促进语言的标准化等（Shohamy，1998，2007）。这些预期之外的用途有时并不合理，且会造成严重的负面影响。金艳便曾在多处指出，由于大学英语四、六级测试不断改进的测试质量和随之不断提升的社会认可度，其测试结果曾被广泛作为毕业、就业甚至大城市落户的参考，从而造成屡见不鲜的测试作弊等违规甚至违法现象（Jin，2008，2014）。由此可知，正确、合理的测试分数解释并不等于正确、合理的测试用途（Kane，2013a）。因此，验证测试的使用是否合理便成为测试效度验证不可分割的一部分（Bachman & Palmer，2010；Kane，2013a）。Kane（2013a）指出在验证一项测试的某一用途时，除了验证该用途的合理性外，还应调查和评价其影响。由于在过去30年里测试影响一直是语言测试领域的焦点，且其本身是一种较为复杂的社会现象，因此我们将在下一小节中单独阐述。在验证测试使用的合理性方面，我们可以从以下几方面入手：第一是验证测试所考的能力与某一用途是否相关；第二是验证测试结果的标准设定（standard setting）或分数线的设定是否符合测试的某一用途或决策过程；第三是验证测试结果是否能有效指导测试使用者做出正确或合理的决定；第四是验证测试使用者使用测试结果的过程本身是否得当。第一方面主要与测试结果的解释（explanation）和外推（extrapolation）有关（Xi，2008）。这两个环节的验证已在前文讨论，此处不再赘述。

1. 测试结果的标准设定

Xi（2008）指出除了测试所考的能力或者分数解释是否与测试用途一致外，测试结果标准或分数线的设定也会直接影响决策过程或测试使用的合理性。针对这方面，我们可以通过查阅与测试标准或分数线设定过程有关的文件。测试的标准或分数线既可能由测试设计或管理者设定，也可能由测试使用者设定（如通过测试进行招生的学校）。无论是谁，测试标准或分数线的设定都具有一定的政策或价值导向，因此验证测试标准或分数线设定是否合理也意味着需要检验该标准或分数线的设定是否符合相应的价值观或政策需要。比如，Schmidgall et al.（2018）验证了一项专门针对托福小学阅读测试（TOEFL primary reading test）而开发的分组测试（placement test）的使用。由于托福小学阅读测试分为两级（Step 1 和 Step 2），该分组测试的目的在于辅助教师更加便捷地指导学生参加哪一级阅读测试。由于教师们不希望学生因为被错误安排到较难的一级阅读测试而给他们带来负面的影响，因此该测试设计者在设定分组测试的标准时稍微提高了一点分数线，以减少将学生错误分配到 Step 2 阅读测试的概率。

2. 测试结果指导决策的效果

关于测试结果是否能有效指导测试使用者或决策者做出正确或合理的决定，以往的研究主要关注测试在依据预先设定的标准或分数线时能否正确地将考生区分为不同的能力组群（如及格或不及格、掌握或未掌握某一项技能），以达到做出正确决策的需求。这对于分组测试来说尤为重要。例如，Schmidgall et al.（2018）便通过收集一系列证据来验证针对托福小学阅读测试的分组测试（包括两个版本）的区分能力。为此，3 位研究者针对该分组测试的使用收集了几方面的证据：归类准确性（classification accuracy）、归类一致性（classification consistency）和决策准确性（decision accuracy）。归类准确性指基于观察分数和真分数而分别作归类的一致性，归类一致性指基于平行试卷得分所作归类的一致性（Livingston & Lewis, 1995），而决策准确性是指根据该分组测试结果所作的归类与根据托福小学阅读测试结果实际上作的归类的一致性。最终三位作者发现该分组测试在归类准确性、归类一致性和决策准确性三个方面均达到了标准，这表明该测试能较准确地预测学生的能力范围并指导学生参加哪一级阅读测试。除了这些关于归类正确性的指标，该研究还检验了该分组测试用于分级的充分性（sufficiency）。为了验证该指标，三位研究者首先进行了四个独立的逻辑斯蒂回归分析，每个分析中的自变量依次为版本一和版本二的分组测试分数、教师评价以及英语学习时间，托福小学阅读测试结果则在四个分析中作为因变量。其结果表明，两个版本的分组测试分数对阅读测试结果的解释力最高。此后研究者在每个版本的分组测试的基础上，分别加上另一个版本的分组测试分数、教师评价以及英语学习时间，并进行了一系列的多元回归分析。分析结果表明，增加另一个版本的分组测试分数对阅读结果的解释力有着最为显著的提高。虽然增加教师评价结果和英语时间对于最终的解释力也有着一定的提升，但效果并不明显。总之，这些指标均表明该分组测试能有效地对学生进行相应的分级。

不同于上述研究中定量的测试数据分析，Deygers et al.（2018）则主要通过从学生和教师那里收集定性的数据来验证测试是否达到了应有的区分能力。由于比利时北部的佛兰德斯地区主要讲荷兰语，因此该地区高校在接受国际学生时便要求学生的荷兰语达到一定的水平。该研究的两个测试，ITNA 和 STRT，便是该地区高校招生时普遍认可的两项荷兰语测试。为了验证这两项测试是否能有效地区分达到高校学习要求和未达到高校学习要求的学生，该研究从教师和学生那里收集了不同种类的数据。该研究向不同学科的教师们提供了不同难度的听力、阅读和写作任务，并询问该任务难度和高校学习实际任务之间的差异。结果教师们普遍认为，与入学要求水平相当的任务比实际教学中的任务要简单。与高校中国际学生的访谈也表明，即使已经成功考过这两个荷兰语测试，学生还是在第一年的学习中遇到各种各样的语言理解障碍。在对比测试听力任务的录音和实际课堂录音后，该研究也发现教师课堂上使用的低频词汇多于测试听力任务中涉及的低频词汇。因此，该研究认为这两项测试至少在接受性语言技能上并不能有效地区分哪些是达到实际入学要求的学生，哪些是未达到要求的学生，因为大部分学生虽然语言测试分数达到了入学要求，但入学后在实际学习中仍面临与语言理解有关的种种困难。

3. 测试结果的使用过程

针对最后一个方面，即测试结果使用过程本身是否得当，我们又可以从以下方面进行调查：（1）测试使用者对测试结果或分数报导方式的看法；（2）测试使用者是否能正确理解测试结果的意义；（3）测试使用者能否有效地利用测试结果做出相应的决定；（4）测试使用者能否正确理解测试设计者设定的测试用途。为此，我们可以通过查阅测试的分数报告样本以及通过对测试使用者进行访谈或问卷调查来收集相关数据。此外，我们还可以通过测试官方的网站、发表的文献等途径来了解测试使用者能获取到哪些与测试有关的信息（Knoch & Chapelle，2018；

Knoch & Elder, 2013）。Yin et al.（2012）通过问卷调查和访谈研究了学生对一项计算机英语语法测试的诊断性反馈结果的看法。在做完该测试后，学生可以立即查看每一个考点（即语法结构）的得分，也可看到每道单项选择题的答案以及解析。该调查发现，学生总体上对该测试的反馈持正面态度，且得分越高的学生越认为其反馈有用。因此，该研究从学生认知这个角度为该测试结果的使用提供了支撑性证据。除了该研究，Doe（2015）和 Jang et al.（2015）还通过问卷调查和访谈的方式研究了学生对诊断性测试的反馈的看法以及反馈对其学习的影响。

O'Loughlin（2013）通过问卷和访谈调查了澳大利亚两所高校的工作人员使用雅思测试的情况，包括他们对测试信息的需求、需求在多大程度上得到了满足，以及怎样来解决未得到满足的需求。Plakans & Burke（2013）则在长达两年半的时间里，通过录音的方式研究了某一高校英语教学项目的管理者和教师对学生进行分班的决策过程。他们的研究结果表明，该决策过程受到多方面因素的影响，包括测试分数和非测试因素的影响。其中非测试因素又包括与学生相关的因素、与决策者或测试使用者自身相关的因素（如他们的决策经历），以及与教学项目相关的因素（比如班级的多寡和大小、课程设置和教材等）。这些因素相互作用，共同影响着决策过程。

3.1.6 影响

近年来，有关测试影响的研究一直是语言测试及教育领域的热门话题。这主要是由于随着大规模、高风险测试的逐渐流行，人们对这类测试所带来的各种问题愈加担忧（Cheng et al., 2015）。测试影响（test impact）通常又被称作"反拨效应"或"反拨作用"（washback effect）。不过有的学者倾向于将这两个概念进行区分，即反拨效应专指测试对教和学的影响，而反拨作用则指测试对教育系统及社会更加广泛的影响（Hawkey, 2006；McNamara, 2000）。从效度验证的角度出发，我们可以根据测试实施的目的提出不同的关于测试影响的假设。对于那些相对来说独立于教学的测试，比如托福、雅思这类全球性的大规模水平测试，我们提出的假设往往聚焦于测试给相关人员造成的影响是积极的还是消极的；而对于那些与教学有着更多联系而被测试开发人员或教育主管部门寄希望于促进教学的测试，比如我国的大学英语四、六级测试，英语专业四、八级测试以及高考等，我们提出的假设除了关于测试影响的积极性或消极性外，还往往聚焦于该测试是否达到了测试开发人员或教育主管部门预期达到的效果。这一点对于测试改革来说尤为重要。在我国，诸如大学英语四、六级测试，英语专业四、八级测试以及高考这样的大规模高风险测试都经历了不同程度的改革（金艳、杨惠中，2018），而每次改革几乎都寄托了测试设计人员"以考促教"和"以考促学"的希望。因此，对于这样的改革，我们就有必要调查其是否达到了预期的反拨效应。在调查测试的影响或反拨效应时，我们应注意区分以下几个方面，包括测试可能影响到的利益相关群体、针对测试具体影响的价值判断、测试影响的历时变化性和横向差异性以及造成这些变化和差异的原因。

1. 测试影响波及的利益相关群体

由于测试的影响可以波及教育系统乃至社会的各个层面，因此我们可能需要从不同类型的测试利益相关人员那里搜集证据来检验我们关于测试影响的假设。这些相关人员包括但不局限于：教师、学生、学生家长、聘用单位、教师培训人员、研究人员、教学管理人员、测试设计或开发人员、试题编写人员、现场考官、教材编写人员以及出版商等（Taylor，2005）。目前为止，文献中有关测试影响的证据主要来自于教师和学生，包括测试对教师的认知、教学的内容以及方法的影响（Alderson & Hamp-Lyons，1996；Andrews，1995；Burrows，2004；Wall & Alderson，1993；Wall & Horák，2006，2008，2011；Watanabe，1996，2004），测试对学生的态度和动机、学习的内容和策略以及学习结果的影响（Allen，2016；Andrews et al.，2002；Muñoz & Álvarez，2010；Watanabe，1992；Xie，2015；Xie & Andrews，2013；Zhan & Andrews，2014；Zhan & Wan，2014，2016；唐雄英，2005；石小娟，2010；金艳，2000），以及测试对教和学两方面的影响（Cheng，

2005；Ferman，2004；Anthony，2007；Hawkey，2006；Shohamy，1993；Xu & Liu，2018；亓鲁霞，2007；辜向东，2007）。也有研究搜集了其他方面的证据，比如测试对教学管理者的认知、态度（徐倩，2012）以及政策制定的影响（Shih，2010），测试对出版商或教学材料编写者及教材内容的影响（Hawkey，2009），测试对学生家长的影响（Cheng et al.，2011；Scott，2007），测试对（口语）考官的影响（金艳，2000），以及测试对（写作）评分员的影响（Knoch，2009）。这些研究一般采用多种方法相结合的研究设计，包括课堂观察、访谈、问卷调查、文件分析、教材分析以及测试等。

2. 关于测试影响的价值判断

Kane（2013a）指出，在搜集和分析好所需的证据后，我们需要对不同类型的影响进行评价，以确定测试影响的积极性大还是消极性大，抑或是预期内的影响大还是预期外的影响大。一些教育学者便列举出以下一些典型的消极反拨效应——长时间高强度的备考训练（Madaus，1988）、挤占课堂正常教学时间（Smith，1991a）、教学中注重应试技巧而忽略语言技能或其他复杂技能的训练（Frederiksen，1984；Wiseman，1961）以及扭曲或者缩小课程范围，比如只学那些测试涉及的知识或技能而忽略真正需要学习的知识或技能（Madaus，1988；Smith，1991b；Vernon，1956）。另外，消极的测试影响还包括因高强度的应试策略练习而造成的虚高的测试成绩（Haladyna et al.，1991）。总的来说，我们一般认为有利于教和学的测试影响属于积极的反拨效应，而有碍教和学的测试影响属于消极的反拨效应（Davies et al.，1999）。尽管如此，由于立场、利益或者价值观念可能存在的不同，不同的人群对同一测试的影响所作出的判断也有可能不同，因为从本质上来讲这属于价值判断（刘晓华、辜向东，2013）。比如，在调查以色列一项英语口语测试时，Shohamy et al.（1996）以及 Ferman（2004）发现该测试新增的阅读部分对教师和学生均产生了消极的影响，因为教师们普遍认为该口试的阅读任务部分在设计上存在诸多漏洞，因而并不能促使学生在学习中进行大量实质性的阅读；与之相反，教学管理者们则坚持认为该测试使得学生的口语和阅读都能得到提升，因而产生了积极的影响。

3. 测试影响的历时变化性

测试影响的历时变化性是指测试在不同的时间对同一群体或个人所产生的影响可能发生变化。最简单的例子便是备考活动密集度的变化。通过日记和跟踪访谈的方式，Zhan & Wan（2014）研究了大学英语四级测试对非英语专业学生课后学习的影响。他们发现，随着测试日期的逐渐接近，参与者们的学习动机也逐渐转向该测试，同时他们的备考活动也愈加密集。另外，测试风险或地位的逐年改变也会造成其影响强弱的改变。Jin（2014）指出，随着大学英语四、六级测试的质量和社会认可度的提高，其测试结果也被广泛地用作各种选拔、奖惩、资格认证的标准或者门槛，因而对许多学生和测试来说其风险被不断地提高。而不断提高的测试风险也让越来越多的学生为了测试而学习。Shohamy et al.（1996）发现由于英语在以色列的地位越来越高，他们所调查的一项英语口语测试的风险也被抬高，其对教学造成的影响也越来越大。历时变化同样适用于测试改革的影响。通过分析一项新的英语口语测试实施前后连续三年的考生的口语产出后，Andrews et al.（2002）认为一项新测试或测试变化的实施往往并不能起到立竿见影的效果，因为学校、教师以及教材或教参出版单位等教育系统中的各方面人员均需要一段时间才能做出相应的调整。由此可见，时间点的选择对于测试影响的调查至关重要。在不同时间点收集到的证据可能让我们得出完全不同的结论。

4. 测试影响的横向差异性

测试影响的横向差异性指测试对不同的群体或不同的个体所产生的影响有所差异。为了调查托福测试对教学的反拨效应，Alderson & Hamp-Lyons（1996）通过课堂观察和访谈调查了同一语言培训机构两名教师的正常语言课堂和托福测试培训课堂。通过对比两位教师的测试培训课堂，他们发现托福测试对他们带来的影响存在质和量的不同。Shih（2007）则调查了同一项英语水平测试对两所高校学生的英语学习的反拨效应，其结果表明，该测试对其中一所学校的学生产生的影响大于另一所学校的学生。他进一步发现，这主要是由于其中一所学校将学生在该测试的成绩作为毕业的条件之一，而另一所学校没有做出这样的规定。同一测试对不同的个体以及不同的群体产生不同影响的案例还出现在其他实证研究中（Allen, 2016; Andrews et al., 2002; Ferman, 2004; Watanabe, 2004; Zhan & Andrews, 2014）。

5. 造成测试影响变化性的因素

过去的实证研究表明，诸多因素造成了这测试影响的差异性，包括个体因素（如个人的观念、态度、知识背景、经历、动机、兴趣、语言能力等）和环境因素（比如教学资源、教学材料、教学环境、课程设置、社会观念、家庭影响等）（刘晓华、辜向东，2013）。这些测试影响中的不确定因素为我们判断哪些属于某一测试而非其他因素的影响制造了障碍。比如在 Zhan & Andrews（2014）关于大学英语四级测试的反拨效应研究中，有的参与者并不认为他们的备考策略（如练习模拟题、背单词、背范文等）源自该测试的影响，而源自他们高中时期长期的备考经历。通过 Li & Cutting（2011）以及 Gao（2006）的研究，我们还可以发现一些学生背单词这一学习活动既与测试有关，也与他们认为其有助于英语学习这一传统的策略观有关。因此，当我们发现一些学生在备考阶段背单词时，我们并不能鲁莽地将其定义为某一测试的反拨效应或测试影响。在这种情况下，我们需要通过进一步的深入访谈或其他方式来深挖学习活动背后的原因。如 Messick（1996）所述，只有当我们找到了测试与现实行为之间事实上的关联之后，我们才能将该行为定性为反拨效应或测试影响。除了访谈这样的定性方法，我们还可以通过回归分析、路径分析或者结构方程建模这类定量的方法来确定某些行为和测试之间是否真的存在联系。例如，Xie & Andrews（2013）便通过结构方程建模来研究高校非英语专业学生的测试认知、学习动机和自我效能与大学英语四、六级备考策略之间的关系。

3.2 效度验证中主要的统计方法

在本节中，我们将介绍语言测试领域测试效度验证过程中最常用的定量分析方法，包括概化理论分析、Rasch 分析、因子分析、回归分析及其相关的路径和结构方程建模分析、项目和项目组功能差异分析。

3.2.1 概化理论分析

概化理论是一种用来分析测试信度的统计方法。如前所述，与经典测量理论框架下的信度分析方法相比，概化理论具有以下几个优势：（1）它能同时解析测试的多个误差来源，并计算出它们各自所带来的误差的大小；（2）它能分析两种不同的信度——相对一致性（即排序的一致性）和绝对一致性（即得分的一致性），并估算出这两种信度系数的标准误差；（3）它能分析依据某一分数线（cut score）对测量对象进行分类的信度；（4）它不但能通过概化研究（G study）分析某一次测试的信度，还能通过决策研究（D study）分析并预测在其他不同条件下测试的信度（Bachman, 2004; Shavelson & Webb, 1991）。

在概化理论中，测试分数差异的来源包括：（1）测量对象（object of measurement），如考生在某一方面的能力；（2）测量层面（facet of measurement），如测试的题目、任务、场次以及评分员等。其中测量层面（以及测量层面与测量对象的交互作用）是测量误差的主要来源（Marcoulides & Ing, 2014）。因此，如果某次测试由 20 道相互独立的多项选择语法题构成，那么唯一的测量层面便是题目，而最终分数中的方差 [通常以 $\sigma^2(Xpi)$ 来表示] 则等于由考生语法知识所带来的方差（σp）、由测试题目所带来的方差（σi）以及剩余误差（$\sigma pi, e2$）之和，其中剩余误差包含了由考生和题目的交互作用带来的误差、其他未知的系统性以及随机误差（Brennan, 2001）。这个例子便是典型的单层面"考生 × 题目"完全交叉设计。在另一些情况下，除了测试题目这个层面，我们可能还会面对评分员这个层面。如某次口语测试由三项任务构成，每位考生均需完成每项任务，且每位考生在每项任务中的口语产出由两位评分员独立给分，那么最终的口语分数中的方差 $\sigma^2(Xpi)$ 则等于由考生口语能力所带来的方差（σp^2）、由测试任务所带来的方差（σt^2）、由评分员所带来的方差（σr^2）、由考生与任务交互作用所带来的方差（σpt^2）、由考生与评分员交互作用所带来的方差（σpr^2）、由任务与评分员交互作用所带来的方差（σtr^2）以及剩余误差（$\sigma ptr, e^2$）之和。这个例子便是典型的双层面"考生 × 任务 × 评分员"完全交叉设计。另外，我们还可能遇到测量对象与测量层面以及层面和层面之间并非完全交叉，而是一个嵌套在另一个之内的情况。如一次阅读测试有四篇阅读文章，每篇文章下面有五道单项选择的阅读理解题，那么在这次测试中，每道阅读理解题目便是嵌套在各自的阅读文章中的。从概化理论的角度来看，该测试成绩中的方差 $\sigma^2(Xpi)$ 则等于由考生阅读能力所带来的方差（σp^2）、由不同文章所带来的方差（σt^2）、由题目和题目与文章交互作用所带来的方差（$\sigma i, it^2$）、由考生与文章交互作用所带来的方差（σpt^2）以及剩余误差（$\sigma pi, pit, e^2$）之和。这个例子便是典型的双层面部分嵌套设计。

在估算各个方差分量时，用于概化理论分析的软件通常通过方差分析（ANOVA）来计算各个构成的均方差（mean square），并通过一系列的公式得到各个构成的方差（Brennan, 2001; Shavelson & Webb, 1991）。在估算出各个方差分量后，我们便可通过它们计算出两种不同的概化系数，即相对系数（relative coefficient）和绝对系数（absolute coefficient）以及它们的标准误差（Shavelson & Webb, 1991）。当我们想要分析某一个给定的分数线（如 60 分）将考生归为及格或不及格两个类别的信度时，我们便可计算 $\Phi(\lambda)$（phi-lambada）(Brennan, 2001)。

以上计算均为某次给定测试的概化研究。通过分析得出结果后，当我们发现某些测量层面的误差来源过大时，我们便希望通过增加该层面的抽样量（如使用更多的题目、任务或评分员）来降低测量误差；反之，当我们发现某些层面的误差来源非常小时，出于节约成本的考虑，我们便可能希望减少该层面的抽样量。而此时我们便需要知道抽样量增加到什么样的程度才能达到可接受的概化系数，或者抽样量可减少到什么样的程度同时将概化系数控制在可接受范围内。决策研究便可通过分析不同测量条件下概化系数的变化来达到这些预测性的目的。

以上这些均为单维度的概化理论分析，当我们需要同时研究不同维度（如同一测试的听、说、读、写四个部分，写作评分标准下不同的分项标准等）的信度时，我们便需要多元概化理论（multivariate generalizability theory）分析。多元概化理论不仅能解析每个维度下的方差分量，还能分析维度之间的相关关系，因此常被用来分析各个维度之间的独立性以及基于不同维度的总成绩的可靠性（Han，2016；Lee，2006；Sawaki，2007；Sawaki & Sinharay，2013；Xi & Mollaun，2006）。

概化理论分析也有其局限性。首先，概化理论分析高度依赖测试样本，因此由不同测试题目或者不同考生组成的不同样本得到的分析结果很可能大不相同。其次，尽管概化理论能从总体上分析不同误差来源对测试结果的影响，但它不能分析出每个来源下具体项目（如每道题目、每项任务、每位评分员、每位考生）的表现情况以及对分数的影响，而这些信息有助于我们针对性地改进测量工具和测试条件或环境，而不仅仅只是增加或减少某个层面的抽样量。Rasch 分析便能很好地弥补概化理论分析的这两大局限性。

3.2.2 Rasch 分析

Rasch 分析是项目反应理论这个大分析框架下的一类分析方法。项目反应理论（Item Response Theory，简称 IRT）通常分为单参数模型（one-parameter model）、双参数模型（two-parameter model）和三参数模型（three-parameter model）。单参数模型模拟考生能力和测试题目难度这两个变量与测试表现之间的关系，双参数模型模拟考生能力、测试题目难度和测试题目区分度这三个变量与测试表现之间的关系，而三参数模型则模拟考生能力、测试题目难度、测试题目区分度以及猜测度这四个变量与测试表现之间的关系（Baker & Kim，2017）。Rasch 分析正是建立在单参数模型之上的。Rasch 分析目前已在语言测试中得到非常广泛的运用，特别是在口语和写作等开放式任务的评分质量、评分标准的表现情况以及评分员的评分表现等方面。除此之外，Rasch 分析还被广泛运用到量表开发、问卷开发以及等值处理等。

由于 Rasch 分析对考生能力的估算考虑到了试题难度，且对考生能力和试题难度的估算结果均由表示概率的对数（logit）表示，而这些对数有着一个统一的具有定距量表属性的标尺（McNamara，1996），即对数标尺（logit scale），因此我们可以通过这个标尺来直接对比考生能力与试题难度之间的关系——如果二者相当，那么考生答对该题的概率便是 50%；如果考生能力的对数估算值高于试题难度的对数估算值，那么该考生答对该题的概率则大于 50%，反之则小于 50%（Barkaoui，2014b）。由于 Rasch 分析的这些特点，即考生能力与试题难度同时进行估算以及运用统一的对数标尺，其分析结果受具体样本的影响较小，从而大大提高了其结果的推广性和可比性（Knoch & McNamara，2015）。

根据不同的数据类型和分析需要，研究者们过去开发出不同类型的 Rasch 模型，包括 Rasch（1960）的简单 Rasch 模型（Simple Rasch Model）、Andrich（1978）的评分量表模型（Rating Scale Model）、Wright & Masters（1982）的部分计分模型（Partial Credit Model）以及 Linacre（1990）的多层面 Rasch 模型（Multifaceted / Many-facet Rasch Model）。简单 Rasch 模型主要针对进行二元计分的试题（如多项选择题、是非题等）。后 3 种模型均能分析进行多级计分的试题，如口语和写作等按照不同等级进行评分的试题，且不要求等级之间是等距的。而这 3 种模型之间又存在差别。其中评分量表模型要求所有试题的评分等级之间的距离变化是完全一致的，并且所有评分员对评分量表等级的解读也需完全一致。Knoch & McNamara（2015）认为在语言测试中绝大部分测试很难满足这两个要求。部分计分模型便对不同题目之间评分等级的距离变化没有要求，因此它能针对每道题目分析其等级之间的距离是否存在变化。但该模型同样要求不同评分员对评分量表解读的一致性。多层面 Rasch 模型是最具包容性的模型，因为它能模拟诸多除了考生能力和试题难度以外的测试因素或层面（facets）与测试表现之间的关系，这些层面包括但不局限于任务类型、评分员、（分项）评分标准以及测试场次等（Barkaoui，2014b）。在分析这些层面时，该模型同样以对数的形式来表现它们各自的难度或与难度有关的因素（如不同任务类型的难度、不同体裁的难度、不同评分员的严厉程度等），并可通过统一的对数标尺将它们与考生能力以及试题难度进行比较。FACETS 软件输出的变量或层面图示（variable or facets map）便直观地将不同层面的内部成员放在统一的对数标尺上进行比较。

在做 Rasch 分析时，分析软件不但能告诉我们与考生能力、试题难度以及其他层面的难度有关的参数估计值和相应的标准误差，还能告诉我们每个层面的分隔指数（strata index）、分隔信度指数（separation reliability）、固定卡方检验（fixed chi-square）和均方差（infit & outfit mean square）。分隔指数告诉我们每个层面内部的成员按照难度或与难度有关的因素可以被分为多少个层次或类别，如考生按照他们的能力可被分为多少类、评分员按照他们的严厉程度可被分为多少类、任务可按照它们的难度分为多少类等。分隔信度指数告诉我们每个层面内部成员按照相应的因素进行分层或分类的可靠性，以及在其他测试情境中对同样的成员进行同样的分层或分类的概率（即可复制性）。固定卡方检验则从另一个角度检验分层或分类的有效性，因为它检验的虚假设为层面内部所有成员在有关难度或与难度相关的因素方面都是相同的，如所有评分员的严厉程度是相同的。如果检验结果的 p 值是显著的，那么虚假设被否定，表明这些成员之间并不相同或具有层次性。均方差告诉我们层面内部每个成员与模型的离散程度或拟合度。分析软件如 FACETS 告诉我们两种均方差：infit 均方差（IMS）和 outfit 均方差（OMS）。Infit 均方差由去除掉异常值（outlier）后的数据计算而得；outfit 均方差则由包含异常值的原始数据计算而得，因此容易受到这些异常值的影响而出现较大的波动。均方差的解读并没有硬性的标准，但通常情况下，正常的均方差在 0.5 至 1.5 这个范围，越接近 1.0 表明该成员与模型越拟合；均方差大于 1.5 则表明该成员与模型偏差较大；而均方差小于 0.5 则表明该成员与模型过度拟合（Linacre, 2013）。最后，FACETS 针对评分员这个层面还会告诉我们实际观察到的评分员外部一致性和期望的一致性，如果实际观察到的一致性远低于期望的一致性，那么表明评分员的评分信度很低。

除了分析各个层面对测试结果的影响，我们还可通过量表功能分析（scale functioning analysis）来检测主观题评分标准各个等级在评分中的表现情况。该方法同样适用于分析问卷调查中具有语义顺序的不同选项（如表示频率的"从不""偶尔""经常"和"总是"）的表现情况。该分析包括各等级或选项被选择的频数和百分比、与各个等级或选项相关的考生的平均能力（包括观察到的能力和模型期望的能力、各个等级或选项的 outfit 均方差以及从一个等级到另一个等级（或从一个选项到另一个选项）的跃阶阈值校准（step threshold calibration）(Linacre, 2013)。通过这些分析，我们能清楚地了解评分标准或问卷选项的使用情况，例如，评分员是否使用了所有的等级；评分员是否按照等级的顺序进行评分，从而使与等级相关的平均能力值按照等级的顺序呈现单向递增的趋势；评分员是否偏爱使用靠近中间的等级，以致出现居中趋势（central tendency）(Barkaoui, 2014b)。

最后，多层面 Rasch 模型还能进行偏颇分析。项目和项目组功能差异分析主要聚焦于测试题目和任务与考生背景特征交互所形成的差异性表现。Rasch 分析中的偏误分析则更加灵活；它可以分析任何不同层面的成员在交互作用下对测试结果所形成的差异性影响，因此被 Bond & Fox（2007）称作层面功能差异（differential facet functioning）。在语言测试领域，该方法常常被用于分析评分员的评分偏颇，比如评分员是否针对某些考生、任务和分项评分标准表现出异乎寻常的严厉或宽松态度（Barkaoui, 2014b; Trace et al., 2017）。在使用 FACETS 软件进行偏颇分析时，分析结果包括分析相交层面内部每个成员的参数估计、与每个成员相关的观察得分和期望得分、两种得分之间的差值、以对数形式表现的差值和相对应的标准误差、标准分（z score）以及 IMS。通过观察得分和期望得分之间的差异我们可以知道偏颇的方向和大小。以标准分显示的差异更利于解读，其中标准分越接近于 0 表示偏颇越小，而标准分大于 2 或小于 −2 则表示存在严重的偏颇（McNamara, 1996）。另外，IMS 能告诉我们偏颇是否一致地存在于所有考生的得分中（Barkaoui, 2014b）。最后，基于该方法我们还可分析不同人群或样本群体之间可能存在的系统性偏颇。比如 Winke et al.（2013）便使用该方法分析了评分员二语背景和考生一语背景交互作用对评分可能造成的偏颇。

3.2.3 因子分析

因子分析（factor analysis）是一种建立在变量相关关系之上的统计方法，通常分为探索性因子分析（exploratory factor analysis）和验证性因子分析（confirmatory factor analysis）。这两种方法的主要区别在于理论或假设介入分析的时间。在探索性因子分析中，研究者事先并不假设各显变量与理论或构念之间的关系，分析软件根据变量之间的相关情况、相应的因子提取规则、因子数量保留规则以及旋转规则给出统计意义上最优的因子结构建议。研究者是通过内容分析来解读每个因子的。在解读过程中也可结合相应的理论（Fabrigar & Wegener，2012）。由此可见，探索性因子分析是典型的数据驱动（data-driven）的分析方法。验证性因子分析则与之相反，在分析前，研究者须假设每个显变量与相应的理论或构念之间的明确关系，同时还需假设不同构念（或因子）之间的相互关系甚至层级关系，以及不同显变量测量误差之间的关系，然后根据相应的估算规则计算出这些诸多假设在多大程度上与显变量实际的相关情况相吻合，如果吻合程度较高，则可进一步估算出因子的方差、因子之间的具体相关系数以及因子在相应显变量上的载荷等（Brown，2015）。因此，验证性因子分析属于理论驱动（theory-driven）的数据分析方法。

在社会科学研究中，因子分析被广泛地运用于测量工具的构念效度研究，而在语言测试领域，因子分析则常被用于验证测试的构念效度或构念解释。例如，Rost（1993）和 Green & Weir（2004）便通过探索性因子分析来分别探究一项阅读测试和一项语法测试所考技能的维度。近年来更多的研究则通过验证性因子分析来检验测试的构念效度（Faulkner-Bond et al.，2018；In'nami & Koizumi，2012；Sawaki et al.，2013；Sawaki & Sinharay，2018；van Steensel et al.，2013；Yoo & Manna，2017）。相较于探索性因子分析，验证性因子分析的结果从构念解释的角度来讲更具有说服力。另外，后者还具有其他一些前者通常不具有的优势，比如通过层级或高阶因子建模（hierarchical or higher-order factor modelling）来检验因子的层级关系、通过双因子建模（bi-factor modelling）来检验不同类型的因子或系统性测量误差的影响、通过多群组测量模型一致性分析（multi-group measurement invariance analysis）来检验总体样本群体基础上确立起来的因子结构是否适用于不同的子群体。

层级或高阶因子模型（hierarchical or higher-order factor model）通常符合目前我们有关语言能力的构想，如 Bachman（1990）的交际语言能力便是典型的层级能力模型。而从传统的语言技能观出发，我们也认为语言技能可被细分为听、说、读、写四方面，每一方面包含不同的子技能。因此，基于测试数据的层级因子模型检验有助于我们验证测试所考的技能是否符合相应的语言能力模型，从而为测试的构念解释提供有力的证据。例如，Sawaki & Sinharay（2018）通过层级因子模型来验证托福网考所考的听、说、读、写四项技能是否能被英语使用能力这样一个总构念所解释，Song（2008）则通过该方法检验了测试中的听力和阅读构念是否各自包含更具体的子技能。

高阶因子模型主要用于研究数据中同一类型但不同层级的因子之间的关系，如不同层级的语言能力，而双因子模型（bi-factor model）则适用于研究不同类型的因子对数据的解释，如测试的构念与测试所使用的不同方法或任务所涉及的不同特征。双因子模型一般假设所有显变量由一个代表测量构念的总因子（general factor）解释，如阅读、口语或写作能力，同时不同组的显变量由可代表每组共同要素的组别因子（group factor）解释，如阅读任务中的选择题、填空题、图表题，口语任务中的个人陈述和多人对话，写作任务中的说明文写作、议论文写作和应用文写作等。因此，双因子模型适合用于检验测试构念的单维性（unidimensionality）以及测试方法或任务特征对测试表现的影响。比如 Cai（2013）便通过双因子模型检验确立了一项英语听力测试的构念单维性和不同类型的听写任务对分数的解释。

另外通过验证性因子框架下的组间测量模型一致性分析（multi-group measurement invariance analysis），我们还可以检验因子结构在不同子群体样本（如具有不同性别、能力、语言背景、教育背景等特征的人群）之间的普适性。因此运用该方法进行测试数据分析有助于我们了解测试分数构念解释在不同人群之间的可推广程度。例如，Sawaki & Sinharay（2018）便通过该方法确立了托福网考基于四项技能的因子模型在具有阿拉伯语、韩语和西班牙语背景考生之间的一致性。Yoo & Manna（2017）则通过该方法检验了托业测试听力和阅读部分的因子结构在具有不同的性别、年龄、工作、英语学习和接触背景的考生之间的一致性。

3.2.4 回归分析、路径分析和结构方程建模

回归分析、路径分析和结构方程建模均主要用于研究变量之间的预测关系，即检验一个或多个自变量的变化在多大程度上能预测某个因变量的变化。在其他一些文献中这种自变量与因变量之间的预测关系往往被称为因果关系。不过正如 Tabachnick & Fidell（2013）所指出的那样，变量之间的因果关系是建立在逻辑推理论证和实验研究基础上的，而回归分析、路径分析和结构方程建模只能从统计的角度分析出自变量对因变量变化的预测或解释力度，因此它们本身并不能说明因果关系。回归分析可根据回归线的形式分为线性回归（linear regression）和非线性回归（non-linear regression，如 logistic regression 或逻辑斯蒂回归）。在线性回归中，因变量一般为连续变量（continuous variable），而自变量既可为连续变量也可为范畴变量（categorical variable）。而在逻辑斯蒂回归这样的非线性回归中，因变量则通常为范畴变量，而自变量既可为连续变量也可为范畴变量（Tabachnick & Fidell, 2013）。根据自变量的个数不同，回归分析又可分为简单回归（simple regression）和多元回归（multiple regression）。简单回归只涉及一个自变量，而多元回归涉及多个自变量（Field, 2013）。

在测试的效度验证中，回归分析常常被用于有关构念解释的研究，如任务特征与任务难度之间的关系，测试条件或测试环境、考生特征、测试产出特征、评分员特征、评分过程特征与测试分数之间的关系等。回归分析也可用于研究测试结果的预测效度（predictive validity），如预测考生接下来的学业成就等，因此能为测试的外推提供证据。另外逻辑斯蒂回归还可被用于检验基于测试结果所作决定的准确性，因此为测试结果的使用环节的验证提供证据。Xi（2007）便使用逻辑斯蒂回归验证

第 3 章 效度验证方法

了将托福网考口语测试的成绩用作学生助教聘用决策过程的合理性。

在做回归分析时,我们应注意区分三种不同的方法,这三种方法关系到自变量进入模型的顺序,而不同的进入顺序可能导致不同的结果。这三种方法分别为标准多元回归(standard multiple regression)、层级回归(hierarchical regression)和逐步回归(stepwise regression)(Tabachnick & Fidell, 2013)。使用标准多元回归时,所有的自变量同时进入回归模型。采用这种方法主要解决的研究问题为自变量与因变量的总体关系如何、每个自变量对因变量的解释力如何以及哪些自变量对因变量的解释力最强(Tabachnick & Fidell, 2013)。使用层级回归时,通过前人研究结果已知的对因变量最具有解释力的自变量最先进入回归模型,而那些新加入的、对因变量解释力尚不十分清楚的自变量后进入回归模型,因此使用这种方法主要解决的研究问题为在优先进入模型的自变量保持不变的情况下,新加入的自变量是否对整个模型的预测能力具有显著的提升效果(Tabachnick & Fidell, 2013)。而在使用逐步回归时,分析软件根据每个自变量对因变量的解释力度对其进行逐个地剔除或保留,以求最后由剩余的自变量组合起来的模型是统计意义上最好的模型,因此使用该方法主要解决的研究问题为由哪些自变量组合起来的模型对因变量的解释力最强(Tabachnick & Fidell, 2013)。

回归分析主要用来研究变量之间的直接关系,而路径分析和结构方程建模既可研究直接关系,也可研究包括直接关系在内的中介关系(mediation)。另外,回归分析和路径分析的模型只能包含显变量(observed variable),而结构方程模型则可同时包含显变量和潜变量(latent variable)。也就是说,结构方程建模同时集合了回归分析、路径分析以及因子分析三种不同的分析方法。另外需要指出的是,回归分析可用于理论的探索,如探索哪些与考生有关的特征对测试分数最具解释力,而路径分析和结构方程建模通常仅用于相关理论或假设的验证,比如在研究考生特征与测试任务成绩时,Huang et al. (2016)从相关理论、前人的实证研究结果以及有关变量出现先后顺序的逻辑判断这三方面出发,建立了考生的语言能力、话题背景知识、任务焦虑以及综合性口试任务表现这几者之间关系的模型。在这个假设的模型中,语言能力和话题背景知识被认为会分别对任务表现产生直接影响,同时它们又分别通过任务焦虑这一中介变量对任务表现产生间接影响。在收集相关数据后，该研究通过路径分析检验了这个模型中的假设，结果发现语言能力、话题背景知识和任务焦虑均对任务表现产生了直接的影响，但语言能力并未通过任务焦虑对任务表现产生间接影响，而话题背景知识通过任务焦虑对任务表现的间接影响则因不同的话题而有所差异。根据测试影响有关的文献以及教育心理学领域著名的"期望—价值"理论，Xie & Andrews（2013）建立了有关大学英语四级考生对该测试的设计、用途、测试价值、期望这四方面的认识以及他们的备考策略之间关系的模型。在该模型中，测试价值和期望被假设为中介变量；用途、测试价值和期望这三个变量均以显变量的形式进行分析，而测试设计和备考策略均为潜变量，因为在模型中它们各自由多个显变量组成。因此，该模型为典型的结构方程模型。

3.2.5 项目功能差异分析

如前所述，项目功能差异（differential item function，简称 DIF）是指不同群体的考生在测试所考构念或能力掌握相当的情况下，在某些测试题目上回答正确或获得相同分数的概率呈现显著差异（Ferne & Rupp，2007）。如今，项目功能差异分析已被广泛地运用到大规模高风险测试的测试偏颇（test bias）研究，以检验测试对于不同群体的考生是否存在测试结果方面的公平性问题。另外，Roussos & Stout（1996）认为，造成项目功能差异的原因是测试题目内容的多维结构，因为这些题目考了两种能力：第一种是主要能力，即测试的主要构念；而第二种为次要能力，即造成项目功能差异的因素。次要能力可能与测试构念相关，也可能与测试构念无关。如果造成项目功能差异的次要能力与测试构念相关，那么项目功能差异则不能被视作测试偏颇；反之，则可视作测试偏颇。这是因为测试偏颇特指与测试构念无关的因素系统性地影响测试测量考生相关能力的准确性（Davies et al.，1999）。由此可见，项目功能差异本身是一种纯粹的心理计量或统计现象，而由项目功能差异造成的测试偏颇以及测试公平性问题则更多地包含了价值判断。

第3章 效度验证方法

在检测试题的项目功能差异前,我们需将全体考生按照研究聚焦的背景变量(如性别、年龄层、专业、语言背景等)分为焦点组(focal group)和参照组(reference group),其中焦点组为在具有项目功能差异的试题上占不利地位的一组,而参照组则为在这些试题上占有利地位的一组(Ferne & Rupp, 2007; Osterlind & Everson, 2009)。然后我们将两组按照测试的主要构念进行能力匹配。在这个过程中,我们需要选择匹配所需要参照的标准,如测试的总成绩(即内部参照标准)或在其他具有相同构念的测试中的成绩(即外部参照标准)。在采用外部参照标准时,我们需要仔细评价其信效度和与目标测试构念的关联度(Osterlind & Everson, 2009)。这与效标关联效度验证中选择关联测试的过程类似。如果选择内部参照标准,即测试的总成绩,我们则通常需要进行一定的试题清理(purification),即将具有项目功能差异的题目移出用于计算总成绩的题目集,因为这些题目的存在会影响两组考生的能力匹配(Ferne & Rupp, 2007)。试题清理通常是一个渐进的过程,即当我们发现可能存在项目功能差异的题目时,我们试着将最显著的题目移除,然后再进行数据分析,直到移除所有可能具有项目功能差异的题目为止(Osterlind & Everson, 2009)。在根据经过处理后的成绩将焦点组和参照组进行能力匹配后,我们便可采用检测项目功能差异的手段对每一个题目进行检测。

至今研究者们已使用过多种不同的方法来检测试题是否存在项目功能差异。McNamara & Roever(2006a)将它们分为四大类,即比较试题难度的方法、基于非参数检验的方法(如列联表、卡方检验、让步比等)、基于项目反应理论的方法以及其他方法(如逻辑斯蒂回归、概化理论、多层面Rasch测量等)。Ferne & Rupp(2007)则根据能力匹配时使用的参照标准将它们分为两大类。第一类检测方法是建立在经典测量理论之上的,包括曼特尔–亨塞尔法(Mantel-Haenszel)和泛曼特尔–亨塞尔法(Generalized Mantel-Haenszel)、标准均值差法(Standardized Mean Difference)以及逻辑斯蒂回归。这些方法均使用测试的原始分或观察分作为能力匹配的参照标准。第二类检测方法主要是建立在项目反应理论或其他潜变量估算模型之上的,包括BILOG-MG和CONQUEST中的项目反应理论模型、结构方程建模框架下的MIMIC以及使用非参数检验的 SIBTEST 和 TESTGRAF。这些方法均使用模型估算的潜变量分数作为能力匹配的参照标准。

如前所述，具有项目功能差异的试题并不意味着测试偏颇，而要看造成差异的因素是否与测试构念无关。过去的研究主要依靠研究者或独立专家组对试题内容进行主观分析的方法来阐释可能造成项目功能差异的原因。比如 Chen & Henning（1985）使用 Angoff delta-plot 分析，检测出美国高校一项英语分组测试的四个与词汇有关的题目对具有西班牙语背景的考生有利，而对具有中文背景的考生不利。研究者对这四个题目进行内容分析后发现它们均包含西班牙语同源词汇。在考虑是否将它们归类为测试偏颇时，两位作者认为，由于英语和西班牙语的近亲关系，具有西班牙语背景的考生比具有中文背景的考生在学习英语时更具有优势，因此他们认为这些题目在两组考生之间的差异性表现属于英语能力差异的正常反映，因而不属于测试偏颇。

试题内容分析并非总能找出造成试题项目功能差异的原因。比如，Geranpayeh & Kunnan（2007）检测出一项高级英语测试的六个题目对三个不同年龄段的考生具有项目功能差异，但通过分析这六个题目后，作者并不能解释造成差异的原因，且后续五名独立专家组的分析也对此毫无结果。Ferne & Rupp（2007）进一步指出研究者或专家主观的内容分析很容易受个人因素的影响，因此分析结果的可靠性并不高。Uiterwijk & Vallen（2005）则建议我们应该使用不同的方法从不同的信息来源收集信息。在该研究中，收集信息的渠道包括三名研究者对试题内容进行系统性的分析、专家组针对不同的考生群体对试题难度进行判断以及 44 名学生答题过程的口述报告。除了可以采用多样化的信息收集方式和渠道，我们还应注意，收集信息的时间既可在检测到项目功能差异之前，也可在那之后。前者为验证性的方法，即事先通过收集相关信息对所有试题进行系统性的分析，然后针对每道题形成有关项目功能差异的假设，最后通过统计分析验证这些假设；而后者为探索性的方法，即通过统计方法发现具有项目功能差异的试题后，再去收集相关信息对造成差异的原因做出解释。Ferne & Rupp（2007）认为验证性的方法优于探索性的方法，因为前者属于理论驱动的方法，因此能为造成项目功能差异的原因做出更加具有说服力的解释。

3.3 现代技术在效度验证中的应用

在本节中，我们将主要介绍三种近年来在语言测试领域新兴的技术，包括认知诊断测试、决策树以及眼动追踪。严格地说，认知诊断测试的主要目的并非效度验证，而是为测试使用者提供更加精细化的测试结果。然而，其本质上作为一种有别于传统的测量技术，为我们对特定测试的效度验证提供了新的思路。

3.3.1 认知诊断测试

认知诊断测试是一种结合了认知心理学和心理计量学的现代测量技术。与经典测量理论和项目反应理论这类假设任何测量工具都只测量一个能力或维度（即单维性假设）的理论不同，认知诊断测试不仅假设整个测量工具可以是多维度的，而且认为测量工具下的每个任务甚至每个题目所测量的能力也可以是多维的。因此，基于经典测量理论和传统项目反应理论之上的测试一般只能报告一个总分，而基于认知诊断模型的测试能报告考生对一系列单项技能或属性的掌握状况（Lee & Sawaki, 2009b）。认知诊断测试这种精细化的分数报告方式非常契合语言测试领域对诊断测试的定义，即能辨别出考生在相关能力领域的优势和弱势，并为接下来的教和学提供参考（Bachman, 1990; Davies et al., 1999; Hughes, 2003; Lee, 2015）。随着近年来越来越多的教育工作者呼吁测试分数报告应向精细化方向转变（Leighton & Gierl, 2007）以及越来越多的学者对促学型测试（assessment for learning）的重视（Jones & Saville, 2016; O'Reilly & Sheehan, 2009），语言测试领域涌现出一批将认知诊断模型运用到水平测试、成绩测试和分组测试等非诊断测试身上的研究，包括托业测试（Buck et al., 1997）、托福测试（Jang, 2009a, 2009b; Lee & Sawaki, 2009a; Sawaki et al., 2009）和 PISA 测试（Chen & Chen, 2016a；陈慧麟、赵冠芳, 2013）等国际化的英语水平测试，也包括地区性或高校内部的英语水平或分组测试（Aryadoust, 2021; Kim, 2015; Li & Suen, 2013; Ravand, 2016; 闵尚超、熊笠地,2019)。这其中大部分是关于阅读测试的研究,而仅有少数为关于听力测试的研究。

认知诊断测试主要包含两个大的步骤(Lee & Sawaki, 2009b)。第一个步骤是人为地列出每个测试题目所考的认知属性(即知识、技能或策略)。这个步骤可以通过不同的方法来实现,包括专家判断的方法(即让领域内专家对每道考题所涉及的认知属性进行分析)(Sawaki et al., 2009)、口述报告法(即让考生口述报告每道题的答题过程,然后分析出每道题所涉及的认知属性)(Jang, 2009b)以及这两种方法的结合使用(Chen & Chen, 2016b; Li & Suen, 2013)。最终的结果通常为一个由"1"和"0"所构成的Q矩阵(Tatsuoka, 2009),其中"1"表示某道题目涉及相对应的某个认知属性,而如果是"0",则表示该题目不涉及该认知属性。Q矩阵即我们通常所说的测量模型(measurement model),因为它表明了测量构念与显变量(即测试题目)之间的关系。第二个主要步骤即通过统计手段来检验该测量模型与实际数据之间的拟合度。在这个过程中,我们需要选择合适的认知诊断模型来进行运算,如规则空间模型(Rule Space Model)(Tatsuoka, 1995, 2009)、融合模型(Fusion Model)(DiBello et al., 2007)、属性层级模型(Attribute Hierarchy Model)(Gierl et al., 2007; Leighton et al., 2004)、广义诊断模型(General Diagnosis Model,简称GDM)(von Davier, 2008)、决定性输入并有噪信道模型[Deterministic Input, Noisy 'And' Gate (DINA) model](Junker & Sijtsma, 2001)以及泛决定性输入并有噪信道模型(deterministic input, noisy 'and' gate model,简称G-DINA)(De La Torre, 2011)等。如果模型高度拟合数据且能有效地区分考生在每项属性上的掌握情况,那么我们就可进一步进行相关的分数报导。

在开发和运用认知诊断测试时,我们需要注意以下几点。首先是测量属性或构念的精细化程度(specificity or granularity)。如前所述,由于语言使用能力具有层级特点,我们很容易从理论和实用的角度将不同的能力进一步内部细化或合并。比如同样是将认知诊断测试运用到托福阅读测试中,Jang(2009b)的研究从该测试解析并定义了九项不同的阅读技能,而Sawaki et al.(2009)的研究则仅解析并定义了四项阅读技能,因此前者定义的技能相对来说更加精细。其中在阅读词汇理解方面，Jang（2009b）的研究包含两项技能，即根据上下文理解词义和使用词汇知识（而非上下文）来理解词义这两项不同的技能，而在 Sawaki et al.（2009）的研究中则仅包含"词义理解"这一项技能。总之，如何定义测量构念的精细程度将直接影响如何进行分数报导，而分数报导的内容和形式又将进一步影响测试使用者对测试结果的理解和运用。Jang（2009a）对教师和学生的进一步问卷调查和访谈发现他们对如此精细化的分数报导的有用性既持正面态度也持一定的负面态度，如一些学生在得知多数技能均较弱时会产生负面情绪，而一些教师也认为这样的分数报导不一定契合他们的教学方式。因此，我们在定义认知诊断测试的构念时，需要相关的研究证据表明其精细化程度的合理性。

其次是认知诊断模型的选择。目前已被开发出来的模型种类纷繁复杂，Rupp & Templin（2008）按照测试题目的评分规则类型（即二元计分或多级计分）、认知属性的计分类型（即二元计分或多级计分）以及认知属性之间的补偿关系（即允许属性之间相互补偿型或不允许属性之间相互补偿型）分为不同的种类。规则空间模型适用于评分规则为二元计分（即对或错）或多级计分（即多个不同的等级或分数）的测试题目，但它仅适用于对认知属性进行二元计分，即"掌握"或"未掌握"两种状态；另外它不允许认知属性之间相互补偿，即它认为考生必须同时掌握规定的多个技能才能答对某个题目。补偿型模型则认为如果某个题目涉及多项技能，其中已被掌握的技能可用来补偿未掌握的技能，从而提高答题正确率（Rupp & Templin，2008）。由此可见，选择不同的模型不仅会影响模型与数据的拟合度，还直接关系到分数报导方式。最近也出现了一些针对具体的语言测试比较不同模型优劣程度的研究（Chen & Chen，2016b；Li et al.，2016；闵尚超、熊笠地，2019）。这些研究的结果为我们将来选择合适的模型提供了有用的信息。

最后，虽然认知诊断测试的主要目的是为测试使用者们（如教师和学生）提供详细的测试结果，以提高测试结果的使用效率以及对教和学的有利影响，但从效度验证的角度出发，我们也可以通过这种方法来验证测试的构念效度或测试结果的构念解释，特别是针对涉及多项技能的测试任务的构念效度验证。通常情况下，使用项目反应理论和因子分析这类分析方法较难捕捉语言测试任务复杂的多维结构（Rupp &

Templin，2008），因此难以从统计的角度证实这些任务的构念细节。比如在阅读方面，过去使用因子分析的研究往往只能从相关的阅读测试中提取出 1~3 个因子（Basaraba et al.，2013；Song，2008；van Steensel et al.，2013），而使用认知诊断测试的研究则可从相关测试中提取出高达 16 项认知技能（Buck et al.，1997）。

3.3.2 决策树

决策树是一种基于非线性函数的用于数据挖掘的分析手段。作为数据挖掘的一种方法，决策树旨在从大量貌似毫无规律的实证数据中提取隐含的、有规律的信息，现已被广泛运用到商业、金融和医疗等领域，而在教育和应用语言学领域的应用还比较有限（许雪蕾等，2012）。与回归分析类似，决策树分析通过一系列的归类或预测变量（classification or predictor variable）来预测因变量，其中归类变量可由不同的范畴变量（categorical variable）和连续变量（continuous variable）混合组成，而因变量则可为范畴变量或连续变量（Sheehan，1997）。当因变量为范畴变量时，分析生成的决策树为归类决策树（classification tree），而当因变量为连续变量时，分析生成的决策树则为回归决策树（regression tree）（Gao & Rogers，2011）。目前决策树在语言测试中的运用主要为第二种情况，即通过一系列的测试题目特征（如每道题目所考的知识、技能或策略）来预测测试题目的难度（Gao & Rogers，2011；Rupp et al.，2001；Sheehan，1997），因此能为我们了解测试的构念效度提供有用的信息。

与认知诊断测试类似，在进行决策树分析前，我们需要先梳理每道试题与预测变量之间的关系。这个过程同样可通过专家判断和考生口述报告答题过程等方式来实现（Gao & Rogers，2011）。最后的结果类似于前面提到的 Q 矩阵。但与 Q 矩阵不同的是，表中的数值并不局限于由代表"涉及"和"不涉及"的"1"和"0"构成，而是由反映各类归类变量（或试题特征）实际刻度的数值组成，包括名义变量、定序变量和定距变量。在进行数据分析时，首先通过递归分区算法找出最佳的归类变量（如某个技能或试题特征），该变量必须能有效地将所有试题分为具有内部同质性的两组。在这第一个分叉中，总的试题集被称为总结点（parent node），而被分开的两组被称为子节点（child node）（Sheehan，1997）。在接下来的分析中，每个子节点又可按照最佳的归类变量生成新的子节点，直到终结规则（stopping rule）终止新的分叉（如没有足够数量的题目进行新的分叉或新的分叉无法解释更多的方差）。之后研究者需对决策树进行修剪（pruning）（Sheehan，1997）。修剪从最底层的子节点开始，以模型的简洁化（parsimony）和可解释性（interpretability）为目标（Gao & Rogers，2011）。最后形成的决策树模型可通过独立样本交叉验证、bootstrapping以及分类准确性检验等方式进行验证（Gao & Rogers，2011）。

通过这样的分析，我们能清楚地看到哪些试题特征对试题难度产生的影响最大（即处于决策树顶端的归类变量），而哪些试题特征对试题难度产生的影响最小（即处于决策树底端的归类变量）。其中有的试题特征可能属于测试构念模型的一部分，而有的则可能与构念模型无关。通过对密歇根英语水平测试的阅读部分进行回归决策树分析，Gao & Rogers（2011）发现三类阅读试题特征共同影响着试题难度，包括试题涉及的阅读技能、测试管理策略以及应试策略，其中与测试管理策略有关的试题有效干扰项的多寡这一特征对试题难度产生的影响最大。而由于处理干扰项并不属于我们日常阅读过程的一部分，因此该证据对测试的构念效度形成了挑战。

3.3.3 眼动技术

眼动（eye movement）或眼动追踪（eye-tracking）技术通过捕捉受试眼球运动信息，了解受试的视线和注意力轨迹，最终推导受试的认知或心理活动。眼动技术在阅读（特别是一语阅读）领域的研究和应用已经有着相当长的历史，并帮助研究者们建立了一批至今仍具有较大影响力的阅读和与阅读有关的模型，如E-Z Reader模型和容量受限读者模型（Capacity Constrained Reader Model）（Grabe，2009）。一直以来，眼动技术在语言测试领域并未得到过真正的推广。但随着该技术的日趋成熟以及使用成本的降低，一些研究开始将其运用到阅读以及其他技能的测试中来，以从一个较新的角度来了解考生的答题过程（Bax，2013，2015；Brunfaut，2016；Brunfaut & McCray，2015；Winke，2014）。前面我们提到了解考生答题过程的主要方法是专家判断和口述报告，然而专家判断的一致性以及有效性常常受到质疑（Alderson，1990a；Alderson & Lumley，1995），而口述报告也往往因其结果存在反应性（reactivity）和不真实性（veridicality）的可能而受到诟病（Bowles，2010）。与它们相比，眼动技术能提供更加真实、自然的反映受试部分心理活动的数据。

使用眼动技术进行认知过程分析主要依靠两类数据，即眼睛注视文本的方位以及时间长短（Winke，2014）。基于眼动技术的阅读理论认为，除了在注意力分离（attention disengagement）的情况下，眼睛所注视（eye fixation）的地方便是注意力聚焦的地方；当注意力聚焦到某部分文字时，便意味着我们在进行相关的信息处理；而从一个注视点移动到另一个注视点是由某个认知活动驱动的（Rayner，2009）。注视点之间快速地移动常常被称为扫视（saccade）。通常情况下扫视指向前的扫视，即文本阅读过程中视线正常的移动方向；向后的扫视则被称为回归（regression），即视线向后移动至某个文本或字眼。短距离的回归可能是想要重新注视到因扫视过快而漏掉的文本信息，而较长距离的回归（通常大于10个字符的距离）则可能是想要再次阅读之前理解有问题或失败的文本信息（Rayner，1998）。Brunfaut & McCray（2015）认为词内部的回归意味着与词汇处理有关的认知活动，而词间的回归则可能意味着语法、语义以及推理等与信息融合有关的认知活动的发生。过去的研究发现，通常情况下，随着阅读能力的提高，向前扫视的距离越远，回归的次数则会降低；而随着文本难度的增加，向前扫视的距离则往往变短，回归的频率也往往会升高（Holmqvist et al.，2011；Rayner，1998）。另外，注视时长（fixation duration）也是眼动技术常常收集的一项重要数据。注视时长往往受到与文本本身以及文字排版有关的因素影响（Bax，2013）。总的来讲，过去的研究表明，随着文本处理难度的增加，注视时长往往也会增加。从微观层面看，词汇的生僻程度、熟悉程度，词义的模糊程度，上下文对词语在形态和语义方面的暗示和兼容性等因素都会影响注视词语的时长（Brunfaut & McCray，2015）。

在与测试有关的研究中，我们通常还会收集与兴趣区域（areas of interest）有关的数据。兴趣区域通常指与研究直接相关的文本信息（Holmqvist et al.，2011），比如测试题目答案所在的关键的文本信息区域、题目或答案中包含的关键词、集库式完形填空中的选项等。通过了解考生注视兴趣区域的时长、次数和路径，我们便可以了解考生答题过程中是否以及怎样处理关键信息；如果考生并未处理关键信息也能正确回答题目，那么测试的效度便可能会受到质疑。

在验证语言测试的效度时，我们可收集以上几方面的眼动数据，然后再对比分析具有不同能力的考生的数据或者具有不同难度的测试的数据是否呈现相应的变化。比如在验证 APTIS 测试的构念效度时，Brunfaut & McCray（2015）便对比了该测试不同难度级别的试题相关的眼动数据，并且通过相关分析研究了眼动数据与二语阅读能力和二语整体能力之间的关系。结果发现，总体上眼动数据因测试难度变化而呈现相应的变化，但眼动数据的变化受测试题型的影响要大于测试难度的影响，且眼动数据的变化与阅读和整体能力的关系较弱。在验证雅思阅读测试的效度时，Bax（2013，2015）则从更加微观的层面（即每道题目）对比了正确答题的考生和错误答题的考生的眼动数据，结果发现对大多数题目而言，正确答题的考生和错误答题的考生的眼动数据呈现明显的区别。

虽然眼动技术还并未广泛运用到语言测试的效度验证中来，但 Bax 和 Brunfaut 等人的初步研究已经表明其运用的可行性和广阔的前景。未来我们还可将其运用到听力测试、写作测试和综合性任务（如听、读后续写）相关的研究和效度验证中来。但同时我们应注意眼动技术也有着明显的局限性。首先，目前与眼动技术有关的模型从整体上来说更加侧重于词汇层面的认知活动，因为眼动技术较难揭示高层次的认知活动（如推理、信息整合和评价等），特别是能力较高的阅读者的高层次认知活动（Bax，2013）。其次，眼动技术能为我们提供有关认知活动的证据，但不能告诉我们这些活动背后的具体动机。比如我们可以通过回归了解到受试正在重读阅读过的文本，但我们无法知道该动作是为了理解之前未理解的信息，还是为了整合来自不同位置的文本信息。为了弥补这两个缺陷，我们可以收集其他类型的数据（如访谈和口述报告等）来进行补充或交叉验证（Winke，2014）。比如 Bax（2013，2015）和 Brunfaut & McCray（2015）便在收集完眼动数据后，让受试边观看他们自己的眼动数据边回忆并口述自己的答题过程。再次，尽管眼动技术本身并不像有声思维法那样对受试的认知过程造成较大的影响，但眼动技术实施的条件可能扭曲阅读过程，比如必须在电脑屏幕上阅读，并且有时需要将屏幕字体调大数倍以满足数据收集要求（Winke，2014）。最后，由于眼动设备的稀缺和数据损失，最终收集到的有效数据通常量非常小，因此研究结果的推广性往往有限（Winke，2014）。

3.4 总结

在本章里，我们介绍了基于效度论证框架下的测试分数解释和使用各个环节的效度验证方法，并重点阐述了支撑各个环节推理效度所需的不同类型的证据。这些讨论表明测试的效度验证是一项涉及面极其广的系统性工程。这项复杂工程的系统性在于不同环节的推理既层次分明又相互影响，特别是有关前面推理环节的效度验证结果将直接影响着后面的推理过程。另外，针对同一环节的推理，我们需要从多个角度来进行效度验证，而针对每一个角度我们又可能需要从多方面进行数据收集和分析。效度验证的复杂性和涉及面的广泛性为我们开展效度验证工作带来了较大的困难。为此，我们更需要在开展工作之前进行周密的效度验证计划和安排，比如制定出一个全面的、逻辑通顺的、符合测试特色且又可行的效度论证框架。这样的框架不仅应包括我们收集证据的方面，也应包括我们评价和权衡各方面证据的原则。

第4章
效度验证实例分析

在本章里，我们将介绍有关语言测试与评价效度验证的典型实例。首先我们将从整体效度验证的角度出发，介绍 Schmidgall（2017）有关托业测试效度验证的研究以及 Chapelle et al.（2015）有关计算机写作自动评分和反馈系统的效度验证研究。前者使用了 Bachman（2005）的 AUA 框架，而后者则承袭了 Kane（2013a）的效度论证模式。紧接着我们从评分、概化、解释、外推、使用以及影响这 6 个环节分别介绍了 12 个针对各环节效度验证的例子，其中每个环节两个例子。由于我国是测试大国，有全球最大规模且风险极高的高考和大学英语四、六级测试，因此在最后我们还专门介绍了关于这两个测试的反拨效应实证研究。在介绍每例研究时，我们首先介绍其研究的背景和问题（或焦点），然后介绍其研究的方法并归纳其主要的研究结果，最后针对该研究的特点进行评价。通过这些实例分析，我们希望读者能了解如何在现实情境中针对具体的测试项目进行效度验证。

4.1 整体效度验证实例分析

实例一

Schmidgall, J. E. 2017. *Articulating and Evaluating Validity Arguments for the TOEIC® Tests* (Research Report No. RR-17-51). Princeton: Educational Testing Service.

1）研究背景

托业测试（Test of English for International Communication，简称 TOEIC）是由美国教育测试服务中心（Educational Testing Service，简称 ETS）开发的一项职业英语能力测试，涵盖听、说、读、写四种语言技能。该测试结果常被世界各大公司及用人单位用于人才招聘，人员分配、晋升等重要决策环节。作为一项大规模、高风险的测试，托业测试总体质量如何？是否能够实现预期的目的？这是测试利益相关者迫切需要知道的问题，也是测试开发人员需要回答的问题。Schmidgall（2017）的研究报告旨在以人才招聘这一使用目的为例，阐述如何在 AUA 框架下对托业测试的整体效度进行论证。

2）研究问题

构建托业测试整体效度时，测试开发人员需回答以下问题：评卷者是否按照评分标准进行评分？计算效标关联效度时，如何确定标准？如何确定录用分数线？托业测试是否有助于求职者求职？测试用户如何判断托业测试分数能够满足职场的需求？这五个研究问题聚焦托业测试分数的一致性、分数解释、测试决策和测试结果的使用。

3）研究方法

该研究过程可大体分为四个步骤：构建 AUA、收集证据、综合证据、评价 AUA。

（1）构建 AUA——提出主张和理由。Schmidgall（2017）基于 AUA 框架提出四个层面的主张，并分别列出相应的理由。首先，针对托业测试分数的一致性，该研究提出的主张为托业测试的分数是一致的、可靠的。支撑这一主张的理由包括：托业测试的分数没有受到语言能力以外的其他因素的不当影响；托业测试的试题具有很好的内部一致性；不同试卷之间的内容及难度是等值的；不同考次间考生的分数比较稳定；评分时，不仅评分员具有很高的内部一致性，评分员之间的一致性也很高。其次，针对托业测试分数解释的效度和公平性，该研究提出的主张为托业测试设计和开发过程系统、严谨，对测试分数作出的解释是有意义的、公平的，且与现实世界相关。支撑这一主张的理由包括：

第 4 章　效度验证实例分析

分数的实际意义与预期意义一致；有关考生语言能力的托业测试分数解释是无偏颇且公正的；托业测试分数能够反映考生的现实语言能力。再次，针对托业测试的合理使用，该研究提出的主张为托业测试的分数能够用于反映测试用户需求的公平、公正的决策。支撑这一主张的理由包括：ETS 提供具体的测试说明、工具和指导帮助测试用户更好地了解自身的英语需求，正确解释测试分数，做出公平、公正的决策。最后，针对托业测试使用的积极影响，该研究提出的主张为托业测试项目对考生和测试用户有利，并对英语教学产生积极的影响。支撑这一主张的理由为：为了提高测试的有益性，ETS 坚持高标准，使用合适的语言能力模型以指导测试设计，并给英语教师和学习者提供有效的支持。

（2）收集、编码、汇总各类证据。Schmidgall（2017）采用多渠道、全方位的形式收集效度证据。收集的证据涵盖测试设计环节、测试数据统计分析、过程监控及各种相关研究结果。测试设计环节相关的证据包括 ETS 制定的有关托业测试开发的所有文档，如测试大纲、命题细目表。统计分析是指分析不同测试形式和不同场次测试间分数的可比性，统计考生群体是否发生变化。过程监控是指考生、测试用户和地方合作方就测试实施、试卷保密和分数使用等给测试开发人员提供的反馈。相关研究结果包括 ETS、ETS 的合作方、其他行业期刊或个人发表的与托业测试相关的各类研究和评论文章。

（3）综合各类证据以支持主张和理由。Schmidgall（2017）将收集到的各类证据进行分析、综合，并将这些证据与各个理由进行关联，用以支持所提出的主张。例如，通过综合分析与托业测试相关的 50 个研究（详情见美国教育考试服务中心网站），Schmidgall 找到大量的证据以支持第一步提出的 4 个主张及理由。

（4）详述反驳声明的证据，对评价使用论证的合理性进行总体评价。在上面两个步骤中，Schmidgall（2017）收集到一些反驳声明的证据，如托业测试的听力和阅读测试对教学带来负面的反拨作用（Apichatrojanakul，2011）。评价 AUA 时，需要详述并认真审视反驳主张和原因的证据，并考量这些反证在多大程度上影响测量的质量属性（信度、效度、公平性等）及测试的使用，然后对评价使用论证的合理性进行总体的评价。

4）研究结果

Schmidgall（2017）的研究报告显示，多方收集的证据充分证明了托业测试的整体效度，证实了该测试使用的合理性。同时，该研究也让托业测试项目研究人员清楚地意识到接下来需要重点关注的问题，如托业测试的使用及对不同的利益相关群体产生的潜在影响。

5）评价

托业测试包括听、说、读、写、过渡测试（bridge test）五个测试，这些测试的设计和预期使用存在差异，需要单独进行效度论证。同时，托业测试结果被用于多种用途，也需针对不同的测试用户对测试的效度进行整体论证。Schmidgall（2017）的研究报告以人才招聘这一使用目的为例，呈现了基于论证的效度模型的基本过程，并展示了如何灵活运用这一模式构建整个托业测试的评价使用论证。Schmidgall 多渠道、全方位地收集证据并对证据进行整合、分析，说明了效度证据来源的广泛性和证据本身的复杂性。AUA 的构建过程对托业测试的相关研究提供了进一步指导，同时也向各个利益相关群体证明该测试的有用性。

实例二

Chapelle, C. A., Cotos, E., & Lee, J. 2015. Validity Arguments for Diagnostic Assessment Using Automated Writing Evaluation. *Language Testing*, 32(3): 385–405.

1）研究背景

近年来一些测试机构相继推出了基于计算机的写作自动评分和反馈系统。这些系统在学习者输入文本后，快速地根据事先设定的规则进行自动分析和评分，然后及时地为学习者提供详细的反馈信息，以促进写作学习。Chapelle et al.（2015）认为与测试一样，我们也应对这些写作自动评分系统进行效度验证，包括其分数解释、使用与影响的效度。然而，过去有关这类评分系统的效度验证往往局限于对其结果准确性的验证，而缺乏针对其他方面的效度验证。本例研究的目的便是展示怎样对两个写作自动评分系统进行整体的效度论证。第一个系统为美国测试服务中心开发的 Criterion。该评分系统主要从句子层面分析写作文本的语法结构，并针对语法错误进行反馈。该系统也是研究涉及的五个本科学术英语课程班的诊断评价系统的一部分。第二个自动评分系统为 IADE（Intelligent Academic Discourse Evaluator），为六个研究生学术英语课程班所使用。该系统主要通过对比学生写作文本中的语步（moves）和专业领域内典型文本的语步在比例和长短上的异同，提供相关的反馈信息，以此帮助学生提高他们在专业领域学术写作中通过语步来合理建构意义的技巧。

针对第一个自动评分系统，该研究提出了包含七个推理环节的效度论证框架，包括目的域定义、评分、概化、解释、外推、使用以及结果。每一个推理环节由一个理由（warrant）和多个假设（assumption）构成。比如，构成结果这一推理环节的理由是"使用该系统有助于学习"，而支撑这一理由的假设包括"学生对该系统的认识是积极的""该系统为学习提供的有关语法方面的反馈有效地补充了老师的反馈""学生掌握了相关的语法特征并提高了语法意识"等。与此类似，该研究针对第二个系统提出了包含八个推理环节和相关理由以及假设的效度论证框架，包括真实性、评分、概化、解释、外推、使用、促学潜能以及积极影响。在提出论证框架后，下一步便是收集相关的证据来支撑或否定每个环节的假设。然而由于篇幅的限制，该文章并未展示每个环节每个方面的效度验证过程和结果，而是针对每个系统选择性地展示了部分效度验证过程和结果。

2）研究焦点

关于第一个自动评分系统（即 Criterion），该文章主要呈现了针对使用这个环节第三方面（即"学生使用诊断结果来指导其对写作文本的修改"）进行的效度验证。关于第二个评分系统（即 IADE），该文章主要呈现了针对外推这个环节第二方面（即"IADE 系统提供的反馈能帮助学生理解研究论文写作中意义的构建方式"）进行的效度验证。

3）研究方法

针对第一个研究焦点，该研究邀请了来自 4 个英语写作课程班的 20 名具有不同专业背景的本科生。这些学生均为英语非本族语的国际留学生。其中 15 名学生各提供了一篇写作文本的原稿和根据 Criterion 反馈后的修改稿,而另外五名学生各提供了一篇写作文本的原稿和两次根据该系统反馈的两版修改稿。在分析学生怎样使用该系统的反馈来指导其修改时,该研究对这 20 名学生的修改稿中的修改类型进行了归类,包括保留、删除、增加、替换等。针对第二个研究焦点,105 名来自爱荷华州立大学的研究生参与了研究。这些学生同样为来自不同专业领域的国际留学生。该研究首先通过问卷调查了这些学生使用 IADE 自动评分系统提供的反馈建议的情况。另外,该研究还通过有声思维法、屏幕录像、半结构式访谈以及现场观察等定性数据手机方法来记录和研究其中一些学生使用该评分系统的实际情况。

4)研究结果

针对第一个研究焦点,该研究发现接近一半的系统反馈建议(包括直接和间接的反馈建议)未被学生采纳并运用到他们的文本修改中。通过进一步分析,研究人员发现这很可能与反馈建议的不准确性有关,如错误地将专有名词标记为拼写错误,以及将一些结构正确的句子标记为冗长句等。尽管如此,针对那些系统反馈的正确的修改建议,学生实际进行的修改达到了 70% 的成功率。因此该研究认为该系统在一定程度上达到了帮助学生修改其写作文本的效果,不过系统本身还存在很大的改进空间。针对第二个研究焦点,问卷调查结果表明,绝大部分学生在修改他们的论文时留意到了如何修改才能更好地表达意义,而且其中大部分的学生说明是由于该系统给出的提示性信息。有声思维、访谈以及观察数据也表明该系统提供的反馈信息帮助学生们意识到其写作文本在意义构建方面与反馈建议之间的差距。这样的意识帮助学生们进一步思考,并促使其进行针对性的修改。总之,不同类型的证据均表明 IADE 自动评分系统提供的反馈信息的确有效地帮助了学生了解研究论文中意义建构的方式。

5)评价

自从 Chapelle et al.(2008)提出托福效度论证框架以来,语言测试领域愈加提倡在测试的效度验证中首先提出连贯的效度论证框架,然后搜集相应的证据来针对各环节(或方面)进行逐一的效度验证。

Chapelle et al.（2015）进一步将这种系统性的效度验证思路运用到写作自动评分和反馈系统这类形成性评价中来。尽管该研究仅针对部分效度验证环节呈现了部分数据收集过程和结果，但其针对两个自动评分系统而提出的效度论证框架为今后我们开展这类评价和测试的效度验证工作提供了参考。

4.2　分数解释与使用各环节效度验证实例分析

4.2.1　评分

实例一

Huhta, A., Alanen, R., Tarnanen, M., Martin, M., & Hirvelä, T. 2014. Assessing Learners' Writing Skills in a SLA Study: Validating the Rating Process Across Tasks, Scales and Languages. *Language Testing*, 31(3): 307–328.

1）研究背景

21世纪初《欧洲语言共同参考框架》（简称《欧框》）（Council of Europe, 2001）的出版对欧洲的语言教育产生了极其重大的影响。它不仅加强了人们关于语言使用功能的观念，还积极地推动了标准参照测试以及有关测试有效性和公平性等方面的意识。然而，它也常常受到一些批评和质疑。比如，有的学者认为其描述语过于笼统而无法有效地区分不同能力等级的语言学习者（Alderson, 2007; Galaczi, 2014）。Huhta等人研究的主要目的便是验证使用《欧框》写作量表以及根据该量表进一步改编的量表进行英语和芬兰语写作评分的有效性。

2）研究问题

该研究共提出了两组研究问题。研究问题一：使用以上两个基于《欧框》的评分量表对关于不同的任务和不同的语言的写作文本进行评分后，其结果如何？为了回答这个大问题，该研究又提出了一系列小问题，包括：两个量表评分的一致性如何？使用两个量表对两种语言的写作进行评分时,量表的不同等级是否能得到有效区分?两个量表的可比性如何?一些评分员对两个量表的使用是否有别于其他评分员?在评分时评分员是否参考量表之外的标准?研究问题二:研究中使用的写作任务表现如何?为了回答该问题,该研究提出的小问题包括:不同的任务类型是否对任务表现产生不同的影响?不同的评分量表和不同的语言是否对评分产生了不同的影响?不同的任务是否对评分产生了系统性的影响?

3)研究方法

该研究包含定量和定性两部分数据。定量数据主要为写作评分数据,而定性的数据为评分员针对使用各评分量表的访谈意见和书面反馈意见。用于评分的英语写作样本来自 250 名以芬兰语为母语、英语为外语的初高中生;写作基于的任务包括四种不同的类型。用于评分的芬兰语写作样本源自 226 名芬兰语作为外语的初高中生;基于写作的任务与英语写作样本基于的任务类型一致。用于评分的第一个量表(即《欧框》评分量表)直接采用《欧框》的描述语,因而包含六个等级。第二个评分量表(即《全国核心教纲》评分量表)则对《欧框》的描述语作了进一步的细分,其中每个等级细分为三类,并且描述语中增加了有关语言使用错误或缺陷的描述。

八名评分员使用两个评分量表对英语写作样本进行整体式评分,其中每名评分员前后分别使用这两个评分量表对每个写作样本进行评分。十一名评分员采用同样的方式对芬兰语写作样本进行整体式评分。该研究使用多层面 Rasch 模型来分析这两组评分。分析内容包括评分员的内部一致性、外部一致性、评分量表功能分析、任务难度分析以及偏颇分析(包括评分员 × 任务、评分量表 × 任务以及评分员 × 评分量表)。定性数据包括来自六名评分员针对评分量表、任务以及整个评分过程的访谈数据,以及 4 300 条来自更多其他评分员的针对整个评分过程的书面反馈。研究人员对这些定性数据进行了归类分析。

4)研究结果

定量分析的结果表明两个评分量表均表现良好。这主要体现在,尽管个别评分员在使用《欧框》评分量表时出现内部一致性较低的情况,评分员之间在严厉程度上普遍存在一定的差异，但整体的评分信度较高。两个评分量表等级的实际难度呈正常的递增变化，且等级之间的难度距离足够明显。另外两个评分量表的不同等级也基本上能够相互对应，表明它们具有可比性。该研究使用的不同类型的任务虽然在难度上存在一定差异，但差异较小。另外，偏颇分析表明评分标准和任务类型不存在交互作用，这表明任务的难度基本上不因评分标准的变化而变化。但是评分员与任务类型以及评分员与评分标准之间存在明显的交互作用，这表明评分员的评分因不同的任务类型和评分标准而有所差异。

定性分析的结果表明，《全国核心教纲》评分量表比《欧框》评分量表使用起来更加困难。虽然访谈数据还发现评分员们普遍认为两个评分量表的等级定义非常清晰，但针对实际评分结果的定量数据分析则发现一些相邻等级的距离非常近，这表明大多数评分员在实际评分中较难清晰地区分这些等级。一些评分员也提出，他们在使用两个评分量表时使用了评分量表以外的标准。另外，他们对评分量表中的部分描述性语言（如"简单"这个词）的理解存在较大差异，因为这些语言本身定义并不清楚。这些基于定性数据的发现表明这两个评分标准还有进一步改进的空间。

5）评价

Huhta et al.（2014）重点研究了《欧框》写作部分的能力等级量表用作评分标准的效度。虽然从表面上看该研究并不属于任何一个测试评分环节的效度验证，但其研究设计方面的优点对其他使用《欧框》或类似能力等级量表作为评分标准的测试在评分效度验证这方面具有借鉴意义。该研究设计的优点之一在于除了使用不同的任务类型和评分员之外，还使用了不同的评分量表并涉及了两种不同的语言，因此使得研究发现更加全面。其次，该研究不但通过定量的方法分析了使用两个评分量表进行评分的质量，还通过定性的方式收集并分析了评分员的评分感受。这两种数据的互补性在该研究的结果中得到了很好的体现。比如，定量分析能准确地告诉我们每个评分员和任务与其他评分员和任务的离散程度，但并不能告诉我们其背后的原因（如使用的评分标准的来源偏差、理解部分描述语的偏差等），定性数据则有助于让我们了解这些信息。

实例二

刘建达,吕剑涛. 2015. 大规模计算机口试分析评分效果研究. 现代外语,38(2): 248-257.

1)研究背景

目前我国的一些大规模语言测试均增加了口语测试,且随着计算机和网络技术的进步,越来越多的口语测试也由过去的考官和考生面对面的现场测试变为基于计算机的人机对话测试。在评分时,评分员也由过去的现场评分变为在计算机平台上对考生音频进行评分。目前国内针对这类基于计算机的口试评分的效果的研究仍然较少。另一方面,过去的研究表明整体式评分(holistic scoring)和分析式评分(analytic scoring)两种不同的评分方式各有优缺点。整体式评分易操作,但评分员间往往侧重点不同;分析式评分由于具有更加详细的评分标准,因此评分的信度往往较高,但缺点是费时费力。在此背景下,刘建达和吕剑涛(2015)的研究旨在检验我国某大规模计算机口语测试在分析式和整体式评分方法两种情况下的评分质量。

2)研究问题

该研究共提出三个问题。研究问题一:分析式评分与整体式评分的结果是否有差异?研究问题二:分析式评分的评分员一致性如何?研究问题三:分析式评分的分数维度差异如何?

3)研究方法

该研究的测试数据来自5 216名考生的口试数据。研究涉及的16名评分员过去均使用整体式评分法评分,而未使用过分析式评分法对该口试进行评分。这16名评分员被平均分为两组,其中一组像过去一样仍使用整体式评分法评分,而另一组则使用分析式评分法进行评分。研究涉及的整体式评分量表分为五个等级,而分析式评分量表则分为内容、语言正确性、语音语调和流畅度四个分项标准,其中每个分项标准再分为五个等级。在评分前,两组评分员分别进行集中培训。在正式评分中,使用整体式评分法的那组评分员对3 186名考生的口试表现进行了评分,而使用分析式评分法的那组评分员则对2 030名考生的口试表现进行了评分。其中部分考生的口试表现同时被两种方法进行评分。为了回答研究问题一，该研究使用相关分析来研究两种评分方法下评分结果的相关性。另外还使用了回归分析来研究分析式评分量表中的四个不同分项标准分别对整体式评分结果的解释力。为了回答研究问题二和三，该研究使用了多层面 Rasch 模型来对评分结果进行分析。

4）研究结果

相关分析结果表明，两种评分方法的评分结果呈现中度偏低相关（$r = 0.40$）。进一步的回归分析表明，分析式评分量表中的流畅度对整体式评分结果的解释力最强（$\beta = 0.87$），其次是语言准确性和语音语调，而内容完成度的解释力最弱（0.28）。这表明评分员们使用整体式评分法进行评分时主要关注流畅度，而对内容完成度关注最少。针对研究问题二，多层面 Rasch 分析结果显示，每组评分员之间都存在不一致的严厉度，表明两种评分法情况下评分员间的一致性都存在一定的问题。另外，两组都存在个别评分员出现非拟合或过度拟合的现象，说明部分评分员出现自身一致性问题以及过度使用某些等级的问题。总的来说，分析结果显示，分析式评分法情况下的评分员自身一致性略好于整体式评分法。针对研究问题三，Rasch 分析结果表明分析式评分法情况下各分项的信息分布较均匀，而整体式评分法情况下的信息函数主要分布在较低的能力范围，表明该方法不能准确地区分较高能力段的考生。针对分析式评分结果的进一步分析发现，在语言准确性这个分项标准上，获得最高等级的学生数量明显偏低，这表明考生在该方面的能力亟待提高。

5）评价

该研究是我国少有的针对计算机辅助口试评分质量的研究之一。该研究从多个角度对比了整体式评分法和分析式评分法进行评分的效果，结果表明，虽然整体上两种方法的评分结果是可信的，但在局部上两者均存在一些问题。这为如何改进该测试的评分过程提供了宝贵的参考经验。该文作者在文章最后也针对发现的问题提出了相应的建议，如个性化的评分员培训以及平衡内容完成度和语言准确性两方面在评分过程中的比重。值得注意的是，该研究仅从定量的角度分析出了评分员使用不同评分方法所呈现出的差异，但并未进一步挖掘这些差异背后的原因，如评分员的经验、知识结构、性格等。将来的研究可通过访谈等定性的数据收集和分析方法来揭示这些原因。

4.2.2 概化

实例一

Bouwer, R., Béguin, A., Sanders, T., & van den Bergh, H. 2015. Effect of Genre on the Generalizability of Writing Scores. *Language Testing*, 32 (1): 83–100.

1）研究背景

过去有关写作测试分数误差来源的研究主要聚焦于两方面：评分员和写作任务。但通过文献梳理，该研究发现影响写作成绩概化到全域分的因素除了评分员和任务外，还可能包括写作体裁。不同的写作体裁不仅有着不同的交际目的和交流对象，也有着不同的文本结构、风格和写作规范。过去的研究也表明不同体裁的写作的认知过程不同，涉及的认知技能也不同；而学生在写不同体裁的文章时，他们使用的写作策略也会有所差异（Beauvais et al., 2011）。因此，该研究认为考生在某一体裁方面的写作成绩并不一定能概化到或代表他们在其他体裁方面的写作成绩。

2）研究问题

该研究的主要研究问题为：体裁是否对写作成绩的概化产生影响？

3）研究方法

该研究共在三个不同的时间点收集了荷兰小学六年级 67 名学生的写作样本。每名学生在每个时间点根据四种不同体裁的写作任务进行写作。这四种不同的体裁包括指明读者和未指明读者的议论文写作，以及指明读者和未指明读者的记叙文写作。最后每个写作样本由三名经过培训的师范生评分员进行评分。为了检验评分员的评分经验是否对评分结果产生显著的影响，该研究还安排另外三名具有五年以上教学和评分经验的评分员对其中一个体裁的写作样本进行整体式评分。因此，该研究中的学生（或他们的写作能力）便是测量的对象，而其他测量的层面包括体裁、嵌套于体裁中的任务以及嵌套于任务中的评分员。在概化分析时，该研究首先将体裁归类于随机层面（random facet），以探究体裁这个变量对评分结果的影响。然后，该研究将不同的体裁归类于不同的固定层面（fixed facet），并同时对比了师范生评分员和具有教学和评分经验的评分员的评分方差分析结果，以对比评分结果在不同的体裁和不同类型的评分员之间是否存在显著的差异。最后，该研究通过决策分析探究了每个体裁情况下达到可接受的概化系数（即 0.7 或以上）所需的任务和评分员数量。

4）研究结果

当体裁属于随机层面时，概化分析结果表明学生或其写作能力对分数方差的影响比例不到 10%，而体裁这个变量对分数中方差的影响超过了 11%，表明不同的体裁难度不同。考生与嵌套于体裁内的任务的交互作用对分数的影响达到了 19%，表明在每个体裁内的不同任务并不能一致地对不同的学生进行排序（即学生在不同任务上表现出的相对水平不一样）。另外，嵌套于任务和体裁内的评分员对分数的影响也达到 18%，表明不同的评分员之间的评分差异较大。当不同的体裁属于固定层面时，有关学生、任务、评分员与任务的交互作用以及评分员对分数的影响总体上来说与前面的结果一致，但横向对比后发现在不同的体裁情况下，这些不同层面对分数的影响有所变化。例如，评分员的影响在指明读者的记叙文体裁下为 14%，而在未指明读者的议论文情况下则达到了 24%，这表明评分员之间在评前一种体裁的写作文本时出现的评分差异小于评后一种体裁的写作文本。另外，在对比师范生评分员和具有经验的评分员的评分结果后，研究者发现，前者评分员间的差异大于后者评分员间的差异。这表明教学和评分经验对评分的质量有一定的影响。但该研究认为这样的差异对最后的概化结果影响不大。最后，决策分析发现，针对指明对象的记叙文写作这一体裁，三项任务和三名评分员便可使概化系数达到 0.7 及以上，而针对其他三种体裁，则需要五项任务和五名评分员才能使概化系数达到 0.7 及以上。

5）评价

Bouwer 等人的研究为典型的评分结果的概化研究。但与大部分针对任务和评分员的研究不同，该研究重点研究了不同体裁对评分结果和分数概化的影响，结果发现考生的写作成绩在不同的体裁间呈现较大的差异，且评分员的评分质量也因不同的体裁而呈现较大的变化，这表明考生在某一体裁方面写作成绩并不能很好地推广到其他体裁相关的写作成绩。从构念的角度来看，这也间接表明关于不同体裁的写作能力是具有一定差异的。这些发现为今后写作测试的构念定义、试题设计以及分数解释都提供了重要的参考。值得一提的是，该研究虽然对比了具有经验和不具有经验的两类评分员的评分质量，但对比仅局限于指明读者的议论文写作这一体裁，因此我们无法得知他们之间的差异是否也存在于其他写作体裁的评分中。另外，该研究发现不同的任务对学生的排序呈现显著差异，并主要将这样的排序差异归咎于任务之间的差异。事实上，由于该研究是在三个不同时间点收集的写作样本，因此在这期间学生的写作水平可能发生了变化，且不同的学生变化的程度也有可能不同，因而造成不同的时间点学生的排序发生了显著的变化。

实例二

孙海洋. 2011. 概化理论和多层面 Rasch 模型在建立"职前中学英语教师口语测试模型"中的应用. 外语与外语教学，（5）: 57-62.

1）研究背景

教育部 2001 年颁布的《国家基础教育英语课程标准》对中小学英语教师的口语能力作了更高的要求。但在孙海洋（2011）的研究发表时，国内还没有专门针对中小学英语教师口语能力的测试。该研究便旨在对正在进行试测的"职前中学英语教师口语测试模型"进行测试信度方面的验证，并为测试和评分的进一步改进提供参考。

2）研究问题

该研究并未提出明确的研究问题，但其研究目的为通过结合概化理论和多层面 Rasch 模型分析来研究"职前中学英语教师口语测试模型"

的信度,并进一步确定该测试的任务类型和数目,以及所需的评分员数量。

3)研究方法

该研究涉及的口语测试包括四种任务类型,即用英语教语言、用英语提供信息、用英语组织教学和课外使用英语四种任务,其中每种任务包含三项具体的任务,共计 12 项任务。考生为九名来自美国某大学的中国留学生。考生根据播放的录音完成相应的口试任务。最后四名在该校访学的来自国内高校的英语教师对每名考生的口试表现按照相应的评分标准进行评分。评分按任务进行,每个任务首先按照分析式评分方法进行评分,最后每个任务的得分为所有分项标准得分的平均分。因此,每位考生在每个任务上有来自四名评分员的四个分数。在数据分析过程中,该研究首先使用概化分析研究了考生、评分员和任务这三个变量的方差分量,然后通过决策分析研究了不同评分员数目和任务数目情况下测试概化系数和可靠性系数的变化情况。之后该研究通过多层面 Rasch 模型从更加具体的角度观测了每个考生、任务、评分员以及他们之间的交互作用(即偏颇分析)对测试信度的影响。

4)研究结果

概化分析结果表明,虽然考生这个层面是测试结果方差的主要来源(占 64.5%),但评分员以及评分员和考生的交互作用同样造成了较大比例的误差(分别占 15% 和 12%)。这说明不同评分员之间的评分存在较大的差异,且部分评分员对部分考生的评分存在偏颇。另外,任务以及任务和考生的交互作用也贡献了一定比例的误差(分别占 2% 和 3.5%),这表明不同任务之间的难度存在一定差异,且部分考生在部分任务上的表现比较反常。进一步的决策分析则表明每减少一项测试任务对概化系数的影响远小于每减少一名评分员的影响,且如果要达到可接受的概化系数(即 0.7 或以上),则至少需要十项测试任务以及三名评分员。至此,该研究通过概化理论分析发现可减少两项任务以及一名评分员,但具体应剔除哪两项任务和哪名评分员,还需要多层面 Rasch 模型来进一步分析。通过多层面 Rasch 模型分析,该研究发现 12 项任务中的语音辨别这一项任务呈非拟合状态(infit = 1.57),表明其不能准确地区分考生的水平。偏颇分析则进一步揭示出评分员 3 与部分考生以及语音辨别任务均出现显著的偏颇，而拼读单词以及语音辨别这两项任务与考生之间也呈现出最多次的显著偏差。因此，该研究认为应剔除拼读单词和语音辨别这两项任务以及第三位评分员。

5）评价

该研究同时使用了概化理论分析和 Rasch 分析，为处于开发阶段的测试的信度检验和进一步的改进方案提供了非常有用的信息。其中，概化理论分析和多层面 Rasch 分析的互补性在该研究中得到了很好的体现。概化理论分析主要从宏观层面研究不同测试变量对测试测量精度或信度的影响大小，且能为我们预测达到可接受的测试信度所需的测量条件。然而它并不能告诉我们哪些具体的测量要素严重地影响着测量信度。多层面 Rasch 模型便能解决这个问题，因为它能从微观层面告诉我们具体哪些考生、任务或评分员严重偏离测量模型，从而影响测试的信度。尽管该研究为我们如何互补性地运用这两种统计方法来检验测试结果的概化程度提供了很好的借鉴，但由于该研究的考生仅为九名，而 Rasch 分析通常要求较大的样本，因此该研究结果的可靠性有待观察。

4.2.3 解释

实例一

In'nami, Y. & Koizumi, R. 2012. Factor Structure of the Revised TOEIC® Test: A Multiplesample Analysis. *Language Testing*, 29(1): 131–152.

1）研究背景

如前所述，托业测试（TOEIC）是国际上著名的职场英语交流能力测试。它最早仅在日本施行，后来因为来自世界各地的考生增多，因而逐渐扩展到全球多个国家。该测试的听力和阅读两大部分共由 200 多道多项选择题组成。考生考完后收到测试结果，其中包括听力和阅读分开的技能分数以及两项技能综合后的总分数。在 In'nami 和 Koizumi 的研究发表之前，还没有专门针对该测试因子结构的研究。通过文献梳理，该研究的作者发现过去的研究结果表明听力和阅读测试的关系存在四种不同的可能：（1）二者是无法分离的（或二者测试的是同一构念）；（2）二者是相互独立的；（3）二者是可分离但高度相关的；（4）二者之上存在一个范围更广的"理解"构念（即存在层级关系）。托业测试的分数报导形式便与第四种情况一致，但尚未有研究来证明该测试的构念结构能够支撑这样的分数报导。

2）研究问题

为了验证托业测试的构念结构，该研究一共提出了两个研究问题。研究问题一：托业测试预设的层级构念模型与测试数据的拟合度是否优于听力阅读相关模型、听力阅读相互独立模型以及听力阅读不可分模型？研究问题二：托业测试的因子结构是否适用于不同的考生群体？

3）研究方法

用于该研究的测试数据来自日本某理工院校的569名本科生和研究生。为了进行交叉验证，该样本被随机分为两个大小相当的样本。针对每个子样本，该研究首先检查了数据的分布情况以及缺失值，然后使用验证性因子分析来检验四个模型与每个子样本数据的拟合程度，最后通过多样本分析（multisample analysis）来检验与数据拟合最好的模型是否适用于两个不同的子样本。多样本分析即测量模型一致性分析（measurement model invariance analysis）。它是一个递进的过程，即逐步检验两个样本的模型在因子载荷、测量误差的方差、因子方差以及因子协方差上强行保持一致的情况下整体的数据拟合情况。

4）研究结果

首先，针对两个子样本分别进行的验证性因子分析均表明，层级模型、相关模型和不可分模型的数据拟合度达标，而相互独立模型的数据拟合度则不达标。其中层级模型和相关模型的数据拟合度完全一样，卡方差异显著性检验的结果也表明这两个模型的数据拟合度均优于相互独立模型和不可分模型。尽管层级模型和相关模型的拟合度一样好，但层级模型的初阶因子（first-order factor）只有两个，因此存在模型鉴别问题，最终会导致不准确的参数估计。因此，该研究最终选择了相关模型来进行样本间的交叉验证。多样本分析表明，相关模型的因子载荷、误差的方差、因子方差以及因子间的协方差在两个样本之间均是一致的。这说明该模型适用于不同的样本群体。

5）评价

该研究属于典型的测试数据因子结构分析，而这样的研究能为我们提供直接的有关测试构念解释的证据。该研究的研究结果表明，托业测试的测试构念模型是由两个高度相关但又可分离的构念（即听力和阅读能力）组成，从而为该测试针对两项技能进行单独分数报导的方式提供了有力支撑。另外，这两个构念间的高相关系数也为总分数的报导提供了一定支撑，但由于无法验证层级模型的可靠性，还需从其他渠道来证明该测试总分数报导的合理性。值得注意的是，该研究用于交叉验证的两个子样本均来自同一高校，很可能具有高度同质化的特征，因此交叉验证结果的说服力并不十分地强。由于托业测试是一个国际化的测试，考生涉及具有不同背景的英语学习和使用者，因此需要更多的多样本分析来证明该研究最后选择的模型是否适用于所有的考生群体。

实例二

孔文. 2011. 从考生答题过程验证 TEM4 阅读理解任务的构念效度. 外语测试与教学，（3）: 1–13.

1）研究背景

英语专业四、八级测试是面向我国英语专业本科学生最重要的测试。在 2005 年该测试进行了一项主要的改革，其中阅读部分的改革包括取消了快速阅读，同时增加了仔细阅读理解的篇章长度以及题目数量。改革后的英语专业四级测试阅读部分的考题主要测试两个大类（即可在文本中直接找到的信息和需要推理才能得到的隐含信息）的信息处理技能。其中第一大类又包括词语或句子层面的字面理解题和段落层面的信息重组或重释题两小类，而第二大类又包括推理题和评判题两小类。因此，该测试的阅读部分总共测试了四种不同的阅读技能。然而在孔文（2011）的研究发表之前，关于该测试阅读部分的研究主要为定量研究，而定量研究无法验证考生答题过程中使用的技能是否与试题想要测试的技能一致。因此该研究从定性研究的角度出发，来验证该测试阅读部分的测试结果是否源于相关的阅读构念。

2）研究问题

该研究共提出两个研究问题。研究问题一：考生是否按照命题者的期望在文本不同层面上（词/句、段落和整个篇章）找出不同问题类型的答案？研究问题二：不同水平组考生在阅读和答题过程中使用的策略有何异同？

3）研究方法

该研究主要使用有声思维法。研究使用的测试材料为2005年英语专业四级测试的阅读真题。该试题共包括四篇阅读文本，共20道试题。参加该研究的学生为浙江省某大学英语专业二年级的学生。这些学生还未参加专业四级测试，但已通过模拟测试的方式熟悉了前两年专业四级阅读的真题。起初研究者共招募了27名参与者，并按照他们前两次模拟测试的成绩将他们分为高分组、中分组和低分组。在剔除无法使用的无效数据后，作者最终保留了18名参与者的数据，其中每组六名参与者。在分析转写口述报告数据时，作者首先使用前人研究提及的阅读答题策略框架对试点研究中的数据进行分析，最终确立了适用于该研究的三大类策略，包括实施阅读和答题的总策略、处理篇章时的阅读策略以及处理试题本身时的答题策略。随后作者使用这些不同类型的策略对其余的口述报告数据进行标注。

4）研究结果

针对研究问题一，该研究统计并对比了三组参与者在回答每道题时处理文本信息的范围（即词或句子、段落及篇章）与题目设计者预期的处理范围。结果发现在大部分（73.3%）的情况下，参与者回答题目时处理文本信息的范围与题目设计者的预期一致，这表明该阅读测试与命题专家预期的那样考察了不同层次的阅读理解。针对研究问题二，该研究统计和对比了三组不同水平的参与者答题过程中使用总策略、处理文本时的阅读策略、处理题目时的有效答题策略以及无效答题或应试策略

(testwiseness)。结果发现三个水平组的参与者使用文本阅读的策略和有效的答题策略在总数上无显著差别,但在个别的策略使用上这三组存在明显差异,且这些差异很可能与语言水平的差异有关。另外,高分组使用无效答题策略在次数上明显低于中低分组。但总的来说,通过无效答题策略答对题目的情况不足10%,表明该阅读测试主要考察了与阅读理解相关的能力。

5)评价

与上一例通过定量的方式来验证测试构念效度不同,本例研究主要通过定性方法来研究测试答题过程中所使用的技能或策略,从而验证测试所考的能力是否与预期的构念一致。该研究通过借鉴前人如 Cohen & Upton(2007)等有关阅读答题策略的研究成果,并结合自身的数据,最终确立了符合该研究的策略框架,因此进一步丰富了有关阅读测试答题策略的研究成果。另外,该研究有效地将参与者分为了三个不同的水平组,并对比了他们的答题策略使用频数,结果较清晰地展示了不同能力的考生使用不同策略的规律。值得注意的是,该研究虽然对比了参与者回答每道题目时处理信息的范围与试题设计者预期的信息处理范围,但并未比较二者关于信息处理所需技能的类型(即研究背景中提到的测试想要测量的两大类、四小类阅读技能),因此研究结果并不能有效地说明该测试的大部分题目都考到了想要考到的技能。从这个角度来说,该研究并未完全达到构念效度验证的目标。

4.2.4 外推

实例一

LaFlair, G. T. & Staples, S. 2017. Using Corpus Linguistics to Examine the Extrapolation Inference in the Validity Argument for a High-Stakes Speaking Assessment. *Language Testing*, 34(4): 451–475.

1)研究背景

以任务为中心的语言能力观认为特定的任务情景特征(contextual

features）决定最终的任务表现，因此我们可以通过模拟目的域任务的情景特征来设计测试任务，并通过考生在相关测试任务中的表现来推断他们在目的域中具有类似情景特征的任务中的表现。LaFlair & Staples（2017）的研究便是基于这样的假设。具体而言，该研究旨在通过对比密歇根英语水平测试的口语测试与目的域口语任务在情景特征和口语产出的语言特征上的异同，以达到检验该口语测试结果外推的目的。

2）研究问题

该研究共提出两个研究问题。研究问题一：密歇根英语口语测试中口语产出在不同维度上的语言特征在多大程度上与目的域中口语产出的特征类似？研究问题二：随着测试分数的增加，密歇根英语口语测试中口语产出在不同维度上的语言特征在多大程度上接近目的域中口语产出的特征？

3）研究方法

该研究使用的主要方法为基于语料库的语域分析法（corpus-based register analysis）。密歇根英语口语测试语料库由2013年不同测试场次中随机抽出的98个口语对话组成。每个对话由一位考生和一位考官的面对面访谈构成。用来对比的目的域口语语料库则由三个不同的语料库组成，这三个语料库共涉及五个不同的口语语域，包括护士与病人、顾客与服务员、学生与教授、学习小组以及日常对话。在分析这两组（即测试和目的域）语料库的语言特征之前和之后，该研究通过情景分析（situational analysis）来分析和对比各自语料库的对话在情景上的异同。这些分析结果用来辅助解读针对语言特征的分析结果。

针对语言特征分析，该研究首先通过文献锁定了41项语言特征，然后通过Biber tagger和Tagcount两个电脑程序对测试和目的域语料库的这41项特征的频率进行自动分析。得出分析结果后，该研究通过因子分析来进一步提取这41项特征背后的潜在因子。最终，该研究得出了五个关于口语语言特征的因子，包括口头叙述、建议与将来可能性、以听者或说者为中心的对话、信息阐释、立场。在文中，该研究着重对比了两组语料库在第一、二和四个语言特征维度的频率差异以及与考生测试分数的关系。

4）研究结果

通过对比两组语料库，该研究发现，口语测试中的口语在第一个维度的语言特征（即口头叙述）上普遍低于目的域中的口语，尤其是日常对话这个语域类别，但最高分数段的口语与目的域中的口语在该维度上接近；在第二个维度的语言特征（即建议与将来可能性）上，口语测试中的口语也明显低于目的域中除了病人的大部分的口语类别；而在第四个维度的语言特征（即信息阐释）上，口语测试中的口语与目的域中的教授和学习小组这两类口语相当，同时普遍高于目的域中其他类别的口语。针对第二个研究问题，该研究发现第一和第四个维度的频率与口语测试成绩呈中度正相关（分别为 $r = 0.44$ 和 $r = 0.29$），表明高分数段的考生比低分数段的考生使用更多的与口头叙述和信息阐释相关的语言特征；而第二个维度的频率与口语测试成绩之间的相关则并不具有统计意义上的显著性（$r = 0.14$），表明考生的口试得分和使用该维度特征的频率关系不大。总之，该研究的结果表明，密歇根英语口语测试中的口语特征与目的域中的口语特征既存在相同的地方，也存在大量不同的地方。这些不同之处与不同的情景特征有关，如不同的话题、对话双方不同的社会角色和关系以及不同的交际目的。

5）评价

该研究示范性地将 Biber（2006）的多维度分析（multidimensional analysis）运用到测试结果外推的效度验证上来，并揭示出密歇根英语口语测试中的口语特征与目的域中口语特征在不同维度的语言特征上呈现的诸多不同之处，因此为该测试结果外推的范围和程度提供了有用的参考信息。LaFlair & Staples（2017）认为与过去的针对单个的语言特征的分析不同，多维度分析的优势在于基于因子分析而得出的语言维度同时容纳了多个语言特征，从而增加了研究结果的稳定性和可比性，因为与维度相比，单个的语言特征更容易受到各方面因素的影响而呈现出更大的变化性。笔者同意该观点的部分内容，但我们同时想要提醒的是，采用因子分析生成的维度应建立在相关的理论基础上。完全依靠统计而得出的语言维度本质上为数据驱动的结果，而这样的结果本身具有很大的不稳定性。尽管如此，该研究为我们怎样验证测试结果（特别是口语和写作的测试结果）外推环节的效度提供了一个较新的思路。

实例二

Llosa, L. & Malone, M. E. 2019. Comparability of Students' Writing Performance on TOEFL iBT and in Required University Writing Courses. *Language Testing,* 36(2): 235–263.

1）研究背景

2005 年实施的托福网考在许多题型设计上做了较大的改变。比如，针对写作技能的测试，该测试在原来的独立写作任务（independent writing task）外增加了综合写作任务（integrated writing task）。在独立写作任务中，考生根据简短的写作提示进行写作。而在综合写作任务中，考生需先听一段与写作话题有关的录音，然后阅读一段同样话题的材料，最后根据这两种输入材料进行写作。这种综合写作任务的增加正是为了使托福写作更好地模拟大学学习中的写作任务，从而使测试结果能更好地外推到现实学习中的写作表现。在 Llosa & Malone（2019）的研究之前，Riazi（2016）便通过 Coh-Metrix 对比了 20 名研究生的托福网考写作文本和他们现实学习中的写作文本在语法复杂度、词汇复杂度和连贯性三个方面的差异，并初步确立了托福网考写作和现实写作在语言特征上的可比性。但还尚未有研究证明学生在托福网考中的写作成绩与他们现实学习中的写作成绩具有可比性。Llosa & Malone（2019）的研究正是要弥补这一空缺。

2）研究问题

该研究共提出两个研究问题。研究问题一：托福网考独立任务写作分数、综合任务写作分数以及写作总分与目的域中的写作成绩（包括写作教师对学生写作和英语整体水平的评价、写作教师对学生在写作课程任务中表现的评分、学生写作课程任务的初稿和终稿在分析式评分中的得分）关系如何？研究问题二：在使用同一个分析式评分量表进行评分的情况下，学生在托福网考独立写作任务和综合写作任务中的写作质量与他们课程任务的初稿和终稿的质量具有多少可比性？

3）研究方法

参与该研究的学生为来自八所美国高校的 103 名英语非本族语本科生。在数据收集阶段，每名学生如同测试那样完成一项托福独立写作任务和一项综合写作任务，另外提交两项他们已被评分的写作课程任务的初稿和终稿。他们各自的写作课程教师通过网上问卷的形式对其参与研究的每位学生的写作水平和整体英语水平进行评分。学生们的托福写作文本由两名专业的托福评分员按照正规的托福评分流程进行评分，包括每个任务的分数和写作总分。最后，该研究邀请了五名评分员使用同一个分析式评分量表（包括语法、衔接、修辞结构、语用和内容这五个分项标准）对这 103 名学生的托福写作文本和提交的写作课程任务文本进行分析式评分。每个文本为双评，最后的成绩为两个评分员所给分数的平均值。针对研究问题一，该研究主要使用相关分析来研究学生在托福网考写作任务中的成绩与他们在大学写作课程中的成绩（包括教师的整体评价、教师对特定写作任务表现的评分以及该研究使用分析式评分量表对特定写作任务表现的评分）的相关关系。针对研究问题二，该研究主要使用配对样本 t 检验来研究学生托福写作任务中的写作质量与他们提交的写作课程任务中的写作质量是否呈现显著的差异。

4）研究结果

针对第一个研究问题，该研究发现，学生的托福综合写作成绩和写作总成绩与目的域的所有评价和成绩均呈显著的正相关，而托福独立写作成绩也与除了写作课程任务得分以外的其他目的域评价和成绩呈显著正相关。其中综合写作成绩与目的域中教师的评价以及写作课程任务得分的相关系数均高于独立写作成绩与它们之间的相关系数，这表明学生在综合写作任务中的表现更能代表学生在现实学业中的写作表现。另外，学生的三项托福写作成绩与该研究分析式评分情况下写作课程任务初稿得分之间的相关系数普遍高于它们与终稿得分之间的相关系数，这表明学生在托福写作测试中的写作与他们在现实学习中未经修改的写作质量更加接近。针对第二个研究问题，该研究通过 t 检验发现，在同一个分析式评分量表评分的情况下，学生的托福独立写作与写作课程任务初稿在除了修辞结构外的四项分项评分标准以及总分上均未呈现显著差异;终稿的情况则相反,即学生的托福独立写作与写作课程任务终稿在除了修辞结构以外的所有分项标准以及总分上均出现了显著差异。他们的托福综合写作与写作课程任务初稿在总分上也未出现差异,但在修辞、语用和内容这三项分项标准上呈现了显著差异;而托福综合写作与终稿不仅在语法、衔接以及内容这三项分项标准上呈现显著差异,还在总分上呈现显著差异。总的来说,t 检验进一步证明参与学生的托福写作质量与他们写作课程任务初稿的质量更接近,特别是在语法和衔接这两方面;而终稿由于经过教师的反馈和进一步修改,已明显不同于初稿的质量。这些结果为托福写作测试结果外推到目的域的效度提供了一定的支撑性证据。

5）评价

不同于上一例对比测试中的语言使用与目的域中的语言使用在特定的语言特征上的异同,Llosa & Malone（2019）的研究主要检验了测试结果与目的域中相关的能力评价和语言使用表现之间的关系和异同。因此,该研究本质上属于通过验证效标关联效度的方式来检验测试结果的外推效度。正如前一章提到的那样,通过这种方法进行外推验证的前提是所选择的相关联的标准本身必须是有效且可靠的。在本例研究中,两位作者也指出,教师对学生写作和英语能力的评价以及对学生两项写作课程任务表现的评分很可能存在信度和效度问题,且研究者也无法对这些标准的信效度作进一步的验证,因此难以保证最后所得的相关系数准确地反映了学生的托福写作表现与他们现实学习中写作表现的关系。尽管如此,该研究巧妙地额外使用了同一个分析式评分量表来对参与学生的托福写作和写作课程任务中的写作进行统一评分,因此增加了最终结论的可靠性。

4.2.5 使用

实例一

Sawaki, Y. & Koizumi, R. 2017. Providing Test Performance Feedback that Bridges Assessment and Instruction: The Case of Two Standardized English Language Tests in Japan. *Language Assessment Quarterly*, 14 (3): 234–256.

1）研究背景

近年来，越来越多的大规模标准化测试受到各种各样的批评，而批评的焦点之一便是这些测试提供的与测试结果有关的信息往往十分单一和贫乏。另一方面，越来越多的专家学者以及教育从业者认为测试应尽量为教学提供有用的信息。在此背景下，越来越多的大规模语言测试开始着手为考生以及其他相关的测试使用者（如教师）提供越来越详细的测试结果。这其中便包括本例研究关注的对象，即在日本国内广泛使用的、针对中学生设计的两项大规模英语水平测试，GTECfS 和 Eiken。这两项测试均为学生和教师提供非常详细的测试反馈信息。那么教师和学生是如何解读和看待这些反馈信息的呢？他们又是怎样使用这些信息的呢？对这些问题进行调查正是为了检验测试结果是否得到了有效的使用。

2）研究问题

该研究共提出五个研究问题。研究问题一：GTECfS 和 Eiken 两项测试在分数报告和补充材料方面是怎样进行反馈的？研究问题二：学生们对这两项测试的分数报告和补充材料的认识如何？研究问题三：学生们在学习中怎样以及在多大程度上利用了这两项测试所提供的分数报告和补充材料？研究问题四：教师们对这两项测试反馈的学生和教师分数报告以及补充材料的认识如何？研究问题五：教师们在教学生怎样以及在多大程度上利用了这两项测试所提供的学生和教师分数报告以及补充材料？

3）研究方法

针对第一个研究问题，该研究主要通过文件和材料分析的方法来分析 GTECfS 和 Eiken 这两项测试反馈给学生和教师的分数报告以及补充材料的特征。在分析这些文件和材料时，该研究采用了 Roberts & Gierl（2010）的测试分数报告分析框架，其中包括测试结果反馈的形式（如

第 4 章 效度验证实例分析

测试结果采用数字还是等级的形式进行报导、测试结果是常模参照还是标准参照、分数解释针对的能力的粗细以及是否报告测量误差）和测试结果呈现的方式（如数字、图表、文字的使用，报导媒介是纸质的还是电子化的，以及分数报告的设计原则等）。针对研究问题二到四，该研究对来自东京三所中学的 16 名中学生和 5 名英语任课教师进行了访谈。

4）研究结果

针对第一个研究问题，文件和材料分析表明两项测试均遵循了较好的分数报导原则。两项测试报导的内容不仅包括学生的总成绩，还包括分项技能以及分技能下更加细微的子技能的成绩，另外，每位考生具体的答题情况也能在报告中找到。两项测试还报导了学生的班级和学校排名（即常模参照）以及能使用相关技能完成何种任务的信息（即标准参照）。除此以外，两项测试都在补充材料中提供了测试的题目、答案以及相关的学习建议。此外，GTECfS 的考生还能看到前三次测试的分数变化以及未来六个月测试成绩的预估。然而，两项测试均未在分数报告中提供相关的测量误差。在呈现方式上，两项测试都使用了多样化的方式来呈现报导的内容。针对研究问题二，学生访谈表明学生们总体上对测试反馈的内容和形式持肯定的态度，但对个别方面（如学习建议中的学习任务、写作文本上评分员的标注以及"Can-do"描述语）持褒贬不一的态度。针对研究问题三，学生访谈表明学生们总体上利用反馈信息的程度非常有限，且仅有少部分学生在学习中利用了反馈的信息和材料。这其中的原因包括测试结果反馈的时间过于滞后等。针对研究问题四，教师访谈结果表明教师们也普遍对两项测试反馈的内容和信息持肯定态度。针对研究问题五，该研究发现，总体上教师们对两项测试反馈的信息在教学中的利用有限，且不同的教师关注和利用的信息类型有所不同，想要达到的目的也不同（如观测学生的进步情况、对学生进行分组或分班、评价教学效果等）。另外，教师们普遍对学生具体的答题情况不感兴趣，且认为该信息过于详细，因而无法让他们更宏观地了解学生们的强项和弱项。

5）评价

测试的分数报导事关测试结果是否得到正确的解读和使用，然而语言测试领域针对该环节的效度验证的研究仍然比较缺乏。我国在该领域的研究亦是如此。Sawaki & Koizumi（2017）的定性研究为我们提供了很好的示范。该研究的结果表明，总体上测试使用者对 GTECfS 和 Eiken 这两项测试提供的反馈信息持满意的态度，但也发现一些具体的问题。另外，该研究的结果还表明，这两项测试提供的丰富的反馈信息并未很好地被教师和学生运用到他们的教学和学习中。通过这些发现，该研究的作者认为反馈并不是越详细越有用；只有及时的、合适的反馈信息才更可能被测试使用者利用起来。另外，两位作者还针对以上发现提出了一些关于如何促进测试结果反馈有效性的建议，包括教师可与学生集体讨论反馈信息、测试开发者可到每个学校指导教师和学生解读测试提供的反馈信息等。

实例二

Choi, I. & Papageorgiou, S. 2020. Evaluating Subscore Uses Across Multiple Levels: A Case of Reading and Listening Subscores for Young EFL Learners. *Language Testing*, 37(2): 254–279.

1）研究背景

如前所述，越来越多的测试利益相关者或测试分数使用者希望测试能反馈更加精细化的测试结果，如与阅读不同子技能有关的分数。学习者们希望通过这样的信息来了解自己掌握阅读技能的情况，以进一步安排自己阅读训练的重点；而阅读课教师也希望通过这些信息了解整个班级掌握不同阅读技能的情况，以便进一步安排合适的教学计划。然而，报导分项分数（subscore）需要具备两个条件：一是这些分项分数的信度是达标的（即可靠性），二是每项分项分数能提供区别于其他分项分数的信息（即独特性）。要满足这两个条件并不容易，因为与总分比起来，与分项分数有关的题目数量更少，因此其信度通常不如总分那样高。二是因为不同语言技能之间通常是高度相关的，因此针对不同技能的分项分数往往因无法提供足够独特的信息而失去对其进行单独报导的意义。Choi & Papageorgiou（2020）的研究正是为了检验托福小学测试的听力和阅读部分是否能进一步为每位考生以及每个学校提供除了技能总分之外的关于子技能的分项分数。这里分项分数的检验在两个不同的层级进行——考生个人层面和学校层面。

2）研究问题

该研究共提出两个研究问题。研究问题一：在肯尼亚这个测试环境中为每位考生报导托福小学阅读和听力测试的分项分数是合理的吗？研究问题二：在肯尼亚这个测试环境中为每个学校报导托福小学阅读和听力测试的分项分数是合理的吗？

3）研究方法

该研究涉及的测试数据来自肯尼亚51所不同学校的4 776名学生。其中每所学校参与学生的数量在51人到112人之间，且大部分学校参与学生的数量在90人以上。该研究作者通过与试题设计者讨论，确定该测试的听力部分在理论上测试了四项子技能，而阅读部分则测试了三项子技能。因此从理论上而言这两部分可报导共计七项分项分数。在随后的测试数据分析中，该研究首先通过双层随机截距模型（two-level random intercept model）来分析学校之间在每项分项分数上是否存在足够的差异性（即方差）。如果学校之间在分项分数上存在的差异可忽略不计，那么在学校层面报导分项分数则毫无意义。接着，该研究使用 Haberman（2008）以及 Haberman et al.（2009）的基于经典测量理论的分项分数分析方法，来分别分析在考生和学校两个层面报导分项分数的合理性。该方法认为，如果测试观测到的分项分数比总分能更好地预测分项真分数（true subscore），那么从统计意义上来说报导该测试的分项分数便是合理的。在该分析中，代表分项真分数预测力的指标为均方误差的比例缩减（proportion reduction of mean square error, PRMSE）。该指标在理论上等同于信度。如果分项分数的 PRMSE 大于总分的 PRMSE，则表明报导分项分数是合理的。此外，针对考生层面的分项分数分析，该研究还使用了代表分项分数独特性的欧米伽层级分量表指标（ωHS）（Reise et al., 2013）；而针对学校层面的分项分数分析，该研究则另外使用了多层模型（multilevel model）分析（Longford, 1990）。

4）研究结果

首先，该研究发现，虽然该测试听力和阅读部分的各分项分数的大部分方差来源于考生个人层面，但仍有至少 21% 的方差来源于学校层面，也就是说，不同学校之间在各分项分数上是存在显著差异的。其次，在考生层面，该研究发现分项分数的 PRMSE 值均小于相对应的技能总分的 PRMSE 值，表明观测到的分项分数对分项真分数的预测力小于技能总分的预测力。另外，各分项分数的欧米伽层级分量表值也普遍接近于零（0.00~0.11），表明在考生层面这些分项分数提供的独特信息可忽略不计。而在学校层面，该研究发现在学校人数大于 50 的情况下，所有分项分数的 PRMSE 值均大于相对应的技能总分的 PRMSE 值，且多层模型分析结果也表明各学校之间不同分项分数之间的差异是不同的。这些均表明在统计意义上报导学校层面的分项分数是合理的。

5）评价

与上一例通过调查教师和学生对测试反馈的信息的态度和使用情况来验证测试结果使用的效度不同，本例研究则是从心理计量的角度来验证报导更加详细的测试结果是否可信且有意义。该研究通过使用一系列的测试数据统计方法，不仅从考生个人层面检验了报导分项分数的合理性，还从学校这一集体层面检验了报导分项分数的合理性。研究的结果形成了鲜明的对比，即该测试不支持报导每位考生的分项分数，但支持报导以学校作为单位的分项分数。这说明在不同的层面上，同样的分数报导形式的效度可能是不同的。因此我们在报导和使用针对不同层面的测试结果时应采取更加谨慎的态度。另外，该研究也为我们如何从心理计量的角度来验证不同层面的测试分数报导和使用的效度提供了方法上的借鉴。

4.2.6 影响

实例一

Cheng, L., Andrews, S., & Yu, Y. 2011. Impact and Consequences of

第 4 章　效度验证实例分析

School-Based Assessment (SBA): Students' and Parents' Views of SBA in Hong Kong. *Language Testing,* 28(2): 221–249.

1）研究背景

2005—2006年间香港特别行政区高中教育系统的英语科目开始实施基于学校的英语测试项目。该校本英语测试要求中学四年级和五年级的学生在两年时间内阅读和观看至少三部不同体裁的英语书籍和视频或电影。在此期间，学生们需记录他们的读后感和观后感，然后参与课堂讨论及个人陈述或报告。对此教师们每年会针对每位学生讨论和报告的表现进行一次评价，评价的内容包括学生的个人陈述及小组交流技能。最后评价的结果将以15%的比例纳入香港教育测试证书（Hong Kong Certificate of Education Examinations，简称HKCEE）英语科的最终成绩。香港教育测试局期望通过施行该校本英语测试来长期地促进学生们的英语口语能力并培养他们广泛阅读的良好习惯。然而该测试是否达到了期望的效果以及它实际上产生了怎样的影响？Cheng et al.（2011）的研究正是从学生和家长的角度来研究该测试的影响。

2）研究问题

该研究共提出四个主要的研究问题。研究问题一：校本英语测试在多大程度上对具有不同语言能力的学生以及不同年级的学生产生了影响？研究问题二：全体学生以及具有不同语言能力的学生在多大程度上区别看待校本英语测试和传统测试？研究问题三：家长们对其子女在校本英语测试方面的支持在多大程度上受到其社会或教育背景以及其自身对该测试的看法的影响？研究问题四：家长们对校本英语测试的看法以及他们对子女在该测试方面的支持在多大程度上与他们的子女对该测试的看法及其相关的英语学习活动有关？

3）研究方法

该研究主要采用问卷调查的方法。参与调查的人员来自两所中学四年级的389名学生以及他们的家长（共315名）。学生问卷内容包括学生的背景信息（性别、住房情况、家长的教育背景、家政情况）、对自身在校本英语测试方面的英语能力自评、对校本测试的看法、课堂内外关于校本英语测试的英语活动、对校本英语测试所带来的挑战的认识、对校本英语测试和传统测试的看法。家长问卷内容包括家长们的背景信息（性别、年龄、教育水平、住房情况、与子女相处的时间）、对校本英语测试的看法、对子女在校本英语测试方面的支持情况、关于校本英语测试对子女影响的看法。在通过班级老师收集数据后，该研究主要通过描述性统计、探索性因子分析、独立样本和配对样本 t 检验以及回归分析来分析数据，以回答上述研究问题。

4）研究结果

针对研究问题一，独立样本 t 检验发现，校本英语测试对不同语言水平的学生在许多方面的影响均呈现显著差异，比如高水平的学生比低水平的学生对校本英语测试的优点持更加积极的态度、在课堂内外参加更多的英语活动且认为校本英语测试对其带来的挑战更少；配对样本 t 检验发现，被调查的学生们在四年级时比在三年级参与更多的与校本英语测试有关的学习活动，表明随着该测试的临近，其对学习的影响也随之加强。针对研究问题二，配对样本 t 检验发现，从全体学生层面看，其对校本英语测试和传统测试的看法并未出现具有统计意义的显著性差异；但当考虑学生的语言水平后，该研究发现，高水平的学生明显更加支持传统测试，而低水平的学生对两类测试的看法则未出现显著性差异。针对研究问题三，回归分析发现，家长的教育水平和他们与子女相处的时间这两个变量均显著地预测了他们对其子女在校本英语测试方面的支持；另外，他们对校本英语测试的了解和支持程度以及他们认为该测试对促进其子女学习动机的看法也显著地预测了他们对其子女在该测试方面提供的支持。针对研究问题四，回归分析发现，家长们对校本英语测试在促进其子女学习动机、自学能力以及技能发展这几方面的看法显著性地预测了其子女对该测试在这几方面作用的看法，且家长们对该测试的这些看法以及他们对其子女在该测试方面的支持显著地预测了其子女与该测试有关的听、说、读、写以及观看电视电影等英语学习活动。这些均表明，家长对该测试的看法以及提供的支持在一定程度上影响了其子女对该测试的看法以及他们的学习活动。

5）评价

过去的反拨效应或测试影响研究表明，测试不仅会影响教师和学生，还可能影响学生的家长及其他利益相关人员（Shih, 2007; Allen, 2016）。Cheng et al.（2011）通过问卷调查，从定量的角度证实了高风险测试对学生家长所产生的影响。不仅如此，该研究还表明，学生家长针对测试的态度与行为也影响着其子女对测试的态度和学习行为。这为我们提高测试对学生学习的预期后效提供了启示，即测试和教育当局应为家长们提供有关测试的各种信息，并让他们充分认识到特定测试的促学功能，从而改善他们对测试的看法并促进其积极地为子女提供相应的帮助。尽管如此，我们应意识到家长在改善反拨效应中所起的作用可能局限于特定的学生群体，如中小学生等在学习过程中比较依赖于家长支持的学生群体。而家长对大学生等成人学生群体在测试方面的影响则可能不那么明显。对此我们需要作进一步的研究。总之，本例研究进一步揭示了测试影响的复杂性，并为我们如何深入地研究测试影响在不同利益群体之间的工作机制提供了很好的范例。

实例二

Xie, Q. & Andrews, S. 2013. Do Test Design and Uses Influence Test Preparation? Testing a Model of Washback with Structural Equation Modeling. *Language Testing*, 30(1): 49–70.

1）研究背景

过去许多研究表明，虽然测试的风险是造成测试影响和反拨效应的主要原因之一，但其他与环境和利益相关者个人有关的因素均有可能介入测试对个人的影响，造成反拨效应的个体差异。尽管如此，在 Xie & Andrews（2013）的研究发表之前，很少有研究从定量的角度来检验这些环境或个体变量对反拨效应影响的大小。鉴于此，Xie & Andrews（2013）通过收集大量的问卷数据和使用结构方程建模这一分析方法，研究了考生对测试的认识和动机对他们备考强度的影响。该研究主要依据的理论为教育心理学领域著名的"期望—价值"理论（Wigfield &

Eccles，2000）。该理论认为，学习者针对学习任务在完成可能性方面的期望以及任务价值两方面的感知直接影响他们的学习实践，而这两方面的感知又受到其他个人因素的影响。依据该理论，Xie & Andrews（2013）检验了测试期望和测试价值这两个变量是否介入学生关于测试设计和测试使用的认识对备考实践的影响。

2）研究问题

针对考生对测试的认识与备考之间的关系，该研究提出了两个研究问题。研究问题一：考生分别对测试设计和测试使用的认识是否同时影响他们的备考实践？研究问题二：如果是，考生针对测试设计和测试使用的认识分别怎样以及在多大程度上影响他们的备考实践？

3）研究方法

该研究共收集了 870 名大学英语四级考生的问卷数据。问卷数据由两部分构成：测试认识问卷数据和备考策略使用问卷数据。前者在测试十周以前收集，而后者在测试两周以前收集。关于测试认识的数据包括四个构念，即"对测试设计的认识"（即对四级测试所考技能的认识）、"对测试使用的认识"（即对四级测试结果工具性用途的认识，如找工作、获取毕业证或学位证等）、"期望"（即成功通过四级测试的信心）和"测试价值"（即四级测试的有用性等价值）。每个构念通过多个具体的题目进行测量。在分析数据前，作者首先对数据进行了筛查和预处理，包括缺失值估算、奇异值的筛查以及变量正态分布情况的检查。接着通过探索性和验证性因子分析检验构念或潜变量的测量效度。最后通过结构方程建模检验假设的结构模型与数据的拟合度，并分析变量之间的预测关系（包括中介关系）。

4）研究结果

通过分析，该研究发现考生对测试设计的认识和对测试使用的认识均对他们的备考实践产生了一定的影响，且前者对测试实践的影响大于后者。另外，考生对测试使用的认识并未直接影响他们的备考实践，而是通过测试价值这一中介变量产生了间接的影响。考生对测试的期望则并未介入测试设计相关的认识与备考实践之间的关系。另一方面，考生对测试设计的认识则既对备考实践产生了直接影响，也通过测试价值和测试期望这两个中介变量对测试实践产生了额外的间接影响。

5）评价

与前一例 Cheng et al.（2011）研究测试对学生及家长的影响不同，本例研究是少有的通过结构方程模型来研究具体个体因素与反拨效应之间关系的实证研究。通过该研究，我们能更加清楚地了解个体内部的反拨效应运行机制。该研究让我们了解到测试设计者的意图并不一定能直接影响考生的学习或备考策略。这中间考生自己对测试构念的解读以及对测试的期望与价值的认识都会介入测试对学习实践的影响。值得一提的是，该研究发现，考生对测试工具性用途的认识对他们备考实践的影响甚微，这与我们通常的认识不符。今后的反拨效应研究可针对该方面做进一步分研究。

4.3 大规模、高风险测试的反拨作用研究

实例一

Zhan, Y. & Andrews, S. 2014. Washback Effects from a High-Stakes Examination on Out-of-Class English Learning: Insights from Possible Self Theories. *Assessment in Education: Principles, Policy & Practice,* 21(1): 71–89.

1）研究背景

近 30 年来，大学英语四、六级测试一直是我国最重要的英语测试之一，涉及人数众多，且随着社会认可度的提升，其社会风险也不断攀升（Jin, 2008），因此一度成为名副其实的"高风险"测试。高风险测试对教和学往往起着指挥棒的作用，因此，大学英语四、六级测试过去常常受到专家和教育工作者们的批评，认为其为备考式教学的源头（Jin, 2014）。为了改善其反拨作用，大学英语四、六级测试委员会在 2005 年对大学英语四、六级测试进行了改革。针对四级的改革包括提高听力比

重、增加快速阅读以及去除词汇和语法选择题。这些改革方案的主要目的是通过增加对英语使用能力的考察和减少对词汇和语法知识的考察来改进大学英语教和学的方式，即从注重知识的传统教学方法转换为注重语言交际的教学方法。该研究的主要目的正是检验改革后的大学英语四级测试是否对学生的课后学习产生了预期的影响。

2）研究问题

该研究共提出两个研究问题。问题一：在一段时间内，改革后的大学英语四级测试是怎样影响非英语专业学生的课后英语学习的？研究问题二：哪些因素介入了改革后的大学英语四级测试对课后英语学习的影响？

3）研究方法

该研究首先通过焦点组访谈的形式访谈了24名学生，然后从中选取了三名具有不同测试和学习动机的学生进行跟踪研究。在接近一年的时间里，这三名学生每周至少一次以日记的形式记录他们的学习内容、学习材料、学习方法以及进行各项学习活动的原因和感受等。在此期间，研究者还定期对每名学生的学习日记进行事后访谈。最后，研究者通过自下而上的归纳分析（inductive analysis）方法来分析这些日记和访谈数据。

4）研究结果

该研究将三名学生在研究期间的课后英语学习分为两个阶段：正常的英语学习阶段和四级备考阶段。在正常的英语学习阶段，其中两名学生已经开始在为四级测试做准备，但备考活动仅停留在做阅读练习和背四级单词上。在这个阶段三名学生使用的学习材料大多与四级测试没有直接的关系。一名学生还因为快速阅读的引入和听力测试的高权重而在这个阶段开始通过阅读英语报刊和听英语广播节目来练习快速阅读和听力技能。而在备考阶段，三名学生的课后英语学习都充斥着大量的备考练习，包括练习测试真题和模拟题、背四级单词以及学习备考书籍等。他们的学习方法也从通过真实的语言材料进行广泛的阅读和听力练习变为死记硬背和测试题目练习。该研究还发现其他一系列的因素介入了四级测试对这三名学生课后英语学习的影响。这些因素包括他们对改革后的四级测试的看法（如测试的重要性、测试的权威性或地位、测试的内容以及测试各部分的权重、形式和难度）、他们对自己在相关技能方面的能力评价、过去的学习和测试经历、学习环境和资源以及他们对"可能自我"（possible selves）的定义。最后，该研究认为，虽然改革后的四级测试在一定程度上改变了部分学生的学习活动，即更多地注重快速阅读和听力等技能，但这种改变非常短暂和肤浅，因为他们的学习方法并未从本质上得到改变。

5）评价

目前反拨效应研究主要使用问卷调查、访谈和课堂观察等数据收集方式来研究测试对课堂教学和学生学习的影响，而本研究是较少的通过日记的形式长期跟踪测试影响下学生课后英语学习的研究之一。正如我们前面提到的那样，反拨效应本身因人而异，同时也是历时变化的。通过这样的个案跟踪研究，我们能从微观的角度深入了解测试对每个利益相关者的认知、情感以及行为的影响。另外，该研究还从多个角度分析了介入反拨效应的因素，特别是借助动机领域"可能自我"理论来阐释不同的学习动机前提下个人针对测试影响而作出的不同反应（Zhan & Wan, 2014），为读者理解反拨效应的复杂性提供了新的视角。尽管如此，该研究的参与者选取过程属于目的抽样（purposive sampling），且人数少，因此研究结果的可推广性有待观察。

实例二

亓鲁霞. 2004. NMET 的反拨作用. 外语教学与研究，36（5）: 357–363.

Qi, L. X. 2005. Stakeholders' Conflicting Aims Undermine the Washback Function of a High-Stakes Test. *Language Testing*, 22(2): 142–173.

1）研究背景

与大学英语四、六级测试一样，高考也是一项超大规模的测试，但其风险程度远远超过了前者。近年来，高考英语科目（NMET）在测试设计上相继进行了一些改革以促进中学英语教学、培养学生的语言运用能力。改革后的测试是否对教学产生了预期的反拨作用，这是测试改革者们关心的问题。然而，由于测试后效本身的复杂性，鲜有研究者开展实证研究。作为高考英语改革设计人之一，亓鲁霞从命题者的意图和高三英语教学现状的角度对 NMET 的反拨作用进行研究（见亓鲁霞，2004；Qi，2005）。

2）研究问题

亓鲁霞（2004）、Qi（2005）的研究主要探讨三大问题：（1）NMET 设计者和命题人员的意图是什么？他们在测试中采取什么措施向教师和学生传达自己的意图？（2）中学英语教学的现状如何？是否与测试人员的意图吻合？（3）哪些因素影响了高考的预期反拨作用？

3）研究方法

亓鲁霞（2004）、Qi（2005）主要采用访谈、课堂观察和问卷的方式开展研究。研究邀请了 1 388 名参与人员，具体包括八名 NMET 测试人员，六名英语教研员，388 名高三英语教师和 986 名高三学生。资料收集历经三个阶段：首先，对八名测试人员、六名英语教研员、十名英语教师和十名学生逐个进行访谈，并进行录音（少数访谈只做了现场笔录）；随后，对参与了访谈的七名高三英语教师进行课堂观察，共听课 24 节，并全部进行现场录音；最后，根据访谈和课堂观察结果，设计了教师调查问卷和学生调查问卷。为了便于分析，研究者将访谈数据转成文字，输入电脑，并参照范式模型（paradigm model）利用定性分析软件 WinMax（Kuckartz，1998）对资料进行轴心编码和归类，了解测试人员的意图和中学教学现状；再根据观察提纲对课堂观察录音进行编码和归类，找出主要教学活动类型，确定教学重点；最后用统计软件 SPSS 对问卷调查的数据进行分析。

4）研究结果

亓鲁霞（2004）、Qi（2005）的研究发现，NMET 测试人员的意图是通过测试使中学英语教学的重点从"教授语言知识"转向"培养运用能力"。为传达该意图，NMET 设计者将测试题型定为以考语言运用为主，适当考查语言知识结构，并且逐年增加考查语言运用的题目，逐年降低考查语言知识的题目。设计者还制定了相应的命题原则，确保 NMET 主要考查学生的语言运用能力这一指导思想落到实处。然而，高三英语教学除了教授语言知识，就是操练 NMET，语言运用远没有得到应有的重视。这与测试设计者的意愿是相违背的。该研究还发现，影响 NMET 预期反拨作用的因素有很多，其中最主要的是 NMET 的选拔作用。除此之外，教师对高三英语教学目标的认识及自身的英语运用能力、学生对高三英语教学的认识以及各级教育部门对 NMET 测试结果的误用等都导致了 NMET 没有带来预期的反拨作用。

5）评价

测试的反拨作用产生的机制较为复杂，不仅源于其自身的多重属性，也源于参与其实现过程的各个因素的复杂性（刘晓华、辜向东，2013）。亓鲁霞（2004）、Qi（2005）采用定量与定性相结合的方法对 NMET 的反拨作用进行研究，并针对不同的利益相关群体广泛收集证据，所得结果相互印证，可信度高，并具推广性。通过该研究，我们可以从宏观上把握 NMET 对高三英语教学产生的反拨作用以及影响预期反拨作用实现的各种因素。总体而言，该研究让我们更清楚地认识到反拨效应作为教学及社会现象的复杂性，为我们验证测试效度和进一步进行测试改革提供了重要的理论和现实依据，也为其他大规模、高风险测试的反拨效应研究提供了借鉴。

4.4 总结

本章通过实例分析的形式，介绍了一些语言测试领域典型的效度验证案例。这些研究主要涉及国内如高考，英语专业四级测试，大学英语四、六级测试和国外如托福、托业以及密歇根英语水平测试等标准化测试，当然也有涉及非传统的测试类型，如基于课堂的校本测试以及计算机自动评价系统等。这些研究采用的方法多种多样，包括定性和定量的数据收集和分析方法，为我们进行具体的效度验证研究实践提供了借鉴。至此，我们主要讨论了主流的效度验证模式和方法，然而在新时代背景下，语言测评的效度和效度验证存在着许多尚需进一步探索的领域，如测试的社会效度和公平性、非主流测评（如形成性评价）以及非测评类语言项目（如语言能力量表）的效度验证。在下一章里我们将重点讨论这些领域及相关的效度验证。

第5章
新时代语言测评效度理论及研究展望

语言测试效度理论主要来源于教育与心理测量,尤其是验证的方法和统计方法,但语言测试学术界对语言测试理论的发展也有很大的贡献。利用传统的效度理论进行语言测试效度研究的还大有人在,对规范我国各种语言测试也起到很好的作用。然而,基于论证的验证方法(argument-based approach)越来越受到效度验证研究者的青睐(Kane,1992,2001)。建立在基于论证的方法基础上的 AUA 由于其普及性、易操作性以及广泛的适应性,现在已然成为语言测试效度验证最为流行的方法(Bachman,2005;Bachman & Palmer,2010;Chapelle,2008)。AUA 为效度研究提供了基本的模型,但证据的收集、声明/反声明(claim/counterclaim)的确定还需要根据不同测试的性质、社会属性、目的等来考虑。

虽然 AUA 广受语言测试效度研究者的拥抱,但这一理论以及其他效度理论的应用还需进一步深化,以适应更广泛的环境和用途。尤其是我国的语言教学和语言测试有其特殊性,效度的考虑和研究也有其特殊的地方。下面我们将就我国语言测评效度研究应该重点关注的地方进行阐述。

5.1 测试的公平性

教育公平的观念源远流长,追求教育公平是人类社会古老的理念。从历史上看,古希腊的大思想家柏拉图最早提出教育公平的思想,亚里士多德则首先提出通过法律保证自由公民的教育权利。两千年前,中国古代的大教育家孔子也提出有教无类的朴素教育的民主思想。近代西方资产阶级致力于寻求教育公平。18世纪末，教育公平的思想已在一些西方国家转化为立法措施，从法律上确保人人都有受教育的平等机会。而中国自古代隋朝建立的科举测试制度同样也体现了一种教育公平的理念。到了近现代的西方社会，又在不同的时期大致出现三种不同的教育公平观，分别是保守主义的教育公平观、自由主义的教育公平观和激进主义的教育公平观（李晓波，2003）。

2001年美国总统布什向国会提交《不让一个孩子掉队》（No Child Left Behind，NCLB法案）的教育改革计划，次年1月正式签署，法案生效。NCLB法案可以说是20世纪美国最具深远意义的教育改革举措，回答了不断变化的世界中出现的挑战，强化了21世纪的教育公平。NCLB法案旨在保证每个孩子都尽可能拥有高质量教师，不让一个孩子因为缺乏高质量教师而掉队（于江，2008）。

我国一直以来非常重视教育和测试的公平性。1949年中华人民共和国成立之后，《共同纲领》便确定民族的、科学的、大众的新民主主义的教育方针，体现新中国重视社会公平、教育公平的基本价值。2020年，国务院总理李克强代表国务院向十三届全国人大三次会议作的政府工作报告中就提及推动教育公平发展和质量提升。报告强调，要稳定教育投入，优化投入结构，缩小城乡、区域、校际差距，让教育资源惠及所有家庭和孩子，让他们有更光明未来（李克强，2020）。测试是教育的一部分，确保测试的公平性也是教育公平性不可分割的一部分。2014年颁布的《国务院关于深化测试招生制度改革的实施意见》（国发〔2014〕35号）就强调要着力完善规则，确保测试公平公正。把促进公平公正作为测试改革的基本价值取向，加强宏观调控，完善法律法规，健全体制机制，切实保障测试机会公平、程序公开、结果公正（国务院，2014）。

1999年的《标准》就测试的公平性进行了阐述。《标准》提出了三方面的测试公平性：无偏颇；测试过程中对所有考生一视同仁；测试材料对所有考生同等公平。《标准》的"测试公平"这部分主要包括：测试与测试使用的公平性、考生的权利与义务、不同语言背景的考生以及有身体缺陷的考生（AERA et al.，1999）。总结起来可以体现在

第 5 章　新时代语言测评效度理论及研究展望

四个方面：无偏颇；测试过程的公平；基于测试结果的决策的公平性；均等的学习机会（Kunnan，2014；邹申，2011）。国际语言测试协会（International Language Testing Association）也关注到了测试的伦理道德和行为操守。语言测试公平性的研究在 21 世纪初开始流行起来，有研究公平效度这个概念的（Kunnan，2000，2004，2006），也有研究伦理道德（Davies，2007）、测试公平研究方法（Xi，2010）、偏颇试题（Ferne & Rupp，2007）、公平公正（McNamara，2011）等问题的。

我国关于测试公平性的研究相对较少。目前的部分研究也多是介绍性的（程家宁，2014；范劲松，2014；姜秀娟，2018；张琨，2011；张润、邹庆武，2018），实证性的研究鲜见（黄春霞，2011；罗娟、肖云南，2018）。当前我国的各种测试有关于出题、测试实施、改卷、分数报告等方面的注意事项文档以及注意事项或者操作流程说明，但缺乏一整套系统的有关测试公平性的规章制度、行为准则、伦理道德规范等。这些需要我国语言测试工作者联合起来，在有关政府部门的领导和统筹下，共同努力，制定适合我国语言测试实际、具有中国特色的测试操作规范以及伦理道德和操守。

5.2　测试的社会效度

测试，尤其是大规模的测试，经常会给与测试相关的人员和机构带来一些这样或那样的后果。后果效度（consequential validity）在 Messick 理论中已经得到了充分论证（Messick，1989，1994，1998）。后果效度主要体现于测试对教学的反拨作用（washback）和对社会的影响（impact）（Cheng，2008），具体指测试对个人、政策和实施、课堂教学、学校教育，乃至整个教育体系和社会的影响（Wall，1997）。这些对测试的使用（包括对测试的滥用）和测试结果的解释和使用都有关系。测试使用所产生的社会效果（social consequence）可能是正面的或负面的，有些是预测得到的（intended），还有一些则是出乎意料的（unintended）（Hubley & Zumbo，2011）。到了 21 世纪，人们开始对语言测试社会学感兴趣（杨惠中、桂诗春，2015），也开始从社会应用角度来研究语言测试的影响（McNamara & Roever，2006）。

社会效度（social validity）常用于应用行为分析领域，指对干预步骤的接受程度和满意度，通常是通过向接受干预的对象征求意见的方法获取（Luiselli & Reed，2011）。在语言测试与评价领域，社会效度是语言测试与评价的社会维度（social dimension of language testing and assessment），从微观角度来看，指测试语言使用的社会因素，从宏观角度来看，则指语言测试在社会中所起的作用和产生的影响（McNamara & Roever，2006a）。

Messick 最早把测试的社会因素纳入他的效度模型中，但是并没有说得很清楚，主要还是从传统的心理测量角度来论述。Messick 的理论模型中涉及社会因素的明显特征是他的两个论点：（1）我们测量的概念和优先测量的能力反映了我们的价值观，这种价值观具有社会和文化的根源；（2）测试对测试结果使用的教育和社会环境有真实的影响，应引起负责测试的人员和机构的高度重视（McNamara，2006）。Messick（1989）的效度模型也体现了社会后果的元素（表5-1）。在表5-1中，从后果基础一行可以清楚地看出测试的社会环境考虑，一个涉及赋予测试分数意义的社会和文化因素，另一个考虑了测试使用的现实社会后果。Messick 效度模型中对于社会因素的考虑引起效度理论界的一些争议。McNamara & Roever（2006a）对 Messick 效度矩阵中的后果基础部分从社会因素方面做了解释。他们认为，后果基础就是测试的显性社会环境（如表5-2所示），如何从社会和文化价值方面来理解构念和测试分数以及测试结果的使用会对整个教育体系和社会环境产生什么影响是社会效度的核心。

表 5-1　Messick 的效度理论（Messick，1989）

	测试的解释	测试的使用
证据基础	构念效度	构念效度 + 关联性 / 实用性
后果基础	价值意义	社会后果

第5章 新时代语言测评效度理论及研究展望

表 5-2 理解 Messick 的效度矩阵（McNamara & Roever，2006）

测试的显性社会环境	什么样的社会和文化价值和假设构成构念的基础？	我们使用测试时，我们的教育体系和更大的社会环境发生了什么？

Kane 也把测试使用和测试后果看作效度的一部分（Kane，2006），后来 Bachman 的效度理论很明显也吸纳了 Kane 的理论，他明确地指出，"测评使用论证（assessment use argument）是把测试结果付诸使用（做决定）的整体逻辑框架，包括两部分：（1）测评使用论证，连接测评解释和决定；（2）测评效度论证，连接测评结果和解释"（Bachman，2005：1）。

Bachman 也强调关注语言测试更广泛的社会环境。他认为，语言测试已遍布我们的教育体系和社会。语言测试的分数被用来显示个人的语言能力，而且凭此做出一些关于个人的决定。例如，我们会用语言测试来协助我们辨认学校的外语学习者，挑选进入大学继续学习的学生，挑选学生进入不同层次的学习项目，拒绝某些潜在的移民，挑选雇员等。因此，语言测试的分数须有很好的信度，我们对分数的解释和使用也要有很好的效度（Bachman，2004）。

我国是测试大国，也是测试的故乡，测试的社会影响自然是一个非常重要的事情。20 世纪 90 年代，杨学为提出"测试社会学"这一命题，并呼吁学术界进行研究（杨学为、廖平胜，2003）。原国家教委测试中心把测试的社会学研究列为"九五"科研规划的重点方向之一，并且动员、组织测试和社会学专家研究测试社会学问题（于信凤，1997）。杨学为、廖平胜（2003）提出，研究社会的测试主要是探讨测试与社会政治制度、经济制度、教育制度、科学技术、社会主文化、社会分工、社会流动、社会价值观、社会组织等因素的关系及互动规律，同时，还涉及测试与人口结构、文化传统、社会公德、风俗习惯、自然环境等多种因素之间的关系。其中与测试的关系最密切、对测试发展影响最强烈的，是政治、经济、教育、文化、科技、分工与流动等社会因素。他们力推测试社会学理论的研究。当然，这个定义较为宽泛，但明确地说明了测试的社会后果能够涉及的领域和群体。杨惠中和桂诗春对我国语言测试社会学做了较为详细的论述，从社会性思考的角度来探讨语言测试的理论和实践。他们认为,语言测试与许多社会问题,如人才选拔、社会发展、经济建设等,特别是一些社会的敏感问题,如发展不平衡、社会不公等有密切关系(杨惠中、桂诗春,2015)。他们认为,针对我国测试的现状,鉴于测试与社会的密切关系,政府职能部门应该在制度建设和监管方面发挥作用,具体包括八方面的内容:(1)制定"教育测量与心理测量标准"并颁布执行;(2)制定"语言能力等级统一量表";(3)对测试结果的使用进行监管,防止分数的误用、滥用和不恰当的使用;(4)保护测试知识产权;(5)保护语言测试工作者的权益;(6)鼓励教育测量和心理测量领域的专业人员制定行业道德规范;(7)成立语言政策咨询委员会;(8)制定教育测试法并颁布执行(杨惠中、桂诗春,2007)。这八方面的内容在近些年逐渐得到落实和实施,说明我国政府、测试管理职能部门和测试研究者对测试的社会效度越来越关注。

国务院2014年颁布的《国务院关于深化测试招生制度改革的实施意见》(国发〔2014〕35号)指出,改革开放40多年来,我国测试制度不断改进完善,初步形成了相对完整的测试体系,为学生成长、国家选才、社会公平做出了历史性贡献,对提高教育质量、提升国民素质、促进社会纵向流动、服务国家现代化建设发挥了不可替代的重要作用。这一制度总体上符合国情,其权威性、公平性得到社会的认可,但也存在一些社会反映强烈的问题,主要是唯分数论影响学生全面发展,一考定终身使学生学习负担过重,区域、城乡入学机会存在差距,加分造假现象时有发生(国务院,2014)。为此,《意见》制定了一系列保证测试公平、公正、公开的具体措施,以确保测试具有较好的社会效度。

2020年颁布的《深化新时代教育评价改革总体方案》也强调深化测试制度改革,稳步推进中高考改革,构建引导学生德智体美劳全面发展的测试内容体系,改变相对固化的试题形式,增强试题开放性,减少死记硬背和"机械刷题"现象,共同营造教育发展的良好环境(中共中央、国务院,2020)。我国近些年来针对测试改革出台的一系列文件中涉及的内容便是测试研究者们应该集中研究的,尤其是如何在测试实施中贯彻国家精神,探索出符合中国实际、具有较好社会效度的测试体系。

5.3　形成性评价的效度

Hume & Coll（2009）把学习与评价之间的关系归纳为三种：对学习的测评（assessment of learning）、促进学习的测评（assessment for learning）、进行学习的测评（assessment as learning）。第一种是我国大学英语教师非常熟悉的一种测评方式，第二、三种目前在我国大学英语教学中使用还不是很广泛（杨满珍、刘建达，2019b）。Dufournaud & Piper（2019）总结出三种关系的特点，如表5-3所示。

表 5-3　三种测评的主要特点

对学习的测评	促进学习的测评	进行学习的测评
1. 教师为主； 2. 期中、期末等测试对学习结果的考查； 3. 作为判断学习效果的证据。	1. 教师为主； 2. 帮助决定下一步的教学内容； 3. 把学生的强项和弱项反馈给学生，并有提高学习成绩的建议。	1. 学生为主； 2. 帮助决定下一步学习的重点、策略等； 3. 利用自我评价和同伴评价让自己反思，给同伴反馈； 4. 成为一个有思想、会思考、能自我监控的学习者。

促进学习的测评是一个过程，其中老师和学生不断寻找和解释教学和学习过程中收集的各种证据，以便能决定学生的水平、学生需要达到的目标以及如何才能取得最佳学习效果（Assessment Reform Group，2002；Hume & Coll，2009）。同时，促进学习的测评意味着教师和学生依据测评结果来决定教学和学习接下去要做的事情（Black & Wiliam，1998）；教师要了解学生学习的真实情况，不断给学生反馈以帮助学生提高成绩，也就是消除目前所取得的成绩和最终希望达到的目标之间的差距（Heritage，2010）；学生自己要学会把控好自己的学习，并且学会自我评价（Black & Wiliam，1998；Hume & Coll，2009）。

人们常把促进学习的测评和进行学习的测评统称为形成性评价（formative assessment）。形成性评价和终结性评价（summative assessment）是Michael Scriven首创的两个名词，用于强调两者在收集学生信息目的和使用学生信息的方式上的差异（Scriven，1969）。在形成性评价中，教师、学生、同伴通过收集、解释、使用学生成就的证据来决定下一步的教学，更好地促进教学和学习（Black & Wiliam, 2009）。形成性评价的主要目的包括：为教师提供反馈以帮助调整下一步的学习活动和任务；发现并纠正学生的不足之处；把重点从唯分数论转移到注重学习过程，增强学生的自信心，减少外在动机造成的负面影响；提高学生对他们所学知识的元认知意识；更多关注学生的进步等（Huhta, 2010）。形成性评价很好贯彻了促进学习的评价和进行学习的评价的理念。促进学习的评价其实是个连续体，多种评价随时随地都可以单独或同时发生。在这个连续体中，各种评价活动随时随地都可以发生，如标准化测试、做事测试、档案袋记录、标准的制定、非正式的反馈、同伴评价、自我评价等（刘建达，2018；杨满珍、刘建达，2019b）。课堂评价（classroom assessment）是这些活动的主要集中体现，需要老师和学生单独或一起观察和反思。在从学习到产出结果的这个连续体中，一个统一的标准始终起着重要的作用（Stefanakis, 2002），如图 5-1 所示。

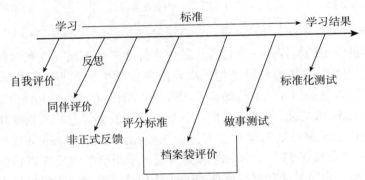

图 5-1　促进学习的评价连续体

形成性评价受到越来越多的老师和学生的青睐（刘建达，2018）。Hugh Burkhardt 在《卫报》中就发文指出，有证据显示，那些诸如详细的学校报告之类的"丰富但又脏乱的资料"远比那些测试结果之类的"简单干净的资料"更能预测到学生未来的成功（Burkhardt, 2018）。形成性评价于 20 世纪 80 年代在西方教育界开始实践（李清华，2012），到 21 世纪初流行起来。

第 5 章　新时代语言测评效度理论及研究展望

我国对于形成性评价的研究稍晚一些，但后来越来越受到重视。尤其是近些年来，国务院、教育部颁布的一系列有关教育的文件都在实施和完善过程性评价方面做了阐述。《中共中央国务院关于深化教育教学改革全面提高义务教育质量的意见》（2019）指出，要坚持和完善国家义务教育质量监测制度，强化过程性和发展性评价。《教育部关于狠抓新时代全国高等学校本科教育工作会议精神落实的通知》要求要切实加强学习过程考核，加大过程考核成绩在课程总成绩中的比重（教育部，2018）。《教育部关于深化本科教育教学改革全面提高人才培养质量的意见》特别强调完善过程性考核与结果性考核有机结合的学业考评制度，综合应用笔试、口试、非标准答案测试等多种形式，科学确定课堂问答、学术论文、调研报告、作业测评、阶段性测试等过程考核比重（教育部，2019）。《深化新时代教育评价改革总体方案》明确指出，要完善过程性考核与结果性考核有机结合的学业考评制度，加强课堂参与和课堂纪律考查，引导学生树立良好学风。《方案》特别强调坚决改变用分数给学生贴标签的做法，创新德智体美劳过程性评价办法，完善综合素质评价体系。在关于加强劳动教育评价部分，《方案》也专门指出，让学生在实践中养成劳动习惯、学会劳动、学会勤俭。加强过程性评价，将参与劳动教育课程学习和实践情况纳入学生综合素质档案（中共中央、国务院，2020）。

《大学英语教学指南》（2020 年版）从课程评价、英语能力测评、评价与测试的保障等方面对我国的大学英语评价与测试进行指导。《指南》指出，大学英语课程评价涵盖课程体系的各个环节，大学英语教学管理者、专家、教师和学生都应积极参与评价活动，综合运用各种评价方法与手段，处理好内部评价与外部评价、形成性评价与终结性评价、量化评价与质化评价之间的关系，实现评价对课程发展的推动作用。大学生英语能力测试的目标是构建"形成性测试与终结性评价相结合"的综合测试体系，采用多样化的测试方式，全面检测和跟踪大学生英语能力发展，准确评价大学生英语能力水平，发挥测试对教学的正面导向作用，使之更好地为教学提供诊断和反馈信息，促进大学生英语能力的全面提高（教育部大学外语教学指导委员会，2020；金艳，2020）。大学生英语能力测试要考虑形成性评价与终结性评价之间的平衡，加强形成性反馈，处理好共同基础测试与校内测试、基础英语测试与学术英语测试等各方面的关系，实现从传统的"对学习的测评"向"促进学习的测评"转变（教育部大学英语教学指导委员会，2020）。所有这些都显示出过程性评价在我国教育以及教育评价中的重要性。逐步建立形成性评价和终结性评价相结合的测评体系是国家外语能力测评体系建设的内容之一（刘建达，2018）。

近些年我国学者对形成性评价的研究和实践呈增长趋势。例如，Li（2010）探索了基于文件夹的写作形成性评价（portfolio-based writing assessment）对中国学生 EFL 写作能力发展的影响，结果表明，实验组的写作能力在准确性和连贯表达等方面优于控制组，但在复杂度和流利度方面两组没有显著差别。沈梅英（2010）在大学英语教学中引入形成性评价体系，对 260 名学生进行了为期两年的试验，发现评价体系能促进学生自主学习能力的发展，帮助学生提高传统评价意义上的语言综合运用能力。王华（2010）在前人研究的基础上，利用元模型构建方法，构建了一个系统的形成性评价流程。文秋芳（2011）对《应用语言学文献阅读与评价》这门课程实施了形成性评价的探索，构建了符合硕士研究生特点的课程形成性评价理论框架，包含确立目标、收集学习证据、给予反馈三个重要环节，并且依据这三个关键环节对该课程实行了形成性评价。两年的实践证明了形成性评价有利于提高课程教学的有效性。李清华等（2014）的《形成性评价研究》是国内较少的系统介绍形成性评价的一本著作，该书首先阐述了形成性评价的理论基础，包括形成性评价的起源和定义，形成性评价与终结性评价、动态评价、课堂评价之间的关系，再基于学习理论、心理学理论、测量学理论阐述了形成性评价的理论基础，讨论了形成性评价的信效度问题。接着，该书介绍了国内外教育领域形成性评价实践的情况。之后，还讨论了形成性评价的研究方法，指出亟待研究的问题，展望未来发展的前景。罗少茜等（2015）从对形成性评价的认识、评价意识和素养、促进形成性评价在课堂层面的落实的角度探讨如何在我国二语课堂实施形成性评价。刘亭亭（2018）从高职院校英语写作测评的视角，探讨了以档案袋为代表的形成性评价与传统的终结性评价的差异，并从档案袋评价的定义与特点、收集档案袋材料的方式方法等方面阐释其在高职院校英语写作测评中的应用。杨

第5章 新时代语言测评效度理论及研究展望

满珍、刘建达（2019a）总结了大学英语教学实施形成性评价的情况，从课程币和积分银行、形成性评价教学实践、形成性评价教学平台开发、电子档案袋建立等方面详细介绍了基于形成性评价的大学英语教学实践。潘鸣威、吴雪峰（2019）将中国英语能力等级量表应用于中小学形成性评价中，并以写作能力量表在同伴互评、学习契约中的应用为例，探讨了量表在中小学英语形成性评价中的应用范式和途径。刘建达、陈金诗（2020）总结了广东外语外贸大学多年以来在大学英语教学中实施形成性评价的经验。他们组织一个大学英语教学改革团队，全面实施基于形成性评价的大学英语教学改革，并且利用现代信息技术构建了基于形成性评价、集教学测评为一体的教学平台。以"课程币"和构建学生电子学习档案袋的形式，践行了翻转课堂与混合式教学新模式。他们的实践证明，形成性评价理念适用于我国当前外语教学与评价的新生态环境，能够从多方面调动学生学习的积极性，促进外语能力的提高。刘敏、吴始年（2020）探讨了形成性评价在英语教学中的云端应用模式，构建了形成性评价范式、教学环节与云端测评平台的匹配路径，体现了信息技术与教育手段的有机融合，确保了诊断学习数据和提高学习者学习效率和效力的构念效度。范敏（2020）结合翻译教学评价理论，通过实证研究探讨了商务英语专业本科翻译教学形成性评价的设计以及实施路径，发现形成性评价可以有力提升学生的翻译批判思维能力。

随着形成性评价的兴起，人们对其信度和效度越来越关注。如何保证形成性评价的质量是人们普遍关心的问题。高质量的形成性评价需要老师和学生付出很大的努力，尤其是在目前人们对形成性评价的理解还存在一定偏差的时候。高质量的形成性评价至少应该具备五个特点（Castro et al., 2009；刘建达，2018）：

- 综合性（integrated）。形成性评价与学校的其他评价相符合，属于学校整体评价的一部分，为学校准确评价学生的语言发展提供不同的资料。要做到这一点，形成性评价须与学校的评价标准和学习目标一致。
- 动态性（dynamic）。教学是动态的，形成性评价也应该嵌进具体教学之中。因此，形成性评价是动态的，遵循语言教学的标准和目标。学生的语言能力会进步，内容会更新，因此形成性评价也应该与时俱进。
- 启发性（enlightening）。形成性评价的本质就是提供反馈来指导教学。因此，评价我们希望评价的内容显得非常重要，否则反馈就会失去对教学的指导作用。
- 可及性（attainable）。形成性评价应该适合教师和教学的现实需求。评价与教学之间应该实现无缝对接。如果反馈真正能影响到教学，形成性评价就容易实施，对学生学习的检查也能对下一堂课的教学准备起到很大作用。
- 相关性（linked）。学校的老师和行政人员都应该意识到形成性评价的作用。如果学校为老师提供条件，让老师有时间和空间来进行与形成性评价有关的职业发展互动，交流形成性评价对学生的作用和影响，形成性评价就可以较好地开展。要发挥形成性评价的作用，统一的标准是必要的。

前面论述的各种效度理论主要适用于大规模、标准化、高风险的测试，大多属于终结性评价。形成性评价有其特殊之处，照搬套用标准化测试的效度理论和验证方法有时不一定有用。诚然，凡是测试、评价，必须要考虑其信度和效度，但形成性评价，尤其是课堂评价，有很多标准化测试没有的元素，需要从另外一些角度进行效度验证。其实，"形成性评价不是一种评估工具，而是效度推断 (implied claim of validity)"（Nichols et al., 2009: 14）。形成性评价的效度是对评估结果的形成性使用，体现在学生学习的进步、能力的提高等方面，所以形成性评价"不是一种孤立的评估，而是评估与教学协调的系统"（Nichols et al., 2009: 22; Way et al., 2010: 297; 李清华等, 2014: 44）。因此，有关学者提出了针对形成性评价效度评价的各种框架。

Nichols et al.（2009）认为，评价要做到"形成性"须有实证证据和有依据的论证来证明学生的进步与评价的使用有关，提供这些依据和论证的相关者包括教师、学生、教学软件和平台。他们提出了一个"形成性评价效度的评价框架"（A general framework for evaluating the validity of formative claim）（见图 5-2）。

第 5 章　新时代语言测评效度理论及研究展望

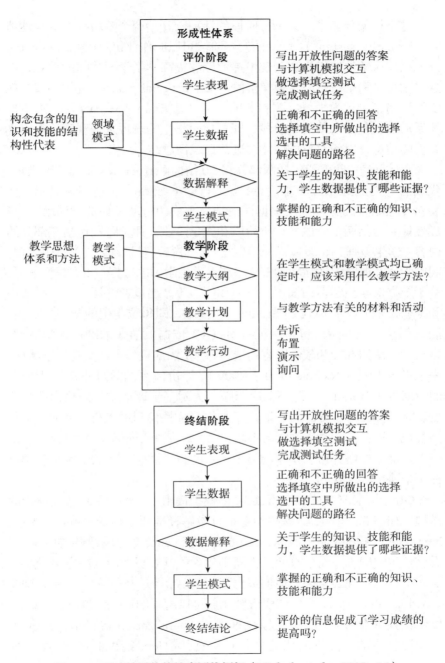

图 5-2　形成性评价的效度评价框架（Nichols et al., 2009: 16）

这个框架代表了一系列分阶段的活动。开始两个阶段构成形成性体系（formative system）。活动的第一阶段可以叫作评价阶段（assessment phase），从学生的行为和表现中提取能够提高学生学习成绩的信息，而这些信息又为下一阶段（教学阶段，instructional phase）提供了实施教学的恰当指导。教学得以顺利实施，学生也实现了有效的学习。形成性体系后面就是活动的终结阶段，即再次对学生的表现进行观察，得出终结性的信息，以便对形成性体系进行形成性总结。

具体而言，此框架包括两部分：(1) 结构（structures），用矩形表示，代表有计划的静态或动态信息；(2) 行动（actions），用菱形表示，代表对评估结果的解释以及根据评估结果采取的行动（如课堂活动）。形成性体系包括两个阶段：评价阶段和教学阶段。评价阶段包括三部分的内容：学生数据、领域模式和学生模式。进行两种活动：(1) 学生表现，观察学生在课堂评估活动的表现，获得学生学习的数据；(2) 数据解释，基于数据对学生学习的知识、技能和能力等做出概括性评价。这些数据和推断形成"学生模式"（Student Model），即每位学生的知识、技能、能力现状。教学阶段包含两种行动：(1) 依据教学大纲进行教学活动，含教学方法的选择和教学内容的选择；(2) 依据教学大纲实施教学活动，采取教学行动（Nichols et al., 2009）。评价体系的效度不取决于反馈的及时性（rapidity），也不取决于哪些人对基于评估结果所作出的"改变"（changes）负责，而是取决于提供形成性信息的条件：(1) 学生行为表现的证据——学生的学习现状；(2) 所获得的证据与教学目标相关；(3) 对证据的解释可以用来指导下一步的教学调整，有助于实现教学目标（李清华等，2014）。

Otter et al.（2019）基于 IUA 的模型提出来一种用于形成性评价的模型（如图 5-3 所示）。该模型包括分数解释推断（score interpretation inference）和分数使用推断（score use inference）。分数解释推断可以看出学生的表现，而分数使用推断则包含依据表现做出的决定以及学习过程中可能出现的结果。他们提出了与 IUA 类似的框架：(1) 评分推断（scoring inference），学生的表现转化成可以解释的信息，如分数、说明、质性描述或分数档案；(2) 概化推断（generalization inference），依据对少数样本的评分推断依此分数对所有其他项目能做的概化；(3) 外

第 5 章　新时代语言测评效度理论及研究展望

推推断（extrapolation inference），通过所有可能的项目解释外推学生的表现；（4）决定推断（decision inference），根据学生在某方面表现出来的能力推断其整体能力；（5）判断推断（judgment inference），把决定和老师或学生的诊断联系在一起；（6）行为推断（action inference），把诊断和行动结合在一起；（7）后果推断（consequence inference），把行动与学生的学习联系起来。他们特别强调形成性评价的效度论证要集中分数解释和分数使用两个方面。

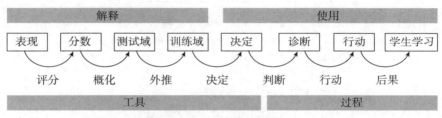

图 5-3　Otter 等提出的形成性评价 IUA 模型（Otter et al.，2019: 6）

李清华等（2014）提出"形成性评价的效度验证框架"（如图 5-4 所示）。在这个框架中，"社会文化环境"涵盖教育、社会、文化、政治、经济、法律和道德等因素。"课堂环境"涉及教师和学生的情感、信念等主观因素和教学设施等客观因素。他们提出的框架包括两个阶段：教学阶段和评价阶段。两个阶段构成循环，但又交叉在一起，发生在特定的社会文化环境中，受到教育政策、文化习俗、道德规范等因素的制约和影响。

他们提议，教学阶段主要收集四方面的效度证据：教学目标、学习机会的公平性、教学干预和课堂环境；评价阶段主要收集七方面的效度证据：评价的构念、评价的任务、评价的过程、评价结果的解释、反馈（评价结果的使用）、评价的后果和课堂环境。

Brookhart（2003）提出了课堂计量理论（classroometric theory），并且总结出与传统心理测量理论之间的三个主要差别：（1）测量者与被测量者之间的关系；（2）构念相关方差与构念无关方差；（3）信度与误差（李清华、曾用强，2008），如表 5-4 所示。

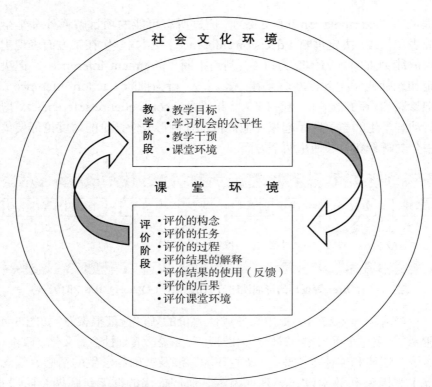

图 5-4 形成性评价的效度验证框架（李清华，2014: 50；李清华、孔文，2015: 27）

表 5-4 大规模评价与课堂评价的异同（Brookhart，2003）

大规模评价中的概念	课堂评价中的概念
效度：测量与依据测量所做推断和采取的行动与测量本身分离。 • 学生是观察的"对象"。 • 效度的目的是对学生表现的有意义的推断，以及/或者针对特定目的对该信息的有效使用。	效度：所做推断和采取的行动包含在测量过程中。 • 学生和老师都是观察者；"被测量者"自己做推断并在形成性评价过程中采取相应行动。 • 学生从测评信息中获得的利益和意识就是信息本身的一部分。 • 效度目的是理解学生行为与"理想"行为之间的差异（依据学习目标中的设定）以及/或这些信息用来有效促进今后的学习。

第5章　新时代语言测评效度理论及研究展望

（续表）

大规模评价中的概念	课堂评价中的概念
效度：测量环境与构念无关。 • 内容说明描述某个领域。 • 测评操作标准化。 • 测评分数可以进行等值或在不同环境和测评形式中串联起来。	效度：测量环境与构念有关。 • 测评就是教学的一部分。好的测评是"真正学习的一段经历"。 • 内容说明既反映领域（学习目标）也反映教学（模式、活动）。 • 教师的信念、教师教学实践及教师对科目和学生的了解（包括文化和语言方面的差异）与效度相关。
信度是不相关的各种因素间的一致性。 • 场合、时间、项目以及/或任务是误差的一个方面。 • 信度的目的是对学生在分数量尺上进行稳定的排序（常模参照）或在成就连续体上对学生进行稳定分类（标准参照）。	信度是信息的充分性。 • 信度目的是关于学生行为与"理想"行为之间差距的稳定信息（参照学生和老师设定的目标）。

　　档案袋评价（portfolio assessment）是形成性评价的一种常用的方法。档案袋旨在收集各种显示学习成就的证据，是学生的作品集。用于评价的档案袋是学生的学习报告、试卷、论文等能够显示学生学习过程的证据，学生对自己学习以及优缺点的反思的汇集（Davis et al., 2005）。档案袋评价的优势在于档案袋能发挥的功能。基于档案袋的学习（portfolio-based learning）就是档案袋的优势之一。基于档案袋的学习指不断收集学习证据的学习，它鼓励反思性的学习（Little, 2005; Snadden & Thomas, 1998）。档案袋收集了学习的各种记录，清楚说明了学习者学了什么、取得了什么进步（Wade et al., 2005），主要包括发生的学习行为或经验、学习过程中的反思、完成的各种学习项目、参与的教学、实践活动的多模态记录等（Snadden & Thomas, 1998）。随着现代信息技术的发展，电子档案袋应运而生。电子档案袋利用现代信息技术收集了比传统档案袋更广泛的信息和学习证据，包括反映

学习者个人、集体甚至整个学校的学习成就、资源和活动等。为学习而建立的电子档案袋可以帮助承认各种学习成果,记录整个学习过程,尤其是那些非正式、点滴积累的学习,反思学习过程,验证学习结果,呈现学习过程和结果,计划下一步的学习和评价学习效果等(Attwell,2005)。电子档案袋让学生、教师、语言导师可以随时跟踪学习的过程,学习者需参与到目标设定和学习成就的评价中,而且倡导自主学习,鼓励学习者与同伴和老师之间的互动(Bertolotti & Beseghi, 2016)。成功的例子是欧洲语言档案袋,它与《欧框》紧密相连,起到了激励学习的效果(Little,2011,2016)。与《欧框》相关的档案袋学习随着电子档案袋的引入和网络技术的发展在高等教育中越来越受欢迎(Little,2011)。

  电子档案袋是在档案袋的基础上发展而来的,是电子化了的档案袋。电子档案袋可以包含各种格式(音频、视频、图片和文本等)的数据,用来收集和组织学习内容和素材。基于标准的电子档案袋运用数据库和超文本技术清晰地展现标准和目标、作品与反思之间的关系(Barrett,2000)。电子档案袋具有低存储空间、可长时间保存、管理和便捷等特点,随着信息技术的发展和普及,其在教育教学中的研究和应用也日益广泛。

  电子档案袋评价是依托于现代网络信息技术而对教育教学过程进行真实性评价,关注评价发展性、反思性功能的一种有效的质性评价方式。其出现的实质是全球化知识经济网络社会背景下教与学变革的一种体现,是一种很有前途的教师评价方式和学习技术。电子档案袋评价给每个学生表现的机会。注重学生的多元智能,重视评价的情境性,记录学生学习成长的过程,注重学生在学习过程中的反思并强化反思。它所汇集的是学习者在某一学习阶段或基于任务的学习活动中几乎全部的学习成果和作品,其目的不是鉴别选拔,而是发现每一个学生的独特的智能特点,发展其优势智能并促进优势智能向弱势智能迁移,从而促进学生的全面发展;使用电子档案袋进行评价,学习者可以感受进步、不断反思,在不断回顾作品的过程中获得发展。作品可以包括电子作业、演示文稿、网页、多媒体报告、图片、小软件、学生自己录制的小视频等(杨满珍、刘建达，2019a）。

档案袋评价可以包括五个主要步骤：（1）收集反映学习成果的证据；（2）反思自己的学习；（3）对证据进行评价；（4）证据的证实；（5）评价决定。档案袋评价具有明显的优势，可以评价和促进思辨能力，鼓励学生自己负责和监控自己的学习，促进师生之间的沟通与交流，简化反思和自评，掌握和评价学生学习的进步，实施真实评价（authentic assessment），采用多种多样评价方式，综合多位评价者的意见，具有较高的表面效度、内容效度和构念效度。它把学习和评价融合在一起，促进创造力和解决问题的能力，标准化后可以用于终结性评价，结合主观评价和客观评价、定量评价和定性评价，提供诊断学生强项和弱项的关键信息，反映学生学习的进步等（Davis & Ponnamperuma, 2005）。验证其效度需要多方面的证据，将来也需要更多的研究来验证哪些证据更能反映学生的学习。

5.4 语言能力量表的效度

语言能力量表的效度考虑与语言测试的效度不完全一致，语言测试效度理论很难完全契合量表的效度验证，因此需要综合多种理论，结合量表的实际情况，构建一种适合量表验证的效度理论框架。量表的效度验证注重研发过程的合理性和科学性，从多方面确保量表的效度，尤其是描述语的构念效度和级别效度。方绪军、杨惠中（2017）从构念效度、内容效度、效标关联效度和使用效度等几个方面阐述了语言能力等级量表效度验证过程的有效性。朱正才（2016）为语言能力量表的效度研究提供了一个框架，具体包括构念效度、公平效度、决策效度、社会影响效度等。两者提出的观念属于分类效度观，所列举的效度类型对研究量表效度提供了切入点。《欧洲语言共同参照框架》的开发者通过描述语收集、类别预分、级别预判、描述语修改、试测、问卷调查等方法来验证描述语的构念和分级效度（North, 2000; North & Piccardo, 2016），所有这些经历了三个主要阶段：（1）直觉判断阶段，开发者对收集到的描述语进行修改，凭直觉进行筛选和分类；（2）定性分析阶段，专家和教师一起讨论、判断描述的类别；（3）定量分析阶段，运用项目反应理论分析问卷收集的数据，从而对描述语的质量进行分析（North & Docherty, 2016）。

语言能力量表的开发要经历多个步骤，主要包括量表整体设计、描述语收集和修改、描述语的分类、描述语的分级以及量表发布等环节（Liu & Pan, 2019），其中涉及直觉判断、定性分析、定量分析再到定性分析几个主要分析阶段（刘建达、吴莎, 2019）。所有这些步骤和程序都是为了保证语言能力量表的质量（刘建达，2021；周艳琼，2021；朱正才、李俊敏，2021），但量表的效度是否通过这些程序而得以保证是个非常值得关注的问题。由于语言能力量表的特殊性，现有的基于测试测评的模型不能完全适合量表的效度验证，因此，需要专门构建适合语言能力量表效度验证的模型。刘建达（2021）依据 Toulmin（2003）的效度论证理论和 Bachman & Palmer（2010）的 AUA 理论模型构建了声明推理论证框架（图 5-5）以及验证语言能力量表效度的一种效度论证框架（图 5-6）。每个声明由数据、理由、证据、反驳以及声明构成，每个声明都有相应的证据和理由来支撑，同时还要考虑到一些可能反驳这些声明的证据（van Eemeren & Garssen, 2014）。语言能力量表适用于语言测评，可供语言教学、学习及其他参考，这一结论需要多方面的证据来支撑。在研发过程中，每一步都要考虑到各种因素，确保量表的各种信度和效度，尤其是使用效度（use validity）。

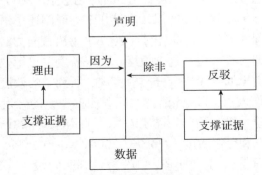

图 5-5　声明推理论证框架

第 5 章　新时代语言测评效度理论及研究展望

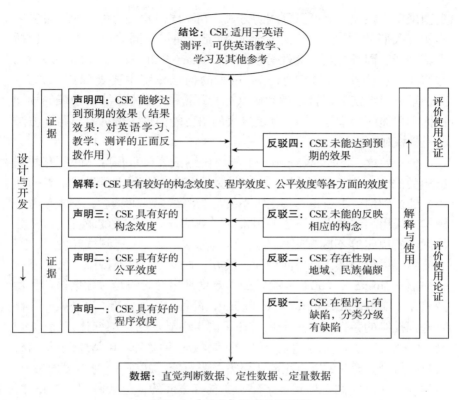

图 5-6　《量表》效度论证框架

构念是解释个人或群体行为差异的心理过程或特征，构念效度则指某种测量在多大程度上测量到了所要测量的构念（Strauss & Smith，2009）。在量表的构建中，构念效度就是量表在多大程度上反映了量表所要包含的各种能力（Luiz et al.，2001），它与一定社会背景下的语言教育状况和语言能力理论有关（方绪军、杨惠中，2017）。构念体现不足和包含与构念无关的成分是威胁构念效度的两大因素（Messick，1995）。O'Leary-Kelly & Vokurka（1998）从实证角度提出了构念效度验证的三个步骤：第一，内容效度验证，即确定测试有关构念的测试项目，从逻辑、理论等方面检验这些测试项目与构念是否有关；第二，构念效度验证，即测试项目在多大程度上测试到了要测试的构念，包括多方面的实证证据；第三，法则效度（nomo-logical validity）验证，即确

197

定测试项目在理论上可以预测的方式，与不同但相关的构念的测量值之间相互关联的程度。这三个步骤的验证需使用不同的研究手段，包括专家判断、因子分析、相关分析等（O'Leary-Kelly & Vokurka，1998）。方绪军、杨惠中（2017）提出，量表的构念效度主要表现在三方面：(1)量表对特定的语言教学和测试社会环境的适应性；(2)量表的预期目标和用途的合理性；(3)制定量表的语言能力理论依据、思路和方法的科学性和可行性。

公平效度（fairness validity）指一份测试的公平程度，即所有与测试相关的各方在测试的任何一个阶段，从测试的设计到测试结果的使用，都要做到公平公正，不出现系统的与测试无关的构念、不规范考务操作、误用测试结果等不当的因素，对测试分数、分数的解释、依据分数做出的决定等不应有明显的偏颇影响（Xi，2010）；测试开发者要努力使测试尽量公平，对不同种族、民族、性别或身体有缺陷的考生不应有偏颇（Kunnan，2004）。验证公平效度常用的方法是对数据做项目功能差异（Differential Item Functioning，简称DIF）分析。DIF就是在特质得到控制的条件下，一个项目在不同组中显示的不同统计特性。DIF比较两个团体（如性别、种族等）的差异，这种差异不由特质差异引起，而是由与测验无关的因素引起（骆方、张厚粲，2006）。对于量表来说，描述语不能有性别、种族、宗教和文化等方面的偏见或歧视（朱正才，2016；朱正才、李敏俊，2021）。

程序效度（procedural validity）指程序的合适性以及实施这些程序的质量（Kane，1994），主要包括程序的清晰性、可操作性、合理性等（Pant et al.，2009）。量表的程序效度就是检验量表研发采取的程序是否符合实际，步骤设计是否严谨、科学，每一步骤是否都得到很好的执行等（Papageorgiou & Tannenbaum，2016）。

语言能力量表的效度验证还应包括评价使用论证方面的结果效度，这些需要在以后量表使用中不断收集证据，在量表投入使用后逐步进行验证。《中国英语能力等级量表》于2018年颁布，其效度还要在之后的实际应用中得到验证，也需要大量相关研究从实证角度进行验证。

5.5 总结

我国是考试大国,每年有大量的考生参加各种各样的外语考试,考试的结果也常具有高利害的性质。如何确保测试的信效度,尤其是如何有效、正确地解释和使用测试的结果是测试有关各方都十分注重的问题。近 20 年来,语言测试与评价效度理论呈现出以论证为核心的效度验证框架,研究方法也呈多样化,现代信息技术也常用于语言测试与评价的效度验证中。面向 21 世纪语言测试与评价的新动向,我们应在关注常规的语言测试(如终结性评价、大规模语言考试、高利害考试等)的同时,注意对语言测试与评价的其他维度的研究,更加关注语言测试与评价的社会公平性、社会接受度、社会满意度等。在国家倡导综合素质评价,力推建立形成性评价与终结性评价相结合的综合评价体系的背景下,加大对形成性评价的效度的研究,以确保形成性评价切实可行、行之有效。《中国英语能力等级量表》在颁布实施后,在我国各级各类英语学习、教学和测评中正发挥越来越大的作用,相应的效度研究可以帮助量表的得到较好的实施,也有助于将来《中国英语能力等级量表》的修订和完善。

参考文献

曹荣平, 张文霞, 周燕. 2004. 形成性评价在中国大学非英语专业英语写作教学中的运用. 外语教学, (5): 86–91.

陈慧麟, 赵冠芳. 2013. 认知诊断的应用——语言测试研究的新阶段. 外语测试与教学, (2): 1–9.

程家宁. 2014. 语言测试公平性新观——基于对语言测试公平性定义的回顾. 外语教育, (14): 36–42.

范劲松. 2014. 语言测试的公平性研究: 概念、理论与责任. 外语测试与教学, (2): 11–19.

范敏. 2020. 商务英语专业本科翻译教学形成性评价研究. 外语与翻译, 27 (2): 64–69.

方绪军, 杨惠中. 2017. 语言能力等级量表的效度及效度验证. 外国语, (4): 2–14.

辜向东. 2007. 大学英语四、六级测试对中国大学英语教学的反拨效应实证研究. 重庆大学学报 (社会科学版), 13 (4): 119–125.

桂诗春. 2011. 语言测试的黄金法则. 外语测试与教学, (1): 6–8.

国务院. 2014. 国务院关于深化测试招生制度改革的实施意见. (国发〔2014〕35 号).

贺满足. 2015. 大学学业测试的公平性及影响研究——来自学生的反馈. 湖北师范学院学报, 35 (3): 99–101.

贺满足. 2018a. 大学英语成就测试的公平性探究——阅读测试的专业背景 DIF 检验. 教育与测试, (5): 51–57.

贺满足. 2018b. 大学英语成就测试的公平性研究——阅读测试的性别 DIF 检验. 测试研究, (5): 56–62.

黄春霞. 2011. 语言测试的社会公平性问题的实证研究——汉语水平测试的 DIF 检验. 湖北招生测试, (24): 61–64.

姜秀娟. 2018. 语言测试效度与公平性研究. 外语学刊, (1): 97–102.

教育部. 2018. 教育部关于狠抓新时代全国高等学校本科教育工作会议精神落实的通知. (教高函〔2018〕8 号).

教育部. 2019. 教育部关于深化本科教育教学改革全面提高人才培养质量的意见. (教高函〔2019〕6 号).

教育部大学外语教学指导委员会. 2020. 大学英语教学指南. 北京: 高等教育出版社.

金艳. 2000. 大学英语四、六级测试口语测试对教学的反拨作用. 外语界, (4): 56–61.

金艳. 2006. 提高测试效度, 改进测试后效——大学英语四、六级测试后效研究.

外语界，（6）：65–73.

金艳. 2020. 大学英语评价与测试的现状调查与改革方向. 外语界，（5）：2–9.

金艳，杨惠中. 2018. 走中国特色的语言测试道路：大学英语四、六级测试三十年的启示. 外语界，185（2）：29.

孔文. 2011. 从考生答题过程验证 TEM4 阅读理解任务的构念效度. 外语测试与教学，（3）：1–13.

李克强. 2020. 政府工作报告——2020 年 5 月 22 日在第十三届全国人民代表大会第三次会议上. 5 月 22 日. 来自中华人民共和国中央人民政府网.

李清华. 2006. 语言测试之效度理论发展五十年. 现代外语，29（1）：87–84.

李清华. 2007.《语言测试与效度验证——基于证据的研究方法》述介. 现代外语，30（2）：214–217.

李清华. 2012. 形成性评价的现状与未来. 外语测试与教学，（3）：1–7，26.

李清华. 2016. 语言测试的公平性检验框架. 现代外语，39（4）：549–560.

李清华，孔烁. 2020. 语言能力等级量表效度研究评述. 北京第二外国语学院学报，42（5）：32–45.

李清华，孔文. 2009. TEM–4 阅读测试的 DIF 研究. 中国外语，6（1）：53–60.

李清华，孔文. 2015. 外语形成性评价的效度验证框架. 外语教学理论与实践，（1）：24–31.

李清华，王伟强，张放. 2014. 形成性评价研究. 北京：科学出版社.

李清华，曾用强. 2008. 外语形成性评价的效度理论. 外语界，（3）：82–90.

李晓波. 2003. 教育公平观视野下的高等教育分流研究. 武汉：华中师范大学博士学位论文.

刘建达. 2018. 中国英语能力等级量表与英语测评. 中国测试，（11）：1–6.

刘建达. 2021. 中国英语能力等级量表效度验证. 现代外语，44（1）：83–105.

刘建达，陈金诗. 2020. 广东外语外贸大学基于形成性评价理念的大学英语教学方案. 大学外语教学研究，（4）：117–136.

刘建达，贺满足. 2020. 语言测试效度理论的新发展. 现代外语，43（4）：565–575.

刘建达，吕剑涛. 2015. 大规模计算机口试分析评分效果研究. 现代外语，38（2）：248–257.

刘建达，吴莎. 2019. 中国英语能力等级量表研究. 北京：高等教育出版社.

刘敏，吴始年. 2020. 英语教学形成性评价云端测评模式构建. 外语教学，41（5）：71–75.

刘亭亭. 2018. 基于档案袋的形成性评价在高职院校英语写作能力测评中的应用. 中国考试，（9）：31–35.

刘晓华，辜向东. 2013. 国内外反拨效应实证研究二十年回顾. 外语测试与教学，（1）：4–17.

罗娟，肖云南. 2018. 高风险语言测试的公平性检验框架研究——以高考英语为例.

外语学刊,(1):86–90.

罗少茜,黄剑,马晓蕾. 2015. 促进学习:二语教学中的形成性评价. 北京:外语教学与研究出版社.

骆方,张厚粲. 2006. 检验项目功能差异的两类方法——CFA 和 IRT 的比较. 心理学探新, 26(1):74–78.

闵尚超,熊笠地. 2019. 基于认知诊断评价的听力理解互补性机制探究. 现代外语, 42(2):254–266.

潘鸣威,吴雪峰. 2019. 中国英语能力等级量表在中小学英语形成性评价中的应用——以写作能力为例. 外语界,(1):89–96.

亓鲁霞. 2004. NMET 的反拨作用. 外语教学与研究, 36(5):357–363.

亓鲁霞. 2007. 高考英语的期望后效与实际后效——基于短文改错题的调查. 课程·教材·教法,(10):43–46.

沈梅英. 2010. 形成性评价在学生自主学习能力评价中作用的实证研究. 天津外国语大学学报, 17(6):71–76.

石小娟. 2010. 新四、六级听力测试的后效作用跟踪研究. 外语界,(3):80–86.

孙海洋. 2011. 概化理论和多层面 Rasch 模型在建立"职前中学英语教师口语测试模型"中的应用. 外语与外语教学,(5):57–62.

唐雄英. 2005. 语言测试的后效研究. 外语与外语教学,(7):55–59.

童扬芬,陈佑林. 2019. 语言测试公平性检验框架及其应用. 外语教学理论及实践,(1):74–82.

王华. 2010. 外语教学中形成性评价体系的建立. 当代外语研究,(6):52–57.

文秋芳. 2011.《文献阅读与评价》课程的形成性评价:理论与实践. 外语测试与教学,(3):39–49.

徐启龙. 2012. AUA 框架——语言测评理论的新发展. 外语电化教学,(1):37–41.

徐倩. 2012. 英语专业八级测试的反拨作用研究——对外语专家和英语学科负责人的一次调查. 外语界,(3):21–31.

许雪蕾,张文鹏,娄春伟. 2012. 决策树算法对大学英语词汇试题难度判断的可靠性研究. 外语测试与教学,(3):41–46.

杨惠中,桂诗春. 2007. 语言测试的社会学思考. 现代外语, 30(4):368–374.

杨惠中,桂诗春. 2015. 语言测试社会学. 上海:上海外语教育出版社.

杨满珍,刘建达. 2019a. 基于形成性评价的大学英语教学实践探究. 外语电化教学,(3):97–102.

杨满珍,刘建达. 2019b. 中国英语能力等级量表与商务英语测评. 中国外语, 16(3):13–20.

杨学为. 1991. 为振兴中国测试事业而奋斗:在 1991 年全国测试工作会议上的报告摘要. 中学教师培训,(6):2–5.

杨学为,廖平胜. 2003. 测试社会学问题研究. 武汉:华中师范大学出版社.

于江. 2008. 简析NCLB法案对美国教师质量的政策影响. 科教文汇（上旬刊），(3)：121–122.

于信凤. 1997. 关于测试社会学研究的思考. 辽宁高等教育研究，(1)：64–65，73.

张琨. 2011. 语言测试的公平性与偏差. 语文学刊，(2)：37–38.

张润，邹庆武. 2018. 语言测试的公平性：概念溯源与实现路径. 中国测试，(3)：43–47.

张新玲. 2007. 效度验证理论与实践的接口——解读威尔的社会认知效度验证框架. 天水师范学院学报，(1)：94–96.

中共中央、国务院. 2020. 深化新时代教育评价改革总体方案. 新华社，10月13日. 来自中华人民共和国中央人民政府网.

周艳琼. 2021.《中国英语能力等级量表》自评量表的效度验证. 现代外语，44(1)：101–112.

朱正才. 2016. 中国英语能力等级量表效度研究框架. 中国测试，(8)：3–13.

朱正才，李俊敏. 2021.《中国英语能力等级量表》描述语偏差研究. 现代外语，44(1)：113–122.

邹申. 2011. 提升测试公平性——以英语专业四、八级测试为例. 外语测试与教学，(1)：42–50.

Alderson, J. C. 1990a. Testing Reading Comprehension Skills (Part One). *Reading in a Foreign Language*, 6(2): 425–438.

Alderson, J. C. 1990b. Testing Reading Comprehension Skills (Part Two). Getting Students to Talk About Taking a Reading Test (A Pilot Study). *Reading in a Foreign Language*, 7(1): 465–503.

Alderson, J. C. 2007. The CEFR and the Need for More Research. *The Modern Language Journal*, 91(4): 659–663.

Alderson, J. C. & Banerjee, J. 2002. Language Testing and Assessment (Part II). *Language Teaching*, (35): 79–113.

Alderson, J. C. & Hamp-Lyons, L. 1996. TOEFL Preparation Courses: A Study of Washback. *Language Testing*, 13(3): 280–297.

Alderson, J. C. & Kremmel, B. 2013. Re-Examining the Content Validation of a Grammar Test: The (Im)possibility of Distinguishing Vocabulary and Structural Knowledge. *Language Testing*, 30(4): 535–556.

Alderson, J. C. & Lukmani, Y. 1989. Cognition and Reading: Cognitive Levels as Embodied in Test Questions. *Reading in a Foreign Language*, 5(2): 253–270.

Alderson, J. C. & Lumley, T. 1995. Responses and Replies. *Language Testing*, 12(1): 121–130.

Allen, D. 2016. Investigating Washback to the Learner from the IELTS Test in the Japanese Tertiary Context. *Language Testing in Asia*, 6(7): 1–20.

参考文献

American Educational Research Association, American Psychological Association, National Council on Measurement in Education & Joint Committee on Standards for Educational and Psychological Testing (U.S.). 1966/1974/1999/2014. *Standards for Educational and Psychological Testing*. Washington, D.C.: American Educational Research Association.

American Psychological Association. 1952. Technical Recommendations for Psychological Tests and Diagnostic Techniques: Preliminary Proposal. *American Psychologist*, 7(8): 461–475.

American Psychological Association, American Educational Research Association & National Council on Measurement in Education. 1954. *Technical Recommendations for Psychological Tests and Diagnostic Techniques* (Vol. 51). Washington, D.C.: American Psychological Association.

Andrews, S. 1995. Washback or Washout? The Relationship Between Examination Reform and Curriculum Innovation. In D. Nunan, R. Berry & V. Berry (eds.), *Bringing About Change in Language Education*. Hong Kong: The University of Hong Kong, 67–81.

Andrews, S., Fullilove, J. & Wong, Y. 2002. Targeting Washback—A Case-Study. *System*, 30(2): 207–223.

Andrich, D. 1978. A Rating Formulation for Ordered Response Categories. *Psychometrika*, 43(4): 561–573.

Angoff, W. 1993. Perspectives on Differential Item Functioning Methodology. In P. Holland & H. Wainer (eds.), *Differential Item Functioning*. Hillsdale: Lawrence Erlbaum Associates, 3–23.

Apichatrojanakul, P. 2011. The Washback Effects of the TOEIC Examination on the Teachers and Students of a Thai Business School. *Language Testing in Asia*, 1(1): 62–75.

Aryadoust, V. 2021. A Cognitive Diagnostic Assessment Study of the Listening Test of the Singapore-Cambridge General Certificate of Education O-Level: Application of DINA, DINO, G-DINA, HO-DINA, and RRUM. *International Journal of Listening*, 35(1): 29–52.

Assessment Reform Group. 2002. Assessment for Learning: 10 Principles. From Qualifications and Curriculum Authority website.

Attali, Y. 2016. A Comparison of Newly-Trained and Experienced Raters on a Standardized Writing Assessment. *Language Testing*, 33(1): 99–115.

Attali, Y., Lewis, W. & Steier, M. 2013. Scoring with the Computer: Alternative Procedures for Improving the Reliability of Holistic Essay Scoring. *Language Testing*, 30(1): 125–141.

Attwell, G. 2005. Recognising Learning: Educational and Pedagogic Issues in E-Portfolios. Paper presented at the ePortfolio Conference 2005.

Bachman, L. F. 1990. *Fundamental Considerations in Language Testing*. Oxford: Oxford University Press.

Bachman, L. F. 2003. Constructing an Assessment Use Argument and Supporting Claims About Test Taker—Assessment Task Interactions in Evidence-Centered Assessment Design. *Measurement: Interdisciplinary Research & Perspective*, 1(1): 63–91.

Bachman, L. F. 2004. *Statistical Analyses for Language Assessment*. Cambridge: Cambridge University Press.

Bachman, L. F. 2005. Building and Supporting a Case for Test Use. *Language Assessment Quarterly*, 2(1): 1–34.

Bachman, L. F. & Damböck, B. 2018. *Language Assessment for Classroom Teachers*. Oxford: Oxford University Press.

Bachman, L. F. & Palmer, A. S. 1996. *Language Testing in Practice: Designing and Developing Useful Language Tests*. Oxford: Oxford University Press.

Bachman, L. F. & Palmer, A. S. 2010. *Language Assessment in Practice: Developing Language Assessments and Justifying Their Use in the Real World*. Oxford: Oxford University Press.

Bailey, K. M. 1996. Working for Washback: A Review of the Washback Concept in Language Testing. *Language Testing*, 13(3): 257–279.

Baker, F. B. & Kim, S. -H. 2017. *The Basics of Item Response Theory Using R*. Cham: Springer.

Barkaoui, K. 2014a. Examining the Impact of L2 Proficiency and Keyboarding Skills on Scores on TOEFL-iBT Writing Tasks. *Language Testing*, 31(2): 241–259.

Barkaoui, K. 2014b. Multifaceted Rasch Analysis for Test Evaluation. In A. J. Kunnan (ed.), *The Companion to Language Assessment* (Vol. 3). Chichester: John Wiley & Sons, 1301–1322.

Barrett, H. 2000. Electronic Teaching Portfolios: Multimedia Skills + Portfolio Development = Powerful Professional Development. Paper presented at the Society for Information Technology & Teacher Education International Conference, San Diego, California.

Basaraba, D., Yovanoff, P., Alonzo, J. & Tindal, G. 2013. Examining the Structure of Reading Comprehension: Do Literal, Inferential, and Evaluative Comprehension Truly Exist? *Reading and Writing*, 26(3): 349–379.

Bax, S. 2013. The Cognitive Processing of Candidates During Reading Tests: Evidence from Eye-Tracking. *Language Testing*, 30(4): 441–465.

参考文献

Bax, S. 2015. Using Eye-Tracking to Research the Cognitive Processes of Multinational Readers During an IELTS Reading Test. From the IELTS website.

Beauvais, C., Olive, T. & Passerault, J. -M. 2011. Why Are Some Texts Good and Others Not? Relationship Between Text Quality and Management of the Writing Processes. *Journal of Educational Psychology*, 103(2): 415.

Beigman Klebanov, B., Ramineni, C., Kaufer, D., Yeoh, P. & Ishizaki, S. 2019. Advancing the Validity Argument for Standardized Writing Tests Using Quantitative Rhetorical Analysis. *Language Testing*, 36(1): 125–144.

Bennett, R. E., Kane, M. & Bridgeman, B. 2011. Theory of Action and Validity Argument in the Context of Through-Course Summative Assessment. Paper presented at the Invitational Research Symposium on Through-Course Summative Assessment, Altanta, Ga.

Bertolotti, G. & Beseghi, M. 2016. From the Learning Diary to the ELP: An E-Portfolio for Autonomous Language Learning. *Language Learning in Higher Education*, 6(2): 435–441.

Biber, D. 2006. *University Language: A Corpus-Based Study of Spoken and Written Registers*. Amsterdam: John Bnejamins.

Binet, A. & Simon, T. 1905. New Methods for the Diagnosis of the Intellectual Level of Subnormals. *L'Année Psychologique*, 12: 191–244.

Black, P. & Wiliam, D. 1998. Assessment and Classroom Learning. *Assessment in Education: Principles, Policy & Practice*, 5(1): 7–74.

Bond, T. G. & Fox, C. M. 2007. *Applying the Rasch Model: Fundamental Measurement in the Human Sciences* (2nd ed.). Mahwah: Lawrence Erlbaum Associates.

Borsboom, D. & Markus, K. A. 2013. Truth and Evidence in Validity Theory. *Journal of Educational Measurement*, 50(1): 110–114.

Borsboom, D. & Wijsen, L. D. 2016. Frankenstein's Validity Monster: The Value of Keeping Politics and Science Separated. *Assessment in Education Principles Policy & Practice*, 23(2): 281–283.

Bouwer, R., Béguin, A., Sanders, T. & van den Bergh, H. 2015. Effect of Genre on the Generalizability of Writing Scores. *Language Testing*, 32(1): 83–100.

Bowles, M. A. 2010. *The Think-Aloud Controversy in Second Language Research*. New York: Routledge.

Brennan, R. L. 2001. *Generalizability Theory*. New York: Springer.

Brennan, R. L. 2006a. Perspectives on the Evolution and Future of Educational Measurement. In R. L. Brennan (ed.), *Educational Measurement* (4th ed.). Lanham: Rowman & Littlefeld, 1–16.

Brennan, R. L. 2006b. *Educational Measurement*. Westport: Praeger Publishers.

Brennan, R. L. 2013. Commentary on "Validating the Interpretations and Uses of Test Scores". *Journal of Educational Measurement*, 50(1): 74–83.

Bridgeman, B., Cho, Y. & DiPietro, S. 2016. Predicting Grades from an English Language Assessment: The Importance of Peeling the Onion. *Language Testing*, 33(3): 307–318.

Brookhart, S. M. 2003. Developing Measurement Theory for Classroom Assessment Purposes and Uses. *Educational Measurement: Issues and Practice*, 22(4): 5–12.

Brooks, L. & Swain, M. 2014. Contextualizing Performances: Comparing Performances During TOEFL iBTTM and Real-Life Academic Speaking Activities. *Language Assessment Quarterly*, 11(4): 353–373.

Brown, T. A. 2015. *Confirmatory Factor Analysis for Applied Research* (2nd ed.). London: The Guilford Press.

Brunfaut, T. 2016. *Looking into Reading II: A Follow-up Study on Test-Takers' Cognitive Processes While Completing APTIS B1 Reading Tasks*. London: British Council.

Brunfaut, T. & McCray, G. 2015. *Looking into Test-Takers' Cognitive Processes Whilst Completing Reading Tasks: A Mixed-Method Eye-Tracking and Stimulated Recall Study*. London: British Council.

Buck, G., Tatsuoka, K. & Kostin, I. 1997. The Subskills of Reading: Rule-Space Analysis of a Multiple-Choice Test of Second Language Reading Comprehension. *Language Learning*, 47(3): 423–466.

Buckingham, B. R., McCall, W. A., Otis, A. S., Rugg, H. O., Trabue, M. R. & Courtis, S. A. 1921. Report of the Standardization Committee. *Journal of Educational Research*, 4(1): 78–80.

Burdge, R. J. & Vanclay, F. 1996. Social Impact Assessment: A Contribution to the State of the Art Series. *Impact Assessment*, 14(1): 59–86.

Burkhardt, H. 2018. Testing Children Gives a Poor Measure of Ability. From the Guardian website.

Burrows, C. 2004. Washback in Classroom-Based Assessment: A Study of the Washback Effect in the Australian Adult Migrant English Program. In L. Cheng, Y. Watanabe & A. Curtis (eds.), *Washback in Language Testing: Research Contexts and Methods*. Hillsdale: Lawrence Erlbaum Associates, 113–128.

Cai, H. 2013. Partial Dictation as a Measure of EFL Listening Proficiency: Evidence from Confirmatory Factor Analysis. *Language Testing*, 30(2): 177–199.

Cai, H. 2015. Weight-Based Classification of Raters and Rater Cognition in an EFL Speaking Test. *Language Assessment Quarterly*, 12(3): 262–282.

Cai, Y. & Kunnan, A. J. 2018. Examining the Inseparability of Content Knowledge from LSP Reading Ability: An Approach Combining Bifactor-Multidimensional Item Response Theory and Structural Equation Modeling. *Language Assessment Quarterly*, 15(2): 109–129.

Camilli, G. 2013. Ongoing Issues in Test Fairness. *Educational Research and Evaluation*, 19(2–3): 104–120.

Carey, M. D., Mannell, R. H. & Dunn, P. K. 2011. Does a Rater's Familiarity with a Candidate's Pronunciation Affect the Rating in Oral Proficiency Interviews? *Language Testing*, 28(2): 201–219.

Castro, M., Cook, H. G. & White, P. A. 2009. WIDA Focus on Formative Assessment. *Wida Consortium*, 1(2): 1–6.

Chalhoub-Deville, M. 2009a. The Intersection of Test Impact, Validation, and Educational Reform Policy. *Annual Review of Applied Linguistics*, (29): 118–131.

Chalhoub-Deville, M. 2009b. Language Testing Matters—Investigating the Wider Social and Educational Impact of Assessment. Paper presented at the ALTE Cambridge Conference.

Chalhoub-Deville, M. 2009c. Standards-Based Assessment in the U.S.: Social and Educational Impact. In L. L. Taylor & C. J. Weir (eds.), *Language Testing Matters: Investigating the Wider Social and Educational Impact of Assessment*. Cambridge: Cambridge University Press, 281–300.

Chalhoub-Deville, M. 2016. Validity Theory: Reform Policies, Accountability Testing, and Consequences. *Language Testing*, 33(4): 453–472.

Chapelle, C. A. 1998. Construct Definition and Validity Inquiry in SLA Research. In L. F. Bachman & A. D. Cohen (eds.), *Interfaces Between Second Language Acquisition and Language Testing Research*. Cambridge: Cambridge University Press, 32–70.

Chapelle, C. A. 2008. The TOEFL Validity Argument. In C. A. Chapelle, M. K. Enright & J. Jamieson (eds.), *Building a Validity Argument for the Test of English as a Foreign Language*™. New York: Routledge, 333–366.

Chapelle, C. A. 2012. Validity Argument for Language Assessment: The Framework is Simple.... *Language Testing*, 29(1): 19–27.

Chapelle, C. A., Cotos, E. & Lee, J. 2015. Validity Arguments for Diagnostic Assessment Using Automated Writing Evaluation. *Language Testing*, 32(3): 385–405.

Chapelle, C. A., Enright, M. K. & Jamieson, J. M. 2010. Does an Argument-Based Approach to Validity Make a Difference? *Educational Measurement Issues & Practice*, 29(1): 3–13.

Chapelle, C. A., Enright, M. K. & Jamieson, J. M. (eds.). 2008. *Building a Validity Argument for the Test of English as a Foreign Language*. New York: Routledge.

Chapelle, C. A. & Voss, E. 2014. Evaluation of Language Tests Through Validation Research. In A. J. Kunnan (ed.), *The Companion to Language Assessment*. Chichester: John Wiley & Sons, 1079–1097.

Chen, H. & Chen, J. 2016a. Exploring Reading Comprehension Skill Relationships Through the G-DINA Model. *Educational Psychology*, 36(6): 1049–1064.

Chen, H. & Chen, J. 2016b. Retrofitting Non-Cognitive-Diagnostic Reading Assessment Under the Generalized DINA Model Framework. *Language Assessment Quarterly*, 13(3): 218–230.

Chen, J. 2009. Authenticity in Accreditation Tests for Interpreters in China. *The Interpreter and Translator Trainer*, 3(2): 257–273.

Chen, Y. -S. & Liu, J. 2016. Constructing a Scale to Assess L2 Written Speech Act Performance: WDCT and E-mail Tasks. *Language Assessment Quarterly*, 13(3): 231–250.

Chen, Z. & Henning, G. 1985. Linguistic and Cultural Bias in Language Proficiency Tests. *Language Testing*, 2(2): 155–163.

Cheng, L. 1997. *The Washback Effect of Public Examination Change on Classroom Teaching*. PhD thesis submitted to the University of Hong Kong, Hong Kong.

Cheng, L. 2005. *Changing Language Teaching Through Language Testing: A Washback Study*. Cambridge: Cambridge University Press.

Cheng, L. 2008. Washback, Impact and Consequences. In E. Shohamy & N. H. Hornberger (eds.), *Encyclopedia of Language and Education: Language Testing and Assessment* (2nd ed., Vol. 7). New York: Springer, 349–364.

Cheng, L., Andrews, S. & Yu, Y. 2011. Impact and Consequences of School-Based Assessment (SBA): Students' and Parents' Views of SBA in Hong Kong. *Language Testing*, 28(2): 221–249.

Cheng, L. & Sun, Y. 2015. Interpreting the Impact of the Ontario Secondary School Literacy Test on Second Language Students Within an Argument-Based Validation Framework. *Language Assessment Quarterly*, 12(1): 50–66.

Cheng, L., Sun, Y. & Ma, J. 2015. Review of Washback Research Literature within Kane's Argument-Based Validation Framework. *Language Teaching*, 48(4): 436–470.

Choi, I. & Papageorgiou, S. 2020. Evaluating Subscore Uses Across Multiple Levels: A Case of Reading and Listening Subscores for Young EFL Learners. *Language Testing*, 37(2): 254–279.

Cizek, G. J. 2012. Defining and Distinguishing Validity: Interpretations of Score Meaning and Justifications of Test Use. *Psychol Methods*, 17(1): 31–43.

Cizek, G. J. 2016a. Validating Test Score Meaning and Defending Test Score Use: Different Aims, Different Methods. *Assessment in Education: Principles, Policy & Practice*, 23(2): 212–225.

Cizek, G. J. 2016b. Progress on Validity: The Glass Half Full, the Work Half Done. *Assessment in Education: Principles, Policy & Practice*, 23(2): 304–308.

Cohen, A. D. & Upton, T. A. 2007. "I Want to Go back to the Text": Response Strategies on the Reading Subtest of the New TOEFL®. *Language Testing*, 24(2): 209–250.

Council of Europe. 2001. *Common European Framework of Reference for Languages: Learning, Teaching, Assessment*. Cambridge: Cambridge University Press.

Cronbach, L. J. 1971. Test Validation. In R. L. Thorndike (ed.), *Educational Measurement* (2nd ed.). Washington, D.C.: American Council on Education, 443–507.

Cronbach, L. J. 1988. Five Perspectives on Validity Argument. In H. Wainer & H. I. Braun (eds.), *Test Validity*. Hillsdale: Lawrence Erlbaum Associates, 3–17.

Cronbach, L. J., Ambron, S. R., Dornbusch, S. M., Hess, R. D., Hornik, R. C., Phillips, D. C., Walker, D. F. & Weiner, S. S. 1980. *Toward Reform of Program Evaluation*. San Francisco: Jossey-Bass.

Cronbach, L. J. & Meehl, P. E. 1955. Construct Validity in Psychological Tests. *Psychological Bulletin*, 52(4): 281–302.

Cumming, A. H. & Berwick, R. 1996. *Validation in Language Testing*. Clevedon: Mulitlingual Matters.

Dai, D. W. & Roever, C. 2019. Including L2-English Varieties in Listening Tests for Adolescent ESL Learners: L1 Effects and Learner Perceptions. *Language Assessment Quarterly*, 16(1): 64–86.

Davies, A. 2003. Three Heresies of Language Testing Research. *Language Testing*, 20(4): 355–368.

Davies, A. 2007. Ethics, Professionalism, Rights and Codes. In E. Shohamy & N. Hornberger (eds.), Language Testing and Assessment (2nd ed.). New York: Springer, 429–444.

Davies, A. 2010. Test Fairness: A Response. *Language Testing*, 27(2): 171–176.

Davies, A., Brown, A., Elder, C., Hill, K., Lumley, T. & McNamara, T. 1999. *Dictionary of Language Testing*. Cambridge: Cambridge University Press.

Davis, B. A., Kiesel, C. K., McFarland, J., Collard, A., Coston, K. & Keeton, A. 2005. Evaluating Instruments for Quality: Testing Convergent Validity of the

Consumer Emergency Care Satisfaction Scale. *Journal of Nursing Care Quality*, 20(4): 364–368.

Davis, L. 2016. The Influence of Training and Experience on Rater Performance in Scoring Spoken Language. *Language Testing*, 33(1): 117–135.

Davis, M. H. & Ponnamperuma, G. G. 2005. Portfolio Assessment. *Journal of Veterinary Medical Education*, 32(3): 279–284.

De La Torre, J. 2011. The Generalized DINA Model Framework. *Psychometrika*, 76(2): 179–199.

D'Este, C. 2012. New Views of Validity in Language Testing. *El. Le*, 1(1): 61–76.

Deygers, B., van den Branden, K. & van Gorp, K. 2018. University Entrance Language Tests: A Matter of Justice. *Language Testing*, 35(4): 449–476.

Deygers, B., van Gorp, K. & Demeester, T. 2018. The B2 Level and the Dream of a Common Standard. *Language Assessment Quarterly*, 15(1): 44–58.

DiBello, L. V., Roussos, L. A. & Stout, W. 2007. Review of Cognitively Diagnostic Assessment and a Summary of Psychometric Models. In C. R. Rao & S. Sinharay (eds.), *Handbook of Statistics, Vol. 26, Psychometrics*. Amsterdam: Elsevier, 979–1030.

Doe, C. 2015. Student Interpretations of Diagnostic Feedback. *Language Assessment Quarterly*, 12(1): 110–135.

Drum, P. A., Calfee, R. C. & Cook, L. K. 1981. The Effects of Surface Structure Variables on Performance in Reading Comprehension Tests. *Reading Research Quarterly*, 16(4): 486–514.

Dufournaud, A. & Piper, J. 2019. Assessment for, as and of Learning: Assessment Practices for Aboriginal Students. Retrieved from the website of the Ministry of Education of Canada.

Eckes, T. 2012. Operational Rater Types in Writing Assessment: Linking Rater Cognition to Rater Behavior. *Language Assessment Quarterly*, 9(3): 270–292.

Eckes, T. 2014. Examining Testlet Effects in the TestDaF Listening Section: A Testlet Response Theory Modeling Approach. *Language Testing*, 31(1): 39–61.

Ericsson, K. A. & Simon, H. A. 1993. *Protocol Analysis: Verbal Reports as Data* (Revised ed.). Cambridge: The MIT Press.

Fabrigar, L. R. & Wegener, D. T. 2012. *Exploratory Factor Analysis*. Oxford: Oxford University Press.

Faulkner-Bond, M., Wolf, M. K., Wells, C. S. & Sireci, S. G. 2018. Exploring the Factor Structure of a K-12 English Language Proficiency Assessment. *Language Assessment Quarterly*, 15(2): 130–149.

Ferman, I. 2004. The Washback of an EFL National Oral Matriculation Test to Teaching and Learning. In L. Cheng, Y. Watanabe & A. Curtis (eds.), *Washback in Language Testing: Research Contexts and Methods*. Hillsdale: Lawrence Erlbaum Associates, 191–210.

Ferne, T. & Rupp, A. A. 2007. A Synthesis of 15 Years of Research on DIF in Language Testing: Methodological Advances, Challenges, and Recommendations. *Language Assessment Quarterly*, 4(2): 113–148.

Field, A. 2013. *Discovering Statistics Using IBM SPSS Statistics* (4th ed.). London: Sage.

Forer, B. & Zumbo, B. D. 2011. Validation of Multilevel Constructs: Validation Methods and Empirical Findings for the EDI. *Social Indicators Research*, (103): 231–265.

Frederiksen, N. 1984. The Real Test Bias: Influences of Testing on Teaching and Learning. *American Psychologist*, 39(3): 193–202.

Freedle, R. O. & Kostin, I. 1993. The Prediction of TOEFL Reading Item Difficulty: Implications for Construct Validity. *Language Testing*, 10(2): 133–170.

Gafni, N. 2016. Comments on Implementing Validity Theory. *Assessment in Education Principles Policy & Practice*, 23(2): 1–3.

Galaczi, E. D. 2014. Interactional Competence Across Proficiency Levels: How Do Learners Manage Interaction in Paired Speaking Tests? *Applied Linguistics*, 35(5): 553–574.

Gao, L. & Rogers, W. T. 2011. Use of Tree-Based Regression in the Analyses of L2 Reading Test Items. *Language Testing*, 28(1): 77–104.

Gao, X. 2006. Understanding Changes in Chinese Students' Uses of Learning Strategies in China and Britain: A Socio-Cultural Re-Interpretation. *System*, 34(1): 55–67.

Garrett, H. E. 1937. *Statistics in Psychology and Education*. London: Longman.

Geisinger, K. F. 2016. Intended and Unintended Meanings of Validity: Some Clarifying Comments. *Assessment in Education Principles Policy & Practice*, 23(2): 287–289.

Geranpayeh, A. & Kunnan, A. J. 2007. Differential Item Functioning in Terms of Age in the Certificate in Advanced English Examination. *Language Assessment Quarterly*, 4(2): 190–222.

Gierl, M. J., Leighton, J. P. & Hunka, S. M. 2007. Using the Attribute Hierarchy Method to Make Diagnostic Inferences About Examinees' Cognitive Skills. In J. Leighton & M. Gierl (eds.), *Cognitive Diagnostic Assessment for Education: Theory and Applications*. Cambridge: Cambridge University Press, 242–274.

Grabe, W. 2009. *Reading in a Second Language: Moving from Theory to Practice*. New

York: Cambridge University Press.

Green, A. 1998. *Verbal Protocol Analysis in Language Testing Research: A handbook* (Vol. 5). Cambridge: Cambridge University Press.

Green, A. 2007. *IELTS Washback in Context: Preparation for Academic Writing in Higher Education*. Cambridge: Cambridge University Press.

Green, A. 2018. Linking Tests of English for Academic Purposes to the CEFR: The Score User's Perspective. *Language Assessment Quarterly*, 15 (1): 59–74.

Green, A. B. & Weir, C. J. 2004. Can Placement Tests Inform Instructional Decisions? *Language Testing*, 21(4): 467–494.

Green, D. R. 1998. Consequential Aspects of Achievement Tests: A Publisher's Point of View. Paper presented at the Annual Meeting of the American Educational Research Association, Chicago.

Grotjahn, R. 1986. Test Validation and Cognitive Psychology: Some Methodological Considerations. *Language Testing*, 3(2): 159–185.

Haberman, S. J. 2008. When can Subscores Have Value? *Journal of Educational and Behavioral Statistics,* (33): 204–229.

Haberman, S. J., Sinharay, S. & Puhan, G. 2009. Reporting Subscores for Institutions. *British Journal of Mathematical and Statistical Psychology*, 62(1): 79–95.

Haertel, E. 2013. Getting the Help We Need. *Journal of Educational Measurement*, 50(1): 84–90.

Haertel, E. & Herman, J. 2005. *A Historical Perspective on Validity Arguments for Accountability Testing*. Los Angeles: University of California.

Haladyna, T., Nolen, S. & Haas, N. 1991. Raising Standardised Achievement Test Scores and the Origins of Test Score Pollution. *Educational Research*, 20(5): 2–7.

Han, C. 2016. Investigating Score Dependability in English/Chinese Interpreter Certification Performance Testing: A Generalizability Theory Approach. *Language Assessment Quarterly*, 13(3): 186–201.

Harsch, C. & Hartig, J. 2015. What Are We Aligning Tests to When We Report Test Alignment to the CEFR? *Language Assessment Quarterly*, 12(4): 333–362.

Hawkey, R. 2006. *Impact Theory and Practice: Studies of the IELTS Test and Progetto Lingue 2000*. Cambridge: Cambridge University Press.

Hawkey, R. 2009. A Study of the Cambridge Proficiency in English (CPE) Exam Washback on Textbooks in the Context of Cambridge ESOL Exam. In L. B. Taylor (ed.), *Language Testing Matters: Investigating the Wider Social and Educational Impact of Assessment—Proceedings of the ALTE Cambridge Conference*,

April 2008. Cambridge: Cambridge University Press, 326–343.

Haynes, S. N., Richard, D. C. & Kubany, E. S. 1995. Content Validity in Psychological Assessment: A Functional Approach to Concepts and Methods. *Psychological Assessment*, 7(3): 238–247.

Heritage, M. 2010. *Formative Assessment: Making It Happen in the Classroom*. Thousand Oaks: Corwin.

Hirai, A. & Koizumi, R. 2013. Validation of Empirically Derived Rating Scales for a Story Retelling Speaking Test. *Language Assessment Quarterly*, 10(4): 398–422.

Holmqvist, K., Nyström, M., Andersson, R., Dewhurst, R., Jarodzka, H. & van de Weijer, J. 2011. *Eye Tracking: A Comprehensive Guide to Methods and Measures*. Oxford: Oxford University Press.

Huang, B., Alegre, A. & Eisenberg, A. 2016. A Cross-Linguistic Investigation of the Effect of Raters' Accent Familiarity on Speaking Assessment. *Language Assessment Quarterly*, 13(1): 25–41.

Huang, H. -T. D., Hung, S. -T. A. & Hong, H. -T. V. 2016. Test-Taker Characteristics and Integrated Speaking Test Performance: A Path-Analytic Study. *Language Assessment Quarterly*, 13(4): 283–301.

Huang, H. -T. D., Hung, S. -T. A. & Plakans, L. 2018. Topical Knowledge in L2 Speaking Assessment: Comparing Independent and Integrated Speaking Test Tasks. *Language Testing*, 35(1): 27–49.

Hubley, A. M. & Zumbo, B. D. 2011. Validity and the Consequences of Test Interpretation and Use. *Social Indicators Research*, 103(2): 219–230.

Hubley, A. M. & Zumbo, B. D. 2013. Psychometric Characteristics of Assessment Procedures: An Overview. In K. F. Geisinger (ed.), *APA Handbook of Testing and Assessment in Psychology* (Vol. 1). Washington, D.C.: American Psychological Association, 3–19.

Hughes, A. 2003. *Testing for Language Teachers* (2nd ed.). Cambridge: Cambridge University Press.

Huhta, A. 2010. Diagnostic and Formative Assessment. In B. Spolsky & F. M. Hult (eds.), *The Handbook of Educational Linguistics*. Oxford: Blackwell, 469–482.

Huhta, A., Alanen, R., Tarnanen, M., Martin, M. & Hirvelä, T. 2014. Assessing Learners' Writing Skills in a SLA Study: Validating the Rating Process Across Tasks, Scales and Languages. *Language Testing*, 31(3): 307–328.

Hume, A. & Coll, R. K. 2009. Assessment of Learning, for Learning, and as Learning: New Zealand Case Studies. *Assessment in Education Principles Policy & Practice*, 16(3): 269–290.

In'nami, Y. & Koizumi, R. 2012. Factor Structure of the Revised TOEIC® Test: A

Multiple-Sample Analysis. *Language Testing*, 29(1): 131–152.

Jang, E. E. 2005. *A Validity Narrative: Effects of Reading Skills Diagnosis on Teaching and Learning in the Context of NG TOEFL*. Illinois: University of Illinois at Urbana-Champaign.

Jang, E. E. 2009a. Cognitive Diagnostic Assessment of L2 Reading Comprehension Ability: Validity Arguments for Fusion Model Application to LanguEdge Assessment. *Language Testing*, 26(1): 31–73.

Jang, E. E. 2009b. Demystifying a Q-Matrix for Making Diagnostic Inferences About L2 Reading Skills. *Language Assessment Quarterly*, 6(3): 210–238.

Jang, E. E., Dunlop, M., Park, G. & van der Boom, E. H. 2015. How do Young Students with Different Profiles of Reading Skill Mastery, Perceived Ability, and Goal Orientation Respond to Holistic Diagnostic Feedback? *Language Testing*, 32(3): 359–383.

Jin, Y. 2008. Powerful Tests, Powerless Test Designers?—Challenges Facing the College English Test. *CELEA Journal*, 31(5): 3–11.

Jin, Y. 2014. The Limits of Language Tests and Language Testing: Challenges and Opportunities Facing the College English Test. In D. Coniam (ed.), *English Language Education and Assessment*. Singapore: Springer, 155–169.

Jin, Y. & Yan, M. 2017. Computer Literacy and the Construct Validity of a High-Stakes Computer-Based Writing Assessment. *Language Assessment Quarterly*, 14(2): 101–119.

Jin, Y. & Zhang, L. 2016. The Impact of Test Mode on the Use of Communication Strategies in Paired Discussion. In G. Yu & Y. Jin (eds.), *Assessing Chinese Learners of English*. New York: Macmillan, 61–84.

Jones, N. & Saville, N. 2016. *Learning Oriented Assessment: A Systemic Approach*. Cambridge: Cambridge University Press.

Junker, B. W. & Sijtsma, K. 2001. Cognitive Assessment Models with Few Assumptions, and Connections with Nonparametric Item Response Theory. *Applied Psychological Measurement*, 25(3): 258–272.

Kane, M. 1992. An Argument-Based Approach to Validation. *Psychological Bulletin*, (112): 527–535.

Kane, M. 1994. Validating the Performance Standards Associated with Passing Scores. *Review of Educational Research*, 64(3): 425–461.

Kane, M. 2001. Current Concerns in Validity Theory. *Journal of Educational Measurement*, 38(4): 319–342.

Kane, M. 2002. Validating High Stakes Testing Programs. *Educational Measurement: Issues and Practice*, 21(1): 31–41.

Kane, M. 2004. Certification Testing as an Illustration of Argument-Based Validation. *Measurement*, 2(3): 135–170.

Kane, M. 2006. Validation. In R. Brennan (ed.), *Educational Measurement* (4th ed.). Westport: American Council on Education and Praeger Publishers, 17–64.

Kane, M. 2010. Validity and Fairness. *Language Testing*, 27(2): 177–182.

Kane, M. 2011. Validating Score Interpretations and Uses. *Language Testing*, 29(1): 3–17.

Kane, M. 2013a. Validating the Interpretations and Uses of Test Scores. *Journal of Educational Measurement*, 50(1): 1–73.

Kane, M. 2013b. Validation as a Pragmatic, Scientific Activity. *Journal of Educational Measurement*, 50(1): 115–122.

Kane, M. 2016a. Explicating Validity. *Assessment in Education: Principles, Policy & Practice*, 23(2): 198–211.

Kane, M. 2016b. Validity as the Evaluation of the Claims Based on Test Scores. *Assessment in Education: Principles, Policy & Practice*, 23(2): 309–311.

Kane, M., Crooks, T. & Cohen, A. 1999. Validating Measures of Performance. *Educational Measurement: Issues and Practice*, 18(2): 5–17.

Karami, H. 2013. The Quest for Fairness in Language Testing. *Educational Research and Evaluation*, 19(2–3): 158–169.

Khabbazbashi, N. 2017. Topic and Background Knowledge Effects on Performance in Speaking Assessment. *Language Testing*, 34(1): 23–48.

Kim, A. -Y. A. 2015. Exploring Ways to Provide Diagnostic Feedback with an ESL Placement Test: Cognitive Diagnostic Assessment of L2 Reading Ability. *Language Testing*, 32(2): 227–258.

Kim, H. 2018. What Constitutes Professional Communication in Aviation: Is Language Proficiency Enough for Testing Purposes? *Language Testing*, 35(3): 403–426.

Kim, H. & Elder, C. 2015. Interrogating the Construct of Aviation English: Feedback from Test Takers in Korea. *Language Testing*, 32(2): 129–149.

Kirsch, I. S. & Mosenthal, P. B. 1990. Exploring Document Literacy: Variables Underlying the Performance of Young Adults. *Reading Research Quarterly*, 25(1): 5–30.

Knoch, U. 2009. *Diagnostic Writing Assessment: The Development and Validation of a Rating Scale*. Frankfurt am Main: Peter Lang.

Knoch, U. & Chapelle, C. A. 2018. Validation of Rating Processes within an Argument-Based Framework. *Language Testing*, 35(4): 477–499.

Knoch, U. & Elder, C. 2013. A Framework for Validating Post-Entry Language

Assessments (PELAs). *Papers in Language Testing and Assessment*, 2(2): 48–66.

Knoch, U. & McNamara, T. 2015. Rasch Analysis. In L. Plonsky (ed.), *Advancing Quantitative Methods in Second Language Research*. New York: Routledge, 275–304.

Koretz, D. 2016. Making the Term "Validity" Useful. *Assessment in Education: Principles, Policy & Practice*, 23(2): 290–292.

Kuckartz, U. 1998. *WinMAX: Scientific Text Analysis for the Social Sciences: User's Guide*. Oaks: Sage.

Kunnan, A. J. 1998. *Validation in Language Assessment*. New York: Routledge.

Kunnan, A. J. 2000. *Fairness and Validation in Language Assessment: Selected Papers from the 19th Language Testing Research Colloquium, Orlando, Florida* (Vol. 9). Cambridge: Cambridge University Press.

Kunnan, A. J. 2004. Test Fairness. In M. Milanovic & C. J. Weir (eds.), *European Language Testing in a Global Context: Proceedings of the ALTE Barcelona Conference* (Vol. 18). Cambridge: Cambridge University Press, 27–48.

Kunnan, A. J. 2006. Towards a Model of Test Evaluation: Using the Test Fairness and the Test Context Frameworks. Paper presented at the International Conference on Language Testing, Guangzhou, Guangdong, China.

Kunnan, A. J. 2010. Test Fairness and Toulmin's Argument Structure. *Language Testing*, 27(2): 183–189.

Kunnan, A. J. 2014. Fairness and Justice in Language Assessment. In A. J. Kunnan (ed.), *The Companion to Language Assessment*. Chichester: John Wiley & Sons, 1098–1114.

Lado, R. 1961. *Language Testing: The Construction and Use of Foreign Language Tests*. London: Longman.

LaFlair, G. T., Isbell, D., May, L. N., Gutierrez Arvizu, M. N. & Jamieson, J. 2017. Equating in Small-Scale Language Testing Programs. *Language Testing*, 34(1): 127–144.

LaFlair, G. T. & Staples, S. 2017. Using Corpus Linguistics to Examine the Extrapolation Inference in the Validity Argument for a High-Stakes Speaking Assessment. *Language Testing*, 34(4): 451–475.

Lee, Y. -W. 2006. Dependability of Scores for a New ESL Speaking Assessment Consisting of Integrated and Independent Tasks. *Language Testing*, 23(2): 131–166.

Lee, Y. -W. 2015. Diagnosing Diagnostic Language Assessment. *Language Testing*, 32(3): 299–316.

Lee, Y. -W. & Sawaki, Y. 2009a. Application of Three Cognitive Diagnosis Models to ESL Reading and Listening Assessments. *Language Assessment Quarterly*,

6(3): 239–263.

Lee, Y. -W. & Sawaki, Y. 2009b. Cognitive Diagnosis Approaches to Language Assessment: An Overview. *Language Assessment Quarterly*, 6(3): 172–189.

Leighton, J. P. 2004. Avoiding Misconception, Misuse, and Missed Opportunities: The Collection of Verbal Reports in Educational Achievement Testing. *Educational Measurement: Issues and Practice*, 23(4): 6–15.

Leighton, J. P. & Gierl, M. (eds.). 2007. *Cognitive Diagnostic Assessment for Education: Theory and Applications*. Cambridge: Cambridge University Press.

Leighton, J. P., Gierl, M. J. & Hunka, S. M. 2004. The Attribute Hierarchy Method for Cognitive Assessment: A Variation on Tatsuoka's Rule-Space Approach. *Journal of Educational Measurement*, 41(3): 205–237.

Li, H. & He, L. 2015. A Comparison of EFL Raters' Essay-Rating Processes Across Two Types of Rating Scales. *Language Assessment Quarterly*, 12(2): 178–212.

Li, H., Hunter, C. V. & Lei, P. -W. 2016. The Selection of Cognitive Diagnostic Models for a Reading Comprehension Test. *Language Testing*, 33(3): 391–409.

Li, H. & Suen, H. K. 2013. Constructing and Validating a Q-Matrix for Cognitive Diagnostic Analyses of a Reading Test. *Educational Assessment*, 18(1): 1–25.

Li, J. 2018. Establishing Comparability Across Writing Tasks with Picture Prompts of Three Alternate Tests. *Language Assessment Quarterly*, 15(4): 368–386.

Li, Q. 2010. The Impact of Portfolio-Based Writing Assessment on EFL Writing Development of Chinese Learners. *Chinese Journal of Applied Linguistics*, 33(2):103–116.

Li, X. & Cutting, J. 2011. Rote Learning in Chinese Culture: Reflecting Active Confusian-Based Memory Strategies. In L. Jin & M. Cortazzi (eds.), *Researching Chinese Learners: Skills, Perceptions and Cultural Adaptations*. New York: Macmillan, 21–42.

Linacre, J. M. 1990. *Many-Faceted Rasch Measurement*. Chicago: MESA Press.

Linacre, J. M. 2013. *A User's Guide to FACETS Rasch-Model Computer Programs: Program Manual 3.71. 0*. From Winsteps website.

Ling, G. 2017. Is Writing Performance Related to Keyboard Type? An Investigation from Examinees' Perspectives on the TOEFL iBT. *Language Assessment Quarterly*, 14(1): 36–53.

Ling, G., Mollaun, P. & Xi, X. 2014. A Study on the Impact of Fatigue on Human Raters When Scoring Speaking Responses. *Language Testing*, 31(4): 479–499.

Linn, R. L. 2006. Validity of Inferences from Test-Based Educational Accountability Systems. *Journal of Personnel Evaluation in Education*, 19(1–2):

5–15.

Linn, R. L. 2008. *Validation of Uses and Interpretations of State Assessments*. From Researchgate website.

Linn, R. L. 2009. The Concept of Validity in the Context of NCLB. In R. W. Lissitz (ed.), *The Concept of Validity: Revisions, New Directions, and Applications*. Charlot: Information Age Publishing, 195–212.

Little, D. 2005. The Common European Framework and the European Language Portfolio: Involving Learners and Their Judgements in the Assessment Process. *Language Testing*, 22(3): 321–336.

Little, D. 2011. The "Common European Framework of Reference for Languages": A Research Agenda. *Language Teaching*, 44(3): 381–393.

Little, D. 2016. The "Common European Framework of Reference for Languages," the European Language Portfolio, and Language Teaching/Learning at University: An Argument and Some Proposals. *Language Learning in Higher Education*, 6(2): 283–296.

Liu, J. & Pan, M. 2019. English Language Teaching in China: Developing Language Proficiency Frameworks. In X. Gao (ed.), *Second Handbook of English Language Teaching*. Cham: Springer, 415–432.

Livingston, S. A. & Lewis, C. 1995. Estimating the Consistency and Accuracy of Classifications based on Test Scores. *Journal of Educational Measurement*, 32(2): 179–197.

Llosa, L. & Malone, M. E. 2019. Comparability of Students' Writing Performance on TOEFL iBT and in Required University Writing Courses. *Language Testing*, 36(2): 235–263.

Lockwood, J. & Raquel, M. 2019. Can Subject Matter Experts Rate the English Language Skills of Customer Services Representatives (CSRs) at Work in Indian Contact Centre? *Language Assessment Quarterly*, 16(1): 87–104.

Loevinger, J. 1957. Objective Tests as Instruments of Psychological Theory. *Psychological Reports*, 3(3): 635–694.

Longabach, T. & Peyton, V. 2018. A Comparison of Reliability and Precision of Subscore Reporting Methods for a State English Language Proficiency Assessment. *Language Testing*, 35(2): 297–317.

Longford, N. T. 1990. Multivariate Variance Component Analysis: An Application in Test Development. *Journal of Educational Statistics*, 15(2): 91–112.

Luiselli, J. K. & Reed, D. D. 2011. Social Validity. In S. Goldstein & J. A. Naglieri (eds), *Encyclopedia of Child Behavior and Development*. Boston: Springer.

Luiz, D., Foxcroft, C. & Stewart, R. 2001. The Construct Validity of the Griffiths

Scales of Mental Development. *Child: Care, Health and Development*, 27(1): 73–83.

Lumley, T. 1993. The Notion of Subskills in Reading Comprehension Tests: An EAP example. *Language Testing*, 10(3): 211–234.

Lynch, B. K. 2001. Rethinking Assessment from a Critical Perspective. *Language Testing*, 18(4): 351–372.

Madaus, G. 1988. The Influence of Testing on the Curriculum. In L. Tanner (ed.), *Critical Issues in Curriculum: Eighty-Seventh Yearbook of the National Society for the Study of Education*. Chicago: University of Chicago Press, 83–121.

Manias, E. & McNamara, T. F. 2016. Standard Setting in Specific-Purpose Language Testing: What can a Qualitative Study Add? *Language Testing*, 33(2): 235–249.

Marcoulides, G. A. & Ing, M. 2014. The Use of Generalizability Theory in Language Assessment. In A. J. Kunnan (ed.), *The Companion to Language Assessment* (Vol. 3). Chichester: John Wiley & Sons, 1207–1223.

McNamara, T. F. 1996. *Measuring Second Language Performance*. Harlow: Addison Wesley Longman.

McNamara, T. F. 2000. *Language Testing*. Oxford: Oxford University Press.

McNamara, T. F. 2006. Validity in Language Testing: The Challenge of Sam Messick's Legacy. *Language Assessment Quarterly*, 3(1): 31–51.

McNamara, T. F. 2008. The Socio-Political and Power Dimensions of Tests. In E. Shohamy & N. Hornberger (eds.), *Encyclopedia of Language and Education, Volume 7: Language Testing and Assessment*. New York: Springer, 415–427.

McNamara, T. F. 2011. Managing Learning: Authority and Language Assessment. *Language Teaching*, 44: 500–515.

McNamara, T. F. & Roever, C. 2006a. *Language Testing: The Social Dimension*. Malden: Blackwell.

McNamara, T. F. & Roever, C. 2006b. Psychometric Approaches to Fairness: Bias and DIF. *Language Learning*, 56(Suppl. 2): 81–128.

McNamara, T. F. & Ryan, K. 2011. Fairness Versus Justice in Language Testing: The Place of English Literacy in the Australian Citizenship Test. *Language Assessment Quarterly*, 8(2): 161–178.

Mehrens, W. A. 1997. The Consequences of Consequential Validity. *Educational Measurement: Issues and Practices*, 16(2): 16–18.

Messick, S. 1980. Meaning and Values in Test Validation: The Science and Ethics of Assessment. *American Psychologist*, 35(11), 1012–1027.

Messick, S. 1989. Validity. In R. Linn (ed.), *Educational Measurement*. New York:

Macmillan, 13–103.

Messick, S. 1994. The Interplay of Evidence and Consequences in the Validation of Performance Assessments. *Educational Researcher*, 23(2): 13–23.

Messick, S. 1995. Validity of Psychological Assessment. *American Psychologist*, 50(9): 741–749.

Messick, S. 1996. Validity and Washback in Language Testing. *Language Testing*, 13(3): 241–256.

Messick, S. 1998. Test Validity: A Matter of Consequence. *Social Indicators Research*, 45(1–3): 35–44.

Messick, S. 2000. Consequences of Test Interpretation and Use: The Fusion of Validity and Values in Psychological Assessment. In R. D. Goffin & E. Helmes (eds.), *Problems and Solutions in Human Assessment*, Boston: Springer, 3–20.

Mislevy, R. J., Steinberg, L. S. & Almond, R. G. 2003. Design and Analysis in Task-Based Language Assessment. *Language Testing*, 19(4): 477–496.

Moore, T. & Morton, J. 2007. Authenticity in the IELTS Academic Module Writing Test: A Comparative Study of Task 2 Items and University Assignments. In I. Taylor & P. Falvey (eds.), *IELTS Collected Papers: Research in Speaking and Writing Assessment*. Cambridge: Cambridge University Press, 197–248.

Moss, P. A. 2013. Validity in Action: Lessons from Studies of Data Use. *Journal of Educational Measurement*, 50(1): 91–98.

Moss, P. A. 2016. Shifting the Focus of Validity for Test Use. *Assessment in Education: Principles, Policy & Practice*, 23(2): 236–251.

Muñoz, A. P. & Álvarez, M. E. 2010. Washback of an Oral Assessment System in the EFL Classroom. *Language Testing*, 27(1): 33–49.

Murphy, R. 1979. *Mode 1 Examining for the General Certificate of Education: A General Guide to Some Principles and Practices*. Guildford: Associated Examining Board.

Newton, P. E. 2012. Clarifying the Consensus Definition of Validity. *Measurement: Interdisciplinary Research & Perspective*, 10(1–2): 1–29.

Newton, P. E. 2013. Two Kinds of Argument? *Journal of Educational Measurement*, 50(1): 105–109.

Newton, P. E. & Shaw, S. D. 2013. Standards for Talking and Thinking About Validity. *Psychological Methods*, 18(3): 301.

Newton, P. E. & Shaw, S. D. 2014. *Validity in Educational and Psychological Assessment*. London: Sage.

Newton, P. E. & Shaw, S. D. 2016a. Agreements and Disagreements over Validity. *Assessment in Education: Principles, Policy & Practice*, 23(2): 316–318.

Newton, P. E. & Shaw, S. D. 2016b. Disagreement over the Best Way to Use the Word "Validity" and Options for Reaching Consensus. *Assessment in Education: Principles, Policy & Practice*, 23(2): 178–197.

Nichols, P. D. 2007. *Evidence of Test Score Use in Validity: Roles and Responsibilities*. From Pearson website.

Nichols, P. D., Meyers, J. L. & Burling, K. S. 2009. A Framework for Evaluating and Planning Assessments Intended to Improve Student Achievement. *Educational Measurement: Issues and Practice*, 28(3): 14–23.

North, B. 2000. *The Development of a Common Framework Scale of Language Proficiency*. New York: Peter Lang.

North, B. & Docherty, C. 2016. Validating a Set of CEFR Illustrative Descriptors for Mediation. *Cambridge English: Research Notes*, (63): 24–33.

North, B. & Piccardo, E. 2016. Developing Illustrative Descriptors of Aspects of Mediation for the Common European Framework of Reference (CEFR): A Council of Europe Project. *Language Teaching*, 49(3): 455–459.

O'Leary-Kelly, S. W. & J. Vokurka, R. 1998. The Empirical Assessment of Construct Validity. *Journal of Operations Management*, 16(4): 387–405.

O'Loughlin, K. 2013. Developing the Assessment Literacy of University Proficiency Test Users. *Language Testing*, 30(3): 363–380.

O'Reilly, T. & Sheehan, K. M. 2009. *Cognitively Based Assessment of, for, and as Learning: A Framework for Assessing Reading Competency*. Princeton: Educational Testing Service.

Osterlind, S. J. & Everson, H. T. 2009. *Differential Item Functioning*. Thousand Oaks: Sage.

Otter, D. H. D., Wools, S., Eggen, T. J. H. M. & Veldkamp, B. P. 2019. A General Framework for the Validation of Embedded Formative Assessment. *Journal of Educational Measurement*, 56: 1–18.

Pae, T. -I. 2012. Causes of Gender DIF on an EFL Language Test: A Multiple-Data Analysis over Nine Years. *Language Testing*, 29(4): 533–554.

Pan, M. & Qian, D. D. 2017. Embedding Corpora into the Content Validation of the Grammar Test of the National Matriculation English Test (NMET) in China. *Language Assessment Quarterly*, 14(2): 120–139.

Pant, H. A., André, A. R., Simon, P. T. R. & Olaf, K. l. 2009. Validity Issues in Standard-Setting Studies. *Studies in Educational Evaluation*, 35(2–3): 95–101.

Papageorgiou, S. & Tannenbaum, R. J. 2016. Situating Standard Setting Within Argument-Based Validity. *Language Assessment Quarterly*, 13(2): 109–123.

Pérez Castillejo, S. 2019. The Role of Foreign Language Anxiety on L2 Utterance

Fluency During a Final Exam. *Language Testing*, 36(3): 327–345.

Pill, J. 2016. Drawing on Indigenous Criteria for More Authentic Assessment in a Specific-Purpose Language Test: Health Professionals Interacting with Patients. *Language Testing*, 33(2): 175–193.

Plakans, L. & Burke, M. 2013. The Decision-Making Process in Language Program Placement: Test and Nontest Factors Interacting in Context. *Language Assessment Quarterly*, 10(2): 115–134.

Plakans, L., Gebril, A. & Bilki, Z. 2019. Shaping a Score: Complexity, Accuracy, and Fluency in Integrated Writing Performances. *Language Testing*, 36(2): 161–179.

Popham, W. J. 1997. Consequential Validity: Right Concern-Wrong Concept. *Educational Measurement: Issues and Practices*, 16(2): 9–13.

Préfontaine, Y., Kormos, J. & Johnson, D. E. 2016. How do Utterance Measures Predict Raters' Perceptions of Fluency in French as a Second Language? *Language Testing*, 33(1): 53–73.

Qi, L. X. 2005. Stakeholders' Conflicting Aims Undermine the Washback Function of a High-Stakes Test. *Language Testing*, 22(2): 142–173.

Rasch, G. 1960. *Probabilistic Models for Some Intelligence and Attainment Tests*. Chicago: University of Chicago Press.

Ravand, H. 2016. Application of a Cognitive Diagnostic Model to a High-Stakes Reading Comprehension Test. *Journal of Psychoeducational Assessment*, 34(8): 782–799.

Rayner, K. 1998. Eye Movements in Reading and Information Processing: 20 Years of Research. *Psychological Bulletin*, 124(3): 372.

Rayner, K. 2009. The 35th Sir Frederick Bartlett Lecture: Eye Movements and Attention in Reading, Scene Perception, and Visual Search. *Quarterly Journal of Experimental Psychology*, 62(8): 1457–1506.

Reckase, M. M. 1998. Consequential Validity from the Test Developer's Perspective. Paper presented at the Annual Meeting of the National Council on Measurement in Education (Chicago, IL, March 25–27, 1997).

Reise, S. P., Bonifay, W. E. & Haviland, M. G. 2013. Scoring and Modeling Psychological Measures in the Presence of Multidimensionality. *Journal of Personality Assessment*, 95(2): 129–140.

Riazi, A. M. 2016. Comparing Writing Performance in TOEFL-iBT and Academic Assignments: An Exploration of Textual Features. *Assessing Writing*, 28: 15–27.

Roberts, M. R. & Gierl, M. J. 2010. Developing Score Reports for Cognitive Diagnostic Assessments. *Educational Measurement: Issues and Practice*, 29(3):

25–38.

Römer, U. 2017. Language Assessment and the Inseparability of Lexis and Grammar: Focus on the Construct of Speaking. *Language Testing*, 34(4): 477–492.

Rost, D. H. 1993. Assessing Different Components of Reading Comprehension: Fact or Fiction? *Language Testing*, 10(1): 79–92.

Roussos, L. & Stout, W. 1996. A Multidimensionality-Based DIF Analysis Paradigm. *Applied Psychological Measurement*, 20(4): 355–371.

Ruch, G. M. 1924. *The Improvement of the Written Examination*. Chicago: Scott, Foresman and Company.

Rukthong, A. & Brunfaut, T. 2020. Is Anybody Listening? The Nature of Second Language Listening in Integrated Listening-to-Summarize Tasks. *Language Testing*, 37(1): 31–53.

Rupp, A. A., Ferne, T. & Choi, H. 2006. How Assessing Reading Comprehension with Multiple-Choice Questions Shapes the Construct: A Cognitive Processing Perspective. *Language Testing*, 23(4): 441–474.

Rupp, A. A., Garcia, P. & Jamieson, J. 2001. Combining Multiple Regression and CART to Understand Difficulty in Second Language Reading and Listening Comprehension Test Items. *International Journal of Testing*, 1(3–4): 185–216.

Rupp, A. A. & Templin, J. L. 2008. Unique Characteristics of Diagnostic Classification Models: A Comprehensive Review of the Current State-of-the-Art. *Measurement*, 6(4): 219–262.

Sato, T. 2012. The Contribution of Test-Takers' Speech Content to Scores on an English Oral Proficiency Test. *Language Testing*, 29(2): 223–241.

Sawaki, Y. 2007. Construct Validation of Analytic Rating Scales in a Speaking Assessment: Reporting a Score Profile and a Composite. *Language Testing*, 24(3): 355–390.

Sawaki, Y. 2014. Classical Test Theory. In A. J. Kunnan (ed.), *The Companion to Language Assessment*. Chichester: John Wiley & Sons, 1149–1164.

Sawaki, Y., Kim, H. J. & Gentile, C. 2009. Q-Matrix Construction: Defining the Link Between Constructs and Test Items in Large-Scale Reading and Listening Comprehension Assessments. *Language Assessment Quarterly*, 6(3): 190–209.

Sawaki, Y. & Koizumi, R. 2017. Providing Test Performance Feedback that Bridges Assessment and Instruction: The Case of Two Standardized English Language Tests in Japan. *Language Assessment Quarterly*, 14(3): 234–256.

Sawaki, Y., Quinlan, T. & Lee, Y. -W. 2013. Understanding Learner Strengths and Weaknesses: Assessing Performance on an Integrated Writing Task. *Language*

Assessment Quarterly, 10(1): 73–95.

Sawaki, Y. & Sinharay, S. 2013. *The Value of Reporting TOEFL iBT Subcores*. Princeton: Educational Testing Service.

Sawaki, Y. & Sinharay, S. 2018. Do the TOEFL iBT® Section Scores Provide Value-Added Information to Stakeholders? *Language Testing*, 35(4): 529–556.

Schindler, J., Richter, T., Isberner, M. -B., Naumann, J. & Neeb, Y. 2018. Construct Validity of a Process-Oriented Test Assessing Syntactic Skills in German Primary Schoolchildren. *Language Assessment Quarterly*, 15(2): 183–203.

Schmidgall, J. E. 2017. *Articulating and Evaluating Validity Arguments for the TOEIC® Tests (RR-17-51)*. Princeton: Educational Testing Service.

Schmidgall, J. E., Getman, E. P. & Zu, J. 2018. Screener Tests Need Validation too: Weighing an Argument for Test Use against Practical Concerns. *Language Testing*, 35(4): 583–607.

Scott, C. 2007. Stakeholder Perceptions of Test Impact. *Assessment in Education*, 14(1): 27–49.

Scriven, M. 1969. The Methodology of Evaluation. In R. W. Tyler, R. M. Gagne & M. Scriven (eds.), *Perspectives of Curriculum Evaluation*. Chicago: Rand McNally, 39–83.

Shavelson, R. J. & Webb, N. M. 1991. *Generalizability Theory: A Primer* (Vol. 1). Newbury Park: Sage.

Sheehan, K. M. 1997. Tree-Based Approach to Proficiency Scaling and Diagnostic Assessment. *Journal of Educational Measurement*, 34(3): 333–352.

Shepard, L. A. 1993. Evaluating Test Validity. In L. Darling-Hammond (ed.), *Review of Research in Education* (Vol. 19). Washington, D.C.: American Educational Research Association, 405–450.

Shepard, L. A. 2016. Evaluating Test Validity: Reprise and Progress. *Assessment in Education Principles Policy & Practice*, 23(2): 268–280.

Shih, C. M. 2007. A New Washback Model of Students' Learning. *Canadian Modern Language Review*, 64(1): 135–161.

Shih, C. M. 2010. The Washback of the General English Proficiency Test on University Policies: A Taiwan Case Study. *Language Assessment Quarterly*, 7(3): 234–254.

Shohamy, E. G. 1993. *The Power of Tests: The Impact of Language Tests on Teaching and Learning. NFLC Occasional Papers*. Washington, D.C.: National Foreign Language Center.

Shohamy, E. G. 1997. Testing Methods, Testing Consequences: Are They Ethical? Are They Fair? *Language Testing*, 14(3): 340–349.

Shohamy, E. G. 1998. Critical Language Testing and Beyond. *Studies in Educational Evaluation*, 24(4): 331–345.

Shohamy, E. G. 2001. *The Power of Tests: A Critical Perspective on the Uses of Language Tests*. Harlow: Pearson Education.

Shohamy, E. G. 2007. Language Tests as Language Policy Tools. *Assessment in Education*, 14(1): 117–130.

Shohamy, E. G., Donitsa-Schmidt, S. & Ferman, I. 1996. Test Impact Revisited: Washback Effect over Time. *Language Testing*, 13(3): 298–317.

Sireci, S. G. 2013. Agreeing on Validity Arguments. *Journal of Educational Measurement*, 50(1): 99–104.

Sireci, S. G. 2016a. On the Validity of Useless Tests. *Assessment in Education: Principles, Policy & Practice*, 23(2): 226–235.

Sireci, S. G. 2016b. Comments on Valid (and Invalid?) Commentaries. *Assessment in Education: Principles, Policy & Practice*, 23(2): 319–321.

Sireci, S. G. & Sukin, T. 2013. Test Validity. In K. F. Geisinger, B. A. Bracken, J. F. Carlson, J. I. C. Hansen, N. R. Kuncel, S. P. Reise & M. C. Rodriguez (eds.), *APA Handbooks in Psychology: APA Handbook of Testing and Assessment in Psychology, Vol. 1. Test Theory and Testing and Assessment in Industrial and Organizational Psychology*. Washington, D.C.: American Psychological Association, 61–84.

Smith, M. 1991a. Meaning of Test Preparation. *American Educational Research Journal*, 28(3): 521–542.

Smith, M. 1991b. Put to the Test: The Effects of External Testing on Teachers. *Educational Researcher*, 20(5): 8–11.

Snadden, D. & Thomas, M. L. 1998. Portfolio Learning in General Practice Vocational Training—Does It Work? *Medical Education*, 32(4): 401–406.

Song, M. Y. 2008. Do Divisible Subskills Exist in Second Language (L2) Comprehension? A Structural Equation Modeling Approach. *Language Testing*, 25(4): 435–464.

Staples, S., Biber, D. & Reppen, R. 2018. Using Corpus-Based Register Analysis to Explore the Authenticity of High-Stakes Language Exams: A Register Comparison of TOEFL iBT and Disciplinary Writing Tasks. *The Modern Language Journal*, 102(2): 310–332.

Stefanakis, E. H. 2002. *Multiple Intelligences and Portfolios: A Window into the Learner's Mind*. Portsmouth: Heinemann.

Strauss, M. E. & Smith, G. T. 2009. Construct Validity: Advances in Theory and Methodology. *Annual Review of Clinical Psychology*, 5(1): 1–25.

Tabachnick, B. G. & Fidell, L. S. 2013. *Using Multivariate Statistics* (6th ed.). Upper Saddle River: Pearson Education.

Tatsuoka, K. K. 1995. Architecture of Knowledge Structures and Cognitive Diagnosis: A Statistical Pattern Recognition and Classification Approach. In P. D. Nichols, S. F. Chipman & R. L. Brennan (eds.), *Cognitively Diagnostic Assessment*. Mahwah: Lawrence Erlbaum Associates, 327–359.

Tatsuoka, K. K. 2009. *Cognitive Assessment: An Introduction to the Rule Space Method*. New York: Routledge.

Taylor, L. 2005. Washback and Impact: The View from Cambridge ESOL. *Cambridge ESOL Research Notes*, (20): 2–3.

Tengberg, M. 2018. Validation of Sub-Constructs in Reading Comprehension Tests Using Teachers' Classification of Cognitive Targets. *Language Assessment Quarterly*, 15(2): 169–182.

Timpe-Laughlin, V. & Choi, I. 2017. Exploring the Validity of a Second Language Intercultural Pragmatics Assessment Tool. *Language Assessment Quarterly*, 14(1): 19–35.

Tobia, V., Ciancaleoni, M. & Bonifacci, P. 2017. Theoretical Models of Comprehension Skills Tested Through a Comprehension Assessment Battery for Primary School Children. *Language Testing*, 34(2): 223–239.

Toulmin, S. E. 1958. *The Uses of Argument*. Cambridge: Cambridge University Press.

Toulmin, S. E. 2003. *The Uses of Argument* (Updated ed.). Cambridge: Cambridge University Press.

Trace, J., Brown, J. D., Janssen, G. & Kozhevnikova, L. 2017. Determining Cloze Item Difficulty from Item and Passage Characteristics Across Different Learner Backgrounds. *Language Testing*, 34(2): 151–174.

Trace, J., Janssen, G. & Meier, V. 2017. Measuring the Impact of Rater Negotiation in Writing Performance Assessment. *Language Testing*, 34(1): 3–22.

Tsagari, D. & Cheng, L. 2017. Washback, Impact, and Consequences Revisited. In E. Shohamy & N. Hornberger (eds.), *Language Testing and Assessment: Encyclopedia of Language and Education* (3rd ed.). London: Springer, 359–372.

Twing, J. S. 2016. The Controversy of Consequences. *Assessment in Education: Principles, Policy & Practice*, 23(2): 296–298.

Uiterwijk, H. & Vallen, T. 2005. Linguistic Sources of Item Bias for Second Generation Immigrants in Dutch Tests. *Language Testing*, 22(2): 211–234.

van Batenburg, E. S. L., Oostdam, R. J., van Gelderen, A. J. S. & De Jong, N. H. 2018. Measuring L2 Speakers' Interactional Ability Using Interactive Speech

Tasks. *Language Testing*, 35(1): 75–100.
van Eemeren, F. H. & Garssen, B. 2014. Argumentation by Analogy in Stereotypical Argumentative Patterns. In H. J. Ribeiro (ed.), *Systematic Approaches to Argument by Analogy*. London: Springer, 41–56.
van Steensel, R., Oostdam, R. & van Gelderen, A. 2013. Assessing Reading Comprehension in Adolescent Low Achievers: Subskills Identification and Task Specificity. *Language Testing*, 30(1): 3–21.
VanderVeen, A., Huff, K., Gierl, M., McNamara, D. S., Louwerse, M. & Graesser, A. C. 2007. Developing and Validating Instructionally Relevant Reading Competency Profiles Measured by the Critical Reading Section of the SAT Reasoning Test. In D. S. McNamara (ed.), *Reading Comprehension Strategies: Theories, Interventions, and Technologies*. Mahwah: Lawrence Erlbaum Associates, 137–172.
Vernon, P. 1956. *The Measurement of Abilities*. London: University of London Press.
von Davier, M. 2008. A General Diagnostic Model Applied to Language Testing Data. *British Journal of Mathematical and Statistical Psychology*, 61(2): 287–307.
Wade, A., Abrami, P. C. & Sclater, J. 2005. An Electronic Portfolio to Support Learning. *Canadian Journal of Learning & Technology*, 31(3): 1–16.
Wall, D. 1997. Impact and Washback in Language Testing. In C. Clapham & D. Corson (eds.), *Encyclopedia of Language and Education* (Vol. 7: Language Testing and Assessment). Dordrecht: Kluwer Academic Publishers, 291–302.
Wall, D. 2005. *The Impact of High-Stakes Examinations on Classroom Teaching: A Case Study Using Insights from Testing and Innovation Theory*. Cambridge: Cambridge University Press.
Wall, D. & Alderson, J. C. 1993. Examining Washback: The Sri Lankan Impact Study. *Language Testing*, 10(1): 41–69.
Wall, D. & Horák, T. 2006. *The Impact of Changes in the TOEFL Examination on Teaching and Learning in Central and Eastern Europe: Phase 1, the Baseline Study*. Princeton: Educational Testing Service.
Wall, D. & Horák, T. 2008. *The Impact of Changes in the TOEFL Examination on Teaching and Learning in Central and Eastern Europe: Phase 2, Coping with Change*. Princeton: Educational Testing Service.
Wall, D. & Horák, T. 2011. *The Impact of Changes in the TOEFL Exam on Teaching in a Sample of Countries in Europe: Phase 3, the Role of the Coursebook; phase 4, Describing Change*. Princeton: Educational Testing Service.
Walters, F. S. 2012. Fairness. In G. Fulcher & F. Davidson (eds.), *The Routledge Handbook of Language Testing*. New York: Routledge, 469–478.

Watanabe, Y. 1992. Washback Effects of College Entrance Examination on Language Learning Strategies. *JACET Bulletin*, (23): 175–194.

Watanabe, Y. 1996. Does Grammar Translation Come from the Entrance Examination? Preliminary Findings from Classroom-Based Research. *Language Testing*, 13(3): 318–333.

Watanabe, Y. 2004. Teacher Factors Mediating Washback. In L. Cheng, Y. Watanabe & A. Curtis (eds.), *Washback in Language Testing: Research Contexts and Methods*. Hillsdale: Lawrence Erlbaum Associates, 129–146.

Way, W. D., Dolan, R. P. & Nichols, P. 2010. Psychometric Challenges and Opportunities in Implementing Formative Assessment. In Andrade, H. L. & Cizek, G. J. (eds), *Handbook of Formative Assessment*. New York: Routledge, 297–315.

Weir, C. J. 2005. *Language Testing and Validation: An Evidence-Based Approach*. New York: Macmillan.

Weir, C. J., Hawkey, R., Green, A., Unaldi, A. & Devi, S. 2012. The Relationship Between the Academic Reading Construct as Measured by IELTS and the Reading Experiences of Students in their First Year of Study at a British University. In L. Taylor & C. J. Weir (eds.), *IELTS Collected Papers 2: Research in Reading and Listening Assessment*. Cambridge: Cambridge University Press, 37–119.

Wigfield, A. & Eccles, J. S. 2000. Expectancy-Value Theory of Achievement Motivation. *Contemporary Educational Psychology*, 25(1): 68–81.

Willingham, W. 1999. A Systemic View of Test Fairness. In S. Messick (ed.), *Assessment in Higher Education: Issues of Access, Quality, Student Development, and Public Policy*. Mahwah: Lawrence Erlbaum Associates, 213–242.

Willingham, W. 2002. Seeking Fair Alternatives in Construct Design. In H. I. Braun, D. N. Jackson & D. E. Wiley (eds.), *The Role of Constructs in Psychological and Educational Measurement*. Mahwah: Lawrence Erlbaum Associates, 193–206.

Willingham, W. & Cole, N. 1997. Fairness Issues in Test Design and Use. In W. Willingham & N. Cole (eds.), *Gender and Fair Assessment*. Mahwah: Lawrence Erlbaum Associates, 227–345.

Winke, P. 2014. Eye-Tracking Technology for Reading. In A. J. Kunnan (ed.), *The Companion to Language Assessment* (Vol. 2). Chichester: John Wiley & Sons, 1029–1046.

Winke, P., Gass, S. & Myford, C. 2013. Raters' L2 Background as a Potential Source of Bias in Rating Oral Performance. *Language Testing*, 30(2): 231–252.

Wiseman, S. 1961. The Efficiency of Examinations. In S. Wiseman (ed.), *Examinations and English Education*. Manchester: Manchester University Press, 133–164.
Wright, B. D. & Masters, G. N. 1982. *Rating Scale Analysis*. Chicago: MESA Press.
Xi, X. 2007. Validating TOEFL® iBT Speaking and Setting Score Requirements for ITA Screening. *Language Assessment Quarterly*, 4(4): 318–351.
Xi, X. 2008. Methods of Test Validation. In E. G. Shohamy & N. H. Hornberger (eds.), *Encyclopedia of Language and Education (Vol. 7): Language Testing and Assessment* (2nd ed.). New York: Springer, 177–196.
Xi, X. 2010. How do We Go About Investigating Test Fairness? *Language Testing*, 27(2): 147–170.
Xi, X. & Mollaun, P. 2006. *Investigating the Utility of Analytic Scoring for the TOEFL Academic Speaking Test (TAST)* (Vol. 2006). Princeton: Educational Testing Service.
Xi, X. & Mollaun, P. 2011. Using Raters from India to Score a Large-Scale Speaking Test. *Language Learning*, 61(4): 1222–1255.
Xi, X. & Sawaki, Y. 2017. Methods of Test Validation. In E. G. Shohamy & N. H. Hornberger (eds.), *Encyclopedia of Language and Education: Language Testing and Assessment* (3rd ed.). New York: Springer, 193–210.
Xie, Q. 2015. Do Component Weighting and Testing Method Affect Time Management and Approaches to Test Preparation? A Study on the Washback Mechanism. *System*, 50: 56–68.
Xie, Q. & Andrews, S. 2013. Do Test Design and Uses Influence Test Preparation? Testing a Model of Washback with Structural Equation Modeling. *Language Testing*, 30(1): 49–70.
Yan, X. 2014. An Examination of Rater Performance on a Local Oral English Proficiency Test: A Mixed-Methods Approach. *Language Testing*, 31(4): 501–527.
Yan, X. & Staples, S. 2020. Fitting MD Analysis in an Argument-Based Validity Framework for Writing Assessment: Explanation and Generalization Inferences for the ECPE. *Language Testing*, 37(2): 189–214.
Yang, H. C. 2014. Toward a Model of Strategies and Summary Writing Performance. *Language Assessment Quarterly*, 11(4): 403–431.
Yin, M., Sims, J. & Cothran, D. 2012. Scratching Where They Itch: Evaluation of Feedback on a Diagnostic English Grammar Test for Taiwanese University Students. *Language Assessment Quarterly*, 9(1): 78–104.
Yoo, H. & Manna, V. F. 2017. Measuring English Language Workplace Proficiency Across Subgroups: Using CFA Models to Validate Test Score Interpretation.

Language Testing, 34(1): 101–126.

Zhan, Y. & Andrews, S. 2014. Washback Effects from a High-Stakes Examination on Out-of-Class English Learning: Insights from Possible Self Theories. *Assessment in Education: Principles, Policy & Practice*, 21(1): 71–89.

Zhan, Y. & Wan, Z. H. 2014. Dynamic Nature of Washback on Individual Learners: The Role of Possible Selves. *Assessment & Evaluation in Higher Education*, 39(7), 821–839.

Zhan, Y. & Wan, Z. H. 2016. Test Takers' Beliefs and Experiences of a High-Stakes Computer-Based English Listening and Speaking Test. *RELC Journal*, 47(3): 363–376.

Zhao, C. G. 2013. Measuring Authorial Voice Strength in L2 Argumentative Writing: The Development and Validation of an Analytic Rubric. *Language Testing*, 30(2): 201–230.

Zumbo, B. D. 2009. Validity as Contextualized and Pragmatic Explanation, and Its Implications for Validation Practice. In R. W. Lissitz (ed.), *The Concept of Validity: Revisions, New Directions and Applications*. Charlotte: Information Age Publishing, 65–82.

Zumbo, B. D. & Forer, B. 2011. Testing and Measurement from a Multilevel View: Psychometrics and Validation. In J. A. Bovaird, K. F. Geisinger & C. W. Buckendahl (eds.), *High-Stakes Testing in Education: Science and Practice in K-12 Settings*. Washington, D. C.: American Psychological Association, 177–190.

Zumbo, B. D. & Hubley, A. M. 2016. Bringing Consequences and Side Effects of Testing and Assessment to the Foreground. *Assessment in Education: Principles, Policy & Practice*, 23(2): 299–303.

术 语 表

变量或层面图示	variable or facets map
标准多元回归	standard multiple regression
标准分	z score
标准均值差法	standardized mean difference
部分计分模型	partial credit model
参照组	reference group
测量层面	facet of measurement
测量的标准误	standard error of measurement
测量对象	object of measurement
测量论证	measurement argument
测量模型	measurement model
测量模型一致性分析	measurement model invariance analysis
测量误差	error of measurement
测试保密协议	protocols designed to ensure test security / test score integrity
测试使用	test use
测试使用合理性论证	justification of test use
测试影响	test impact
层级回归	hierarchical regression
层级或高阶因子建模	hierarchical or higher-order factor modelling
层面功能差异	differential facet functioning
程序效度	procedural validity
充分性	sufficiency
重新一体化期	reunification
初阶因子	first-order factor
词汇语法	lexicogrammar
促进学习的测评	assessment for learning
答题指导语	rubric
单参数项目反应理论模型	one-parameter IRT model
单维性	unidimensionality
档案袋评价	portfolio assessment
点二列相关	point biserial
定律网络	nomological network

动态性	dynamic/fluidity
独立写作任务	independent writing task
对半信度	split-half reliability
对数	logit
对数标尺	logit scale
对学习的测评	assessment of learning
多层面 Rasch 分析	multifaceted/many-facet Rasch analysis
多层面 Rasch 模型	multifaceted/many-facet Rasch model
多层模型	multilevel model
多群组测量模型一致性分析	multi-group measurement invariance analysis
多水平的构念	multilevel construct
多特质—多方法	multitrait-multimethod
多特质—多方法矩阵	multitrait-multimethod matrix
多维分析	multidimensional analysis
多样本分析	multisample analysis
多元概化理论	multivariate generalizability theory
多元回归	multiple regression
发音计划	phonetic plan
发音器官	articulator
法则效度	nomological validity
反拨效应或反拨作用	washback effect
反驳	rebuttal
反声明	counterclaim
反应性	reactivity
泛曼特尔–亨塞尔法	generalized Mantel-Haenszel
范畴变量	categorical variable
范式模型	paradigm model
方差分析	ANOVA
非线性回归	non-linear regression
分隔信度指数	separation reliability
分隔指数	strata index
分量表	subscale
分数解释推断	score interpretation inference
分数使用推断	score use inference
分数调整	moderation of scores
分析式评分	analytic scoring
分项分数	subscore
分项真分数	true subscore

分组测试	placement test
概化	generalization
概化理论分析	generalizability theory analysis
概化研究	generalization study (G study)
概要写作	summary writing
葛特曼对半相关系数	Guttman split half
个人差异构念	individual differences construct
公开讲话	overt speech
公平效度	fairness validity
公平性	fairness
公正性	justice
共同协商区	zone of negotiated responsibility
构念表征不足	construct underrepresentation
构念效度	construct validity
构思	conceptualizer
固定层面	fixed facet
固定卡方检验	fixed chi-square
观察分	observed score
广义决定性输入并有噪信道模型	generalized deterministic input, noisy "and" gate model (G-DINA)
广义诊断模型	general diagnosis model (GDM)
归类或预测变量	classification or predictor variable
归类决策树	classification tree
归类一致性	classification consistency
归类准确性	classification accuracy
规则空间模型	rule space model (RSM)
后果	consequence
后果效度	consequential validity
后果作为指标的模型	a consequences-as-indicators model
互动的	interactionalist
回归	regression
回归决策树	regression tree
汇聚证据	convergent evidence
汇聚性测量	convergent measure
混合模型	mixed-effects modelling
机会均等	access
基于论证的方法	argument-based approach
基于语料库的语域分析法	corpus-based register analysis

及时追述法	immediate recall or retrospection
假设	assumption
假设的特征	postulated attribute
简单 Rasch 模型	simple Rasch model
简单回归	simple regression
简洁化	parsimony
渐进性矩阵	progressive matrix
焦点组	focal group
解构分析期	deconstruction
解释	explanation
解释/使用论证	interpretation/use argument (IUA)
解释及使用模型	an interpretation-and-use model
解释性的项目反应模型	explanatory item response model
解释性论证	interpretive argument
进行学习的测评	assessment as learning
经典测量理论	classical testing theory
精细化程度	specificity/granularity
居中趋势	central tendency
聚类分析	cluster analysis
决策	decision
决策研究	decision study (D study)
决策准确性	decision accuracy
决定性输入并有噪信道模型	deterministic input, noisy "and" gate model (DINA)
绝对系数	absolute coefficient
均方误差的比例缩减	proportion reduction of mean square error (PRMSE)
均方值	mean square
卡方检验	chi-square
考生区分度	person separation ratio
可比效度	comparable validity
可及性	attainable
可解释性	interpretability
可能自我	possible self / possible selves
克隆巴赫 α 系数	Cronbach's α
课堂计量理论	classroometric theory
课堂评价	classroom assessment
口述报告分析	verbal protocol analysis

库德理查逊公式 20	Kuder-Richardson formula 20 或 KR-20
库德理查逊公式 21	Kuder-Richardson formula 21 或 KR-21
类实验法	quasi-experimental design
理论驱动	theory-driven
理由	warrant
连续变量	continuous variable
量表功能分析	scale functioning analysis
列联表	contingency table
逻辑斯蒂回归	logistic regression
曼特尔－亨塞尔法	Mantel-Haenszel
美国当代英语语料库	Corpus of Contemporary American English (COCA)
敏感度审查	sensitivity review
目标分	target score
目的抽样	purposive sampling
内容效度	content validity
内省法	introspection
偏颇性	bias
评分量表模型	rating scale model
评分员非拟合	rater misfit
评分员过度拟合	rater overfit
评分员区分度	rater separation ratio
评价/测试使用论证	assessment use argument (AUA)
评价/测试有用性论证	assessment justification
评价性偏见	judgmental bias
启发性	enlightening
前三一概念	pre-trinitarian
前言语信息	preverbal message
潜变量	latent variable
潜语义分析	latent semantic analysis
情景分析	situational analysis
情景特征	contextual feature
区分性测量	discriminant measure
区分证据	discriminant evidence
全域分	universe score
让步比	odds ratio
认知诊断测试	cognitive diagnostic assessment
融合模型	fusion model

容量受限读者模型	capacity constrained reader model
三参数项目反应理论模型	three-parameter IRT model
三一概念	trinitarian
扫视	saccade
社会后果评价	social impact evaluation
社会效度	social validity
社会效果	social consequence
身份效度	status validity
声明	claim
实践推理模式	practical reasoning
实用性	utility
实质性过程	substantive process
事实	data
试题清理	purification
属性层级模型	attribute hierarchy model
数据驱动	data-driven
双参数项目反应理论模型	two-parameter IRT model
双层随机截距模型	two-level random intercept model
双因子建模	bi-factor modelling
斯皮尔曼－布朗对半相关系数	Spearman-Brown split half
随机层面	random facet
碎片化期	fragmentation
探索性因子分析	exploratory factor analysis
题目组效应	testlet effect
同期效度	concurrent validity
外推	extrapolation
完全一致率	exact agreement ratio
唯解释模型	an interpretation-only model
问责测试	accountability testing
问责功能	accountability
无偏颇	absence of bias
显变量或观测变量	observed variable
限定	qualifier
线性回归	linear regression
相对系数	relative coefficient
相关性	linked
相容效度	congruent validity
项目功能差异	differential item functioning

效标关联效度	criterion-related validity
效度	validity
效度框架层面	facets of validity framework
效度论证	validity argument
效度三一论	trinitarian conception
效度碎片化时期	fragmentation of validity
效度验证	validation
行动	actions
行动理论	theory-of-action (TOA)
行为主义语言观	behaviourist view of language
形成期	crystallization
形成性评价	formative assessment
兴趣区域	area of interest
修剪	pruning
眼动	eye movement
眼动追踪	eye-tracking
验证性因子分析	confirmatory factor analysis
一体化概念	unitarian
一致性估计	consensus estimate
以能力为中心	competency-centred
以任务为中心	task-centred
异常值	outlier
英国国家语料库	British National Corpus (BNC)
应试策略	testwiseness
有声思维法	think aloud
有效权重	effective weight
有益原则	beneficence
与构念无关的方差	construct-irrelevant variance
语体风格或语域	register
语言编码	linguistic formulator
预测效度	predictive validity
跃阶阈值校准	step threshold calibration
孕育期	gestational period
早期发展工具	early development instrument (EDI)
真实评价	authentic assessment
真实性	authenticity
整体观	unitarian conception
整体式评分	holistic scoring

支撑	backing
执行处理	executive processing
执行资源	executive resource
终结性评价	summative assessment
中介关系	mediation
逐步回归	stepwise regression
主成分分析法	principal component analysis
主张	claim
注视	eye fixation
注视时长	fixation duration
注意力分离	attention disengagement
专家判断	expert judgement
专家组判断	panel judgemen
子节点	child node
综合写作任务	integrated writing task
综合性	integrated
总结点	parent node
总因子	general factor
组别因子	group factor
做事测试	performance assessment